위험한 순종

추천의 글

의미 있는 삶을 살기 위해 순종을 선택한 케이 워렌의 이야기는 인간사의 희로애락을 올바로 이해한 자의 전형적인 모습이다. 인간적이면서도 겸손한 케이 여사의 순종을 통해 우리는 이 한 가지를 배우게 된다. 케이 여사가 "자원해서 상처받고 아파하는 사람들의 모임"Seriously Disturbed and Gloriously Ruined Club의 일원이 되기로 결심했던 것처럼 이제는 우리도 마냥 방관자로 있을 수 없다는 사실이다.

– **쟈넷 카가메**(Jeannette Kagame), 르완다의 영부인

시인 로버트 프로스트는 이렇게 노래했다. "나는 사람이 적게 간 길을 택하였다. 그리고 그것 때문에 세상의 모든 것이 달라졌다." 케이 워렌이 바로 그런 사람이다.

– **리치 스턴스**(Rich Stearns), 미국 월드 비전 총재

케이 워렌의 이야기는 오늘날 고통당하는 세계가 교회를 통해 반드시 목격해야 할 감동적인 이야기다. 또한 하나님에 대한 순종이 궁극적으로 어떤 결과를 낳는지 생각하게 해준다. 고통 받는 사람들을 향한 하나님의 심정, 순종한 사람은 바로 그 심정을 느낄 수 있다.

– **웨스 스태포드**(Wess Stafford), 컴패션 인터내셔널 총재

조심하라. 이 책을 읽는 독자들은 야곱처럼 천사와 씨름하게 될 것이다. 그리하여 주님을 섬기는 특권과 순종의 묘미를 발견해 가는 기쁨에 다리를 절어야 할 것이다.

– **드보라 도르츠바크**(Deborah Dortzbach),
월드 릴리프(World Relief) 에이즈 담당 국제 책임자

케이 워렌은 지칠 줄 모르는 암사자와 같다. 이 책은 범세계적 문제에 눈을 돌리자는 단순한 메시지 이상의 감동을 담아 예수님처럼 순종하기 원하는 모든 이의 순종 입문서가 되고 있다.

– **스티브 하스**(Steve Haas), 미국 월드 비전 부총재

당신이 성공한 목회자의 사모가 되는 법을 배우려고 이 책을 집어 들었다면 대단한 착각이다. 이 책은 이기적인 신앙인이 우리 시대의 나병 환자라 불리는 에이즈 환자들을 돌봄으로써 비로소 주를 향한 진실한 사랑으로 나아가게 되었다는 신앙 여정을 담고 있다.

－ 토니 캄폴로(Tony Campolo), 이스턴 대학(Eastern University) 명예교수

이 책은 교회를 향한 경각 나팔이다. 이제는 교회도 에이즈 위기를 일깨운 케이 워렌의 목소리에 무심할 수 없다. 케이는 자신이 몸소 겪은 경험담뿐만 아니라 에이즈 사태에 대처할 수 있는 실제적이고도 귀중한 자료들을 함께 제공하고 있다.

－ 데이빗 밀러(David Miller), 에이즈 협회(The AIDS Institute) 이사

친애하는 케이 워렌 사모의 감동적인 이야기를 읽고 나니 하나님의 뜻에 순종하는 모험에 과감히 몸을 던지고 싶어진다. 독자들도 예외가 아닐 거라 생각한다. 이 책을 읽고 나면 그 자리에 가만히 머물러 있기가 쉽지 않을 것이다.

－ 로이스 에반스(Lois Evans), 어반 얼터너티브(The Urban Alternative) 부총재

『위험한 순종』은 소외되고 아파하는 이 세상의 모든 사람들에게 위로와 사랑과 용기를 주는 이야기이다. 순종에는 값비싼 대가가 따르지만 그만한 대가를 치를 가치가 충분히 있다고 케이 워렌은 힘주어 말한다. 하나님의 나라에서 자신의 소명을 확인하기 원하는 모든 사람들에게 이 책을 꼭 읽어 보라고 권하고 싶다.

－ 알렌 위치(Alan Witchey),
캘리포니아 오렌지카운티, 에이즈 의료 재단(AIDS Services Foundation) 실무 책임자

케이 워렌의 역작 『위험한 순종』은 우리 모두를 향해 울리는 경종이다. 우리가 전심으로 하나님을 신뢰하기만 한다면 우리 한 사람 한 사람을 통해 치유와 회복이 일어날 것이다. 다만 그 전에 해야 할 일은 하나님의 뜻에 순종하여 "예"라고 대답하는 것이다.

－ 로버트 레드필드(Robert Redfield),
인간 바이러스 연구센터(Institute of Human Virology) 임상 연구 분야 책임자

위험한 순종

Dangerous Surrender

케이 워렌 지음 | 안정임 옮김

국제제자훈련원

국제제자훈련원은 건강한 교회를 꿈꾸는 목회의 동반자로서 제자 삼는 사역을 중심으로 성경적 목회 모델을 제시함으로 세계 교회를 섬기는 전문 사역 기관입니다.

위험한 순종

초판 1쇄 발행 2008년 12월 10일
초판 22쇄 발행 2020년 1월 22일

지은이 케이 워렌
옮긴이 안정임

펴낸이 오정현
펴낸곳 국제제자훈련원
등록번호 제2013-000170호(2013년 9월 25일)
주소 서울시 서초구 효령로68길 98 (서초동)
전화 02-3489-4300 **팩스** 02-3489-4329
이메일 dmipress@sarang.org

ISBN 978-89-5731-319-0 03230

지난 5년간
제가 만난 모든 에이즈 환자분들께 이 책을 바칩니다.
그 동안 여러분의 고통을 보며 가슴 아파했고
여러분의 용기를 보며 감동을 느꼈습니다.
제 인생에 큰 교훈을 주신 여러분과 함께
에이즈 질병이 영구히 퇴치되기를
두 손 모아 기도드립니다.

나의 왕 주 예수 그리스도여
나는 당신께 빚진 몸입니다.
당신의 여종이오니 다만 당신 뜻대로 하옵소서.
당신을 향한 저의 사랑은 말로 형용할 수 없으니
오로지 감사한 마음으로 제 생을 바쳐
당신을 섬길 따름이며,
당신께 드리는 저의 대답은
언제나 "예"일 뿐입니다.

옮긴이 안정임

1991년부터 11년간 국제 예수전도단YWAM에서 전임간사로 섬기다가 2003년부터 캐나다 Tyndale University & Seminary에서 신학을 공부하고 있다. 탁월한 문장력과 기독교에 대한 전문지식으로 '믿음의 영웅들 시리즈'를 비롯하여 『당신에게 없는 믿음』, 『당신에게 필요한 기름부음』이상 예수전도단, 『내 인생의 해피엔드』스텝스톤, 『리더가 된다는 것은』, 『리더를 세운다는 것은』, 『리더십 콘서트』이상 국제제자훈련원 등 다수의 책을 번역했다.

Dangerous Surrender

Originally published in the U. S. A. under the title: *Dangerous Surrender*
Copyright © 2007 by Kay Warren
Published by permission of Zondervan, Grand Rapids, Michigan
All rights reserved.

Korean Edition Copyright © 2008 by DMI Press, Seoul, Republic of Korea.
Translated and used by permission of Zondervan through arrangement of KCBS Literary Agency,
Seoul, Republic of Korea.

차 례

인생이 변한 사람들이 인생을 변화시키는 책을 쓴다. 인생의 밑바닥까지 흔들려 본 사람이 쓰는 글은 영향력이 크다. 그들의 글이 감동적인 이유는 그들이 먼저 감동적인 삶을 살아서이다. 독자들이 바뀌는 이유도 저자들이 먼저 바뀌었기 때문이다. 이 책에서 말하고 있는 진리가 나의 아내 케이의 삶을 얼마나 극적으로 바꾸어 놓았는지에 대해서는 내가 산증인이라고 할 만하다. 그러므로 이 책을 읽는 독자들이 같은 기대를 걸어도 좋을 듯하다. 특히 나를 감탄게 했던 것은 속내를 숨김 없이 털어놓은 아내의 진실함이다. 가깝지 않은 사이에서도 감동은 올 수 있지만 누군가에게 진정으로 깊은 영향을 미치려면 상대방과 가까워지려고 해야 한다. 그러나 대부분의 사람들은 그런 관계를 무척이나 꺼린다. 자신의 치부가 드러나는 게 두려워서다. 가까운 사이가 되면 어쩔 수 없이 상대의 결점, 실수, 약한 면을 보게 되고 사람들은 바로 그 점을 죽기보다 싫어한다. 우리는 다른 사람을 변화시키고는 싶지만 다른 사람이 우리를 속속들이 알게 되는 것은 원치 않는다. 한마디로 자신의 삶을 편집해서 보이고 싶은 부분만 보여 준다는 말이다. 그러다 보니 갈등과 번민은 삭제되고 진실성이 결여되고 영향력도 사라진다.

진실한 글이 신뢰를 얻고 진실한 사람만이 사람의 마음을 움직인다. 솔직하고 순수한 사람을 만나면 왠지 호감이 가고 그에 대해 더 궁금해지는 법이다. 그러나 안타깝게도 인간의 '체면'과 '이미지 관리' 문화는 솔직하고 순수한 '척'을 하도록 부추긴다. 즉 자기 역할만 그럴듯하게 하면 우리는 박수갈채를 보내 준다. 배우의 실제 인간성이 아니라 스크린에 비치는 배우의 이미지를 우상화하는 것이다.

하지만 이 책은 체면과 이미지에 얽매이지 않았다. 케이는 좋은 것은 좋은 대로 흉한 것은 흉한 대로 모든 것을 가감 없이 털어놓았고 가장 가치 있는 것이 무엇인지를 깨닫기까지 자신이 했던 고민과 씨름을 숨기지 않았다. 그리하여 하나님이 우리 삶을 향해 갖고 계신 계획과 이 사회와 우리 본성이 유혹하는 삶 사이에서 벌어지는 싸움을 낱낱이 파헤쳐 놓았다. 이렇게 적나라하게 파헤쳐 놓기도 쉽지 않을 것이다. 『위험한 순종』은 내가 아는 여인 중 가장 용감한 여인이 용맹무쌍하게 쓴 책이다.

케이 워렌은 나의 아내이기 때문에 이 책의 내용에 거짓이 없음은 내가 보증할 수 있다. 결혼 후 32년간 나는 제일 앞자리에서 아내의 인생 여정을 지켜보았고, 내 눈에 씌었던 콩깍지도 떨어져 나간 지 오래다. 케이는 위험한 순종의 삶을 살아왔다. 때로는 값진 대가를 지불하기도 했고, 아내의 삶이 내 삶을 변화시키기도 했다.

이 책을 읽는 독자도 위로와 찔림과 감동과 변화를 받을 준비를 단단히 하기 바란다. 순종은 인생을 제대로 사는 최상의 방책이 아니라, 유일의 방책이다.

릭 워렌 Rick Warren / 새들백교회 담임목사
『목적이 이끄는 삶』의 저자, 글로벌 피스 연합 Global PEACE Coalition 대표

감사의 글

나의 남편 릭 워렌 목사는 참 대단한 사람이다. 우리가 처음 만난 건 열일곱 살 애송이 시절이었지만 그에게는 뭔가 남다른 면이 있었다. 그런 사람은 한번도 본 적이 없었고 아직까지도 그와 비슷한 사람은 만나 보지 못했다. 한마디로 그는 참 괴짜다. 나는 상투적이고 반복적인 일을 좋아하는 데 반해 남편은 색다른 일을 좋아한다. 사실은 좋아하는 정도가 아니라 푹 빠져든다. 그런데 색다른 것을 좋아하는 남편에게 절대 변치 않는 것이 한 가지 있으니 그건 바로 나에 대한 애틋한 정이다. 남편은 나의 최대 응원자이자 열혈팬이다. 나의 재능과 은사를 사용하게 만들려고, 내가 "못하겠어요"라고 말해도 아랑곳하지 않고 나를 팍팍 밀어주는 사람이다. 미처 나 자신도 보지 못한 재능을 정확히 알아보는 재주가 남편에게 있나 보다. 언제나 나를 믿어 주었고, 설교를 비롯해 사람들 앞에 나설 수 있는 기회를 적극적으로 만들어 주기도 했다. 지난 32년간 나의 남편이며 목사이며 최고의 친구가 되어 준 그…, 이제는 그 없이 혼자 산다는 것은 상상도 할 수 없다.

"여보, 올해 이 책을 쓸 수 있도록 당신의 계획까지 포기해 주어서 정말 고마워요!"

또한 우리 부부의 삶을 기쁨으로 채워 준 사랑하는 세 아이, 에이미, 조수아, 매튜, 그리고 사위와 며느리에게도 감사한다. 우리 아이들이

12

인생의 각 단계를 하나씩 밟아 성인이 되고 이제는 자신의 가정까지 이루었다는 사실이 참으로 신기할 뿐이다. 참, 손자손녀들을 빼놓을 수 없지! 눈에 넣어도 안 아플 녀석들, 케일리, 케시디, 케일렙. 그 애들의 고사리 같은 손이 늘 우리 부부의 손을 떠날 때가 없을 정도로 우리는 고 녀석들에게 완전히 넋을 빼앗겨 버렸다. 우리 가족이야말로 지속적인 사랑과 격려와 기쁨과 희망을 안겨 준 나의 든든한 버팀목이다.

"고맙다, 애들아! 내가 이 책을 쓰는 동안 참을성 있게 나를 위해 기도해 주고, 초고를 읽어 주고, 솔직한 평가를 해주어 고맙구나. 너희 모두를 정말 사랑한단다!(매튜야, 이제부터는 엄마의 요리를 다시 맛보게 해줄게!)"

나의 부모님께도 깊이 감사한다. 수십 년 전부터 꿈만 꾸던 집필 작업을 이렇게 끝낼 수 있었던 것은 부모님의 아낌없는 격려와 사랑 덕분이었다. 다만 아버지가 2006년에 주님의 품으로 가신 것이 못내 아쉽다. 아버지는 내 꿈이 이루어지는 것을 이 땅에서 축하해 주지 못하시지만, 이 책의 집필이 끝나던 날 분명히 하늘에서 탄성을 지르며 좋아하셨을 것이다.

"아버지, 제가 예수님을 사랑하도록 이끌어 주시고 이 책을 쓰도록 도와주셔서 감사합니다. 엄마, 저를 누구보다 아끼고 자랑스러워해 주셔서 고맙습니다."

하나님은 내 삶의 여정이 쉽지 않을 것이고 가까운 사람의 도움이 절실하다는 사실을 알고 계셨다. 그래서 보내 준 사람이 나의 절친한 친구, 엘리자베스 스티페였다.

"엘리자베스, 너의 진실한 우정에 감사한단다. 하나님이 주시는 고통을 묵묵히 이겨 내고 내가 헌신할 수 있도록 큰 교훈을 주어 고마워. 우리는 세계 여러 나라를 함께 돌아다녔지. 우리가 묵었던 숙소는 대통령 관저에서 오두막까지 그야말로 천차만별이었고… 너와 함께였기에 멋있는 것은 더 멋져 보였고 힘들어도 힘든 줄 몰랐어. 우리가 동역자로 일했던 시간은 이 지구상에서 가장 값지고 보람된 시간이었지. 영원히 잊지 못할 거야."

나의 소그룹에 속했던 세 쌍의 부부(원래는 버키와 조안 부부까지 네 쌍이었지만 이들이 테네시로 이사해서 세 쌍이 되었음)는 내게 생명줄과 다름없는 사람들이다. 평생토록 이 인연을 이어가자고 굳은 다짐까지 했을 정도다. 생일, 장례, 결혼, 죽음, 암, 수술, 직장과 가정의 위기, 경제적 어려움 등 온갖 문제들을 두루 겪으면서 우리는 같이 나이가 들어 갔다.

"우리 소그룹에 속한 여러분 정말 고마워요. 내게 격려가 필요할 때 여러분이 힘찬 응원을 해주었고, 내가 곁길로 나갈 때는 부드럽게 내 잘못을 지적해 주었고, 모든 걸 포기하고 싶을 때 나를 위해 기도해 주었고, 우울하고 힘들 때는 아이스크림을 사 주었고, 고민에 휩싸여 있으면 예수님만이 유일한 해결자임을 되새겨 주었고, 내가 원하는 경건한 여인이 될 수 있도록 옆에서 돕겠다고 약속해 주었죠. 톰과 카운델 부부, 브레트와 디 부부, 글렌과 엘리자베스 부부, 그리고 나의 남편 릭, 모두 모두 고마워요."

처음 에이즈 환자에 대해 관심을 갖기 시작했을 때 나는 그 방면에 완전 문외한이었다. 어디를 가든 온통 배워야 할 것들 천지였다. 하나님은 그런 나를 위해 수많은 선생과 멘토와 친구들을 만나게 해주셨다.

스티브 하스, 데비 더쯔바하, 로버트 레드필드 박사, 로브 쉐네버거 박사, 아스나세 키로메라 박사, 칼라 알렉산더 박사, 폴 시모크 박사, 레베카 쿤 박사, 쉐퍼드와 아니타 스미스 부부가 바로 내가 만난 전문가들이다.

존더반 출판사 직원들과 신디 램버트 편집장에게도 진심으로 감사한다. 또한 산드라 반 데르 지크와 더크 버스마에게도 감사를 전하고 싶다.

이 책을 어떻게 활용할 것인가?

언젠가 기독교 신앙을 한마디로 정의해 달라는 부탁을 받은 적이 있다. 나는 잠시 생각에 잠겼다가 이렇게 말했다. "신앙은 결국 순종으로 귀착된다고 봅니다." 예수 그리스도와의 인격적 관계는 궁극적으로 순종으로 시작해서 순종으로 끝난다. 순종이란 하나님께 "예"라고 말하는 것이다. 그 한마디 말이 당신을 전혀 의외의 장소로 모험을 떠나게 만들고, 급기야 당신을 송두리째 바꾸고 말 것이다. 이것은 비유적으로 하는 말인 동시에 실제적으로 일어나는 일을 말하는 것이기도 하다.

나 역시도 하나님께 순종한 이후 새로운 모험 길에 올랐고, 이 세상이 줄 수 있는 최상의 것과 최악의 것을 두루 경험해 보았다. 사역을 하는 중에 창녀촌을 다니기도 하고, 최고급 휴양지를 구경하기도 했다. 왕궁에 머물 때가 있었는가 하면, 오두막에 머물던 날도 있었다. 대통령들을 접견하기도 하고, 매춘부들을 만나기도 했다. 백만장자들과 악수를 나누었는가 하면, 영세민들과 어울릴 때도 있었다. 힘차게 울어대는 갓난아기들은 물론, 마지막 숨을 몰아쉬며 죽어 가는 여인들도 품에 안아 보았다.

내가 걸었던 순종의 길은 삶 속에도 있었고 마음속에도 있었다. 전혀 예상치 못했던 나의 진면목이 드러나면서 최고의 내 모습과 최악의 내 모습을 보게 되었다. 그러는 가운데 하나님이 더 가깝고 친밀하게

16

느껴졌다.

이 책을 읽는 독자도 그런 험난한 굴곡에 맞닥뜨릴 때가 올 것이다. 그렇기 때문에 누군가와 함께 이 책을 읽는다면 훨씬 도움이 될 것이라고 생각한다. 독서 파트너가 있어서 읽은 내용을 이야기하고 토론할 수 있다면 매우 유익할 것이다.

독서가 항상 편하고 즐거운 것만은 아니다. 만일 가벼운 마음으로 뒤적일 이야깃거리를 찾는다면 이 책은 결코 당신이 읽을 만한 책이 아니다. 하지만 딱히 꼬집어 말할 수 없는 뭔가 이상적이고 의미 있는 것을 바란다면 이 책을 읽어 보라고 권하고 싶다.

각 장의 마지막에는 순종의 원칙을 실제 삶에 적용해 볼 수 있는 간단한 실천 단계들을 수록하였다. 얼핏 보기에 그 단계들은 너무 기본적이고 뻔한 얘기로 보여서 그냥 지나치고 싶은 마음이 들 수도 있지만, 기본적이기 때문에 누구라도 실천할 수 있다고 판단해서 실은 것이다.

이 책을 읽는 동안 독자들은 여러 가지 의구심이 들기도 할 것이다. 솔직히 내가 독자들에게 기대하는 것도 그것이다. 각 장을 읽을 때마다 이 책에서 말하는 원칙을 자신의 신앙에 어떻게 적용할지, 대답보다 질문이 더 많아지기를 바란다.

그렇다고 너무 실망하지는 말라! 적용 방법에 대해 구체적으로 밝히지 않은 데에는 그만한 이유가 있어서다. 물론 '순종하는 사람이 되기 위한 1단계, 2단계, 3단계…' 하는 식으로 써 놓았다면 독자들도 훨씬 속이 시원했을 것이다. 그러나 현실은 그렇게 단순하지 않다. 일정한 공식을 따른다고 자동적으로 신앙이 성숙하는 것은 아니다. 나 역시 그런 체험을 한 적이 없다. 이 책의 마지막에는 각 장당 대여섯 개 정도의 질문을 수록해서 책을 읽는 동안 들었던 생각과 의문점들을 따로 곱씹어 볼 기회를 제공했다. 이 질문들은 한층 더 핵심적인 문제에 접근해서 당신의 반응을 점검해 보고 사고와 행동을 근본적으로 변화시킬 방안을 제시하기 위해 고안된 것이다.

자, 그럼 이제부터 슬슬 순종의 모험을 떠나보도록 하자.

Chapter 1

운명의 그날

*
"무릇 많이 받은 자에게는 많이 요구할 것이요"
_ 누가복음 12:48

*
"아픈 마음 때문에 이 세상에 하나님의 목적이 이루어진다면,
하나님이 당신의 마음을 아프게 하신 것에 감사하라."
_ 오스왈드 챔버스, 「주님은 나의 최고봉」
My Utmost for His Highest, 두란노, 2002

내게 그런 일이 일어날 줄은 정말 몰랐다.

그날도 여느 날과 하나도 다를 게 없었다. 특별한 계획도 없었고 그
저 일상적인 일들만이 일정표에 빼곡히 적혀 있을 뿐이었다. 그날, 하
나님이 나의 세계를 송두리째 흔들어서 인생의 궤도를 완전히 바꾸어
놓으실 줄 어찌 상상이나 했으랴!

코앞에 다가온 운명도 알지 못한 채, 2002년의 어느 봄날 나는 우리
집 거실 소파에 앉아서 차 한 잔을 홀짝이며 정기구독하고 있는 월간지
를 집어 들었다. 잡지 겉장에 아프리카의 에이즈AIDS 감염자 기사 제목
이 눈에 띄기에 무심코 그 기사가 난 페이지를 펼쳐 들었다. 그렇다고
내가 평소에 아프리카의 에이즈 문제에 관심이 있었느냐 하면, 그건 절
대 아니었다(아프리카는 고사하고 세계 어디의 에이즈 문제에도 관심
이 없었다). 다만 시대에 뒤떨어졌다는 소리를 듣고 싶지 않아 시사 문
제에 관심을 기울인 것뿐이었다. 그런데 기사와 함께 실린 참혹한 사진

20

들이 순식간에 내 시선을 사로잡았다. 해골이나 다름없는 남자와 여자들, 얼굴에 날아드는 파리를 쫓을 힘조차 없는 아이들…. 도저히 그 사진들을 계속 쳐다볼 수가 없었다. 그래도 뭔가 알 수 없는 충동에 이끌려 나는 그 기사를 읽어 내려갔다. 죽어 가는 사람들의 사진을 보지 않으려고 손으로 살짝 눈을 가리고서 손가락 틈새로 기사만 읽었다.

하나님은 참으로 지혜로운 분이어서 가슴 아픈 사진들을 보지 않으려는 내 어설픈 시도를 사전에 간파(?)하시고 이번에는 글로 나의 주의를 단단히 끌어당기셨다. "에이즈로 인해 아프리카에는 천이백만 명의 고아가 발생했다"는 문구가 잡지 지면에서 튀어 오르더니 내 눈에 그대로 박혔다. 충격, 그 자체였고 너무 놀라 믿기지가 않았다. "그럴 리가 없어!" 나는 고개를 가로저으며 혼자 중얼거렸다. "어떻게 질병 하나 때문에 한 곳에서 한 번에 천이백만 명의 고아가 생겨난다는 거지? 나는 단 한 명의 고아도 알지 못하는데 천이백만이라니…." 섬뜩한 생각에 잡지를 바닥에 털썩 내려놓았다.

하지만 그 기사는 쉽게 나의 뇌리를 떠나지 않았다. 그날 밤, 에이즈로 부모를 잃고 고아가 된 천이백만 명의 어린이들 생각에 잠이 오지 않았다. 겨우 잠이 들었지만 아침에 눈을 뜨자마자 다시 그 아이들의 작은 얼굴이 머릿속에 맴돌았다. 그런데 정말 희한한 것은 그때부터 어디를 봐도 에이즈, 아프리카, 고아들 얘기만 눈에 들어오는 것이었다! 손에 집어 드는 신문마다 아프리카의 에이즈에 대한 기사가 실려 있었다. 마치 신문사들이 앞 다투어 같은 얘기를 반복하는 것 같았다. 그 후 몇 주 간은 어떻게든 에이즈 얘기와 사진들을 회피하려고 애를 썼지만 헛수고였다.

나는 기도 중에 하나님과 격렬한 논쟁을 벌였다. 우선은 에이즈 바이러스에 감염된 사람들의 숫자와 그 와중에 고아가 된 아이들의 숫자가 이상했다. 아무래도 대중매체가 숫자를 부풀린 게 틀림없다고 나는 하나님께 주장했다. 나름대로는 그래도 세계 현황에 그리 무지한 편이 아니라고 자부하고 있었는데 그렇게 어마어마한 수의 사람들이 관련된 문제를 까맣게 모르고 있었다니…, 있을 수 없는 일처럼 보였다.

하루하루 하나님과 내적인 대화를 계속하면서 점차 나의 초점이 바뀌어 갔다. 내가 가정을 돌보고 남편의 목회를 돕느라 정신없이 지내는 동안, 이 지구상에는 인권이 처참하게 유린당하는 일이 수도 없이 일어나고 있었다. 웬만한 사건이 아니면 대중매체의 관심에서 벗어나 사람들의 동정조차 받지 못했다. 끔찍하고 가슴 아픈 비극이 바로 내 코앞에서도 일어나고 있었다.

나는 그런 현실 속에서 아무것도 할 수 없다는 무력감에 절로 탄식이 나왔다. "하나님, 왜 저를 이렇게 괴롭히십니까? 제가 할 수 있는 일은 아무것도 없습니다. 저는 그저 평범한 여자일 뿐인데 그런 엄청난 문제에 대체 무엇을 어떻게 할 수 있단 말입니까? 게다가 주님도 잘 아시겠지만 저는 백인이고 미니밴을 모는 전형적인 미국 소시민입니다. 제가 아프리카의 질병에 대해 뭘 알겠습니까?"

그렇게 한달을 하나님과 기도로 씨름하고 나니 이제는 나도 용단을 내려야 할 때가 되었다는 생각이 들었다. 지금까지의 안락한 생활에 안주해서 다람쥐 쳇바퀴 돌듯 하는 생활을 계속하며 수많은 에이즈 환자들과 고아들을 모른 척할 것인가? 아니면 하나님이 주시는 사명에 순종해서 눈물과 고통을 몰고 올 게 뻔한 일에 뛰어들 것인가? 뛰어들어

22

야 한다고 점점 더 강하게 압박하는 심적 부담감에 "예"라고 부응한다면 과연 어떤 일이 일어나는 걸까? 그나저나 뛰어든다는 것 자체가 정확히 무엇을 어떻게 하겠다는 얘기인가? 나는 마치 벼랑 끝에 서 있는 기분이었다. 돌아서지도 못하고 그렇다고 앞으로 가자니 끝없는 나락으로 떨어질 것만 같았다.

마침내 결정을 내려야 할 순간이 다가왔다. 나는 눈을 질끈 감고 이를 악물고서 드디어 하나님께 "예"라고 말했다. 그 순간, 갑자기 마음이 무너져 내리면서 내 자신이 산산조각으로 깨어지는 느낌이 들었다. 마치 하나님이 내 마음을 붙잡아서 쇄목기 나무를 잘게 부수는 기계—역주 에라도 집어넣으시는 것 같았다. 한쪽에서 나뭇가지로 들어간 내 마음이 반대편에서 수만 갈래로 부서져 나오는 느낌…, 그 동안 깨닫지 못했던 나의 무정함, 무지, 자기만족이 번개처럼 순식간에 떠오르면서 사람들의 고통이 가슴 절절이 와 닿기 시작했다. 이전에는 맛보지 못한 색다른 아픔이 몰려들었다. 내 존재의 가장 깊은 심연에서 올라오는 듯한 아픔이었다. 나는 슬픔과 비탄에 싸여 흐느끼기 시작했다. 내가 에이즈에 걸린 것처럼, 내 아이가 죽어 가는 것처럼, 내가 고아가 되어 홀로 남겨진 것처럼 울고 또 울었다. 에이즈의 '에이'에도 무관심했던 내가 이제는 에이즈 전문가라면 누구라도 붙잡고 물어보고 싶어졌다. 사도 바울이 다메섹 도상에서 고꾸라졌던 것처럼 사도행전 9장 참조 나 역시 진실 앞에서 고꾸라졌다.

이제 더는 가만히 앉아 있을 수가 없었다.

갑자기 에이즈에 관련된 모든 것이 궁금해졌다. 책이든 기사든 영상자료든 무엇이든 닥치는 대로 읽고 보면서 혼자 에이즈에 대해 공부하기 시작했다. 에이즈의 심각성을 알리는 인터넷 자료들을 조사했고 의료 전문가들의 조언도 구했다. 에이즈가 어떻게 발병하게 되었는지, 지금까지 알려진 사실은 무엇인지, 해결책은 무엇인지를 알기 위해 그 방면에 지식과 사명감을 갖고 있는 사람들을 두루 만나고 다녔다. 가만히 앉아 있기가 불가능한 정도가 아니라 그 동안 손 놓고 있던 시간을 만회라도 하려는 듯 나는 거의 정신 나간 사람처럼 에이즈 문제에 몰두했다.

신경증

보통 '신경증'이라고 하면 정신병의 일환으로 알려져 있다. 누군가 정서적으로 불안해 보이거나 극단적인 감정 반응을 보이면 "저 사람 신경과민이야"라고 말하기도 한다. 하지만 이제 나는 이 말을 새롭게 정의하고 싶다. 왜냐하면 하나님은 이 세상에서 약간은 신경증 증세(?)가 있는 사람들을 찾고 계신다고 믿기 때문이다. 남녀노소를 불문하고 이 세상에서 벌어지는 현실 문제에 신경을 곤두세우고 있는 사람들, 너무 신경이 쓰여서 그 문제를 가만히 두고 볼 수 없는 사람들을 하나님은 찾고 계시다.

현대인들은 오히려 정반대의 태도를 옹호하는 문화 속에서 성장한다. 부모는 자녀에게 "정치나 종교 얘기를 꺼내서 공연히 상대방 마음을 상하게 하지 말라"고 충고한다. 우리는 그런 문화적 금기 사항을 잘도 실천해 왔다. 민감한 문제로 분위기를 망치지 않기 위해 최근의 텔레비전 프로그램이라든지 화제가 되고 있는 운동선수라든지 자동차

유류비 같은 것을 이야깃거리로 삼았다. 그 점에서는 우리 기독교인들도 믿지 않는 사람들과 똑같은 죄인이다. 한발 더 나아가 우리는 이 사회의 심각한 병폐에 대해 말하기를 꺼린다. 미성년자의 매춘이나 노동문제, 성폭력, 빈곤, 부정부패, 민족 감정, 물질 만능주의, 환경 파괴, 에이즈같이 마음을 불편하게 하는 문제들은 거론하기 싫어한다. 하지만 세상에서 일어나는 이런 문제들에 마음이 불편해지지 않는다는 것은 결국 시시하고 하찮은 일에만 잔뜩 마음을 쓰고 산다는 얘기다. 사람들은 가치 없는 목표를 추구하고 엉뚱한 잣대로 성공을 가늠하고 잘못된 기준으로 업적을 평가한다.

나는 예수님이 하신 말씀이 떠올랐다. "무릇 많이 받은 자에게는 많이 요구할 것이요"누가복음 12:48. 그러면서 사진에서 본 에이즈 참상이 머릿속에 겹쳐졌다. 그렇다. 나는 많은 것을 받은 사람이다. 그렇게 많이 받았으니 이젠 어떤 책임을 갖고 있는가? 하나님께서 원하시는 것은 "오직 정의를 행하며 인자를 사랑하며 겸손하게 네 하나님과 함께 행하는 것"미가 6:8이라고 분명히 기록되어 있다. 과연 이 말씀을 내 삶에 어떻게 적용해야 할까? 에이즈 문제로 마음이 불편해지고 신경증이 생겼으니 이제는 어떻게 살아야 제대로 사는 걸까?

제일 먼저 지금 누리고 있는 안락한 생활부터 뭔가 변화를 주어야만 할 것 같았다. 나는 마음도 편했고 불만스러운 것도 전혀 없었다. 생활에도 여유가 있었다. 사는 곳은 쾌적하고 아름다운 교외였고, 결혼생활도 만족스러웠다. 아이들은 반듯이 성장해서 나무랄 데가 없었다. 좋은 친구와 이웃들도 많았고 교회에서는 내가 좋아하는 여러 가지 봉사를 하고 있었다.

세상에는 고통 받으며 살아가는 수많은 사람들이 있는 반면에 그들과 아무런 상관없이 안락한 생활을 즐기는 사람들도 많다. 어딘가에서 이런 이야기를 읽은 기억이 난다. 만약 냉장고에 보관할 정도의 음식이 있고, 입을 옷이 있고, 머리를 가려 줄 지붕이 있고, 누워서 잠들 곳이 있다면 그 사람은 이 세상에 사는 75%의 사람들보다 부자라는 것이다. 은행에 약간이라도 저금한 것이 있고, 지갑에는 현찰이 좀 있고, 집에 남아도는 그릇이 있다면 그 사람은 이 세상 8%에 해당하는 최고부유층 중 한 명이라고 한다. 다시 말해 이 세상에 사는 92%의 사람들은 그보다 못사는 사람들이라는 얘기다! 만일 당신이 한 번도 전쟁의 위협이나 감옥생활의 외로움이나 고문의 고통이나 굶주림의 괴로움을 겪지 못했다면, 당신은 이 세상에서 그런 일을 겪지 않은 5억 명 중 한 명에 속한다. 또한 당신이 폭행이나 체포나 고문이나 살해의 위험을 걱정하지 않고 교회에 가서 예배드릴 수 있다면, 당신은 이 세상에서 그런 위험 없이 살아가는 30억 명 중 한 명에 해당한다.

이 얘기는 당신에게 죄책감을 주려고 하는 얘기가 아니다. 하지만 최소한 당신의 마음이 좀 불편해지면 좋겠다. 이와 같은 통계 수치가 당신의 마음을 심란하게 만들기 바란다. 물론 하나님은 그분의 전능한 뜻에 따라 우리 각자를 현재의 장소에 살게 하셨고 지구상의 수많은 사람들이 누리지 못하는 것들을 누리게 하셨으니 그에 대해서는 죄책감을 느낄 필요가 없다. 다만 우리가 가진 것을 갖지 못한 남자와 여자와 아이들이 있다는 사실을 제대로 알지 못한 것에 대해서는 죄책감을 느껴야 한다고 생각한다. 우리에게 있는 시간과 돈과 물질을 오로지 우리 자신과 가족에게만 사용하고 있다는 데에 양심의 가책을 느껴야 한다.

그것이 올바른 죄책감이다.

자, 지금까지의 내용을 읽으면서 당신의 마음이 조금 심란해졌다고 치자. 그럼 무엇을 어떻게 해야 하는가? 어디서부터 시작해야 할까? 이 세상의 고통에 대해 하나님은 우리가 무엇을 하기 원하시는가?

나는 이 한 가지만은 확실하다고 믿는다. 하나님은 우리가 순종에서 부터 시작하기를 원하신다.

위험한 순종

현대인들에게 '순종'surrender은 욕이나 다름없는 말이다. 이 말에는 부정적인 이미지가 너무 강하다. '순종'과 비슷한 말로는 '순응, 순복, 항복, 굴복, 양보, 복종' 등이 있다. 순종은 실패를 암시한다. 구석에 몰려 어쩔 수 없이 내리는 결정, 정복당한 자가 정복자에게 하는 양보, 힘없이 휘두르는 백기를 연상시키는 게 순종이다. 그러니 누구도 순종을 좋아할 리 없다. 자기가 강하다고 생각하는 사람들에게는 더더욱 매력 없는 말이다. 나와 같은 서구인들은 강인하고 독립적이며 어느 누구의 도움도 필요하지 않은 '자립자조'형 인간을 동경한다. 이런 동경심은 서구인들이 기독교 신앙을 갖지 못하도록 방해하는 결정적인 요인으로 작용한다.

"하나님께 순종하라고요? 어림없는 소리! 내 인생은 내가 알아서 할 테니 걱정 마시오." 예수님을 자신의 구세주로 인정하는 신앙인들조차 날마다 삶에서 자신의 뜻을 굽히고 하나님의 뜻에 순복하는 데 어려움을 겪는다. 우리는 너무도 자만에 차 있고, 자기 맘대로 결정하는 일에 너무도 익숙해져 있다.

그러나 하나님의 관점에서 볼 때 순종은 절대로 부정적인 의미가 아니다. 순종한다는 것은 자기 혼자 독단적으로 살지 않겠다는 것이며 내 능력에만 의지하지 않겠다는 것이고 하나님이 필요 없다고 주장하지 않겠다는 뜻이다. 결국 하나님께 순종하면 모든 것이 변한다! 그럼 순종 앞에 왜 '위험한'이라는 말을 덧붙였을까? 그 이유는 우리가 순종하는 하나님이 자애롭지만 무능한 할아버지 같은 하나님이 아니라 온 우주를 통치하는 창조주이고 전능한 하나님이기 때문이다.

C. S. 루이스의 『나니아 연대기』 The Chronicles of Narnia, 시공주니어, 2005 에는 위풍당당한 사자 아슬란이 등장하는데 아슬란은 사실 하나님을 상징한다. 아슬란처럼 하나님도 선한 분이지만 안전하지는 않다. 다음 장에서는 이 부분에 대해 더 자세히 이야기할 것이다. 우선 여기에서는 하나님께 순종한다는 것이 세상에서 가장 과감하고 위험천만한 일이라는 점만 밝혀 두겠다. 하나님께 순종하기로 결심하는 순간부터 당신은 하나님을 더 깊이 알게 될 것이며 그분의 뜻을 더욱 온전하게 따르게 될 것이다.

나진 현상

그 사건이 있던 2002년의 봄날 전까지만 해도 나는 하나님의 뜻이 무엇인지 잘 안다고 생각하고 있었다. 우리 부부는 소위 '빈둥지'자녀가 성장하여 집을 떠나는 것을 비유적으로 하는 말-역주 시기를 맞고 있었다. 막내아들이 고등학교 졸업반이었으므로 우리는 앞으로의 노후 설계를 이미 끝낸 상태였다. 우리 둘 다 목회자와 선교사들에게 깊은 애정이 있었고 하나님이 주신 가르침의 은사를 사용하는 게 큰 즐거움이었던지라 앞으로 남은 반평생은 전 세계를 다니며 목회자와 선교사 부부들을 가르치고 격려하는 일에 전념하고 싶었다. 그것은 미래를 위한 더할 나위 없는 계획처럼 보였다.

다만 문제는 그것이 하나님의 계획이 아니었다는 것이다.

세월이 지나면서 내가 깨달은 사실이 한 가지 있다. 하나님의 뜻을 발견하는 일이 마치 폴라로이드 카메라 사진을 현상하는 일과 같다는 점이다. 폴라로이드 카메라로 찍고 나서 사진을 들여다보면 처음에는 그저 짙은 회색일 뿐 아무런 형상도 보이지 않는다. 그러다가 시간이 지나면서 조금씩 물체의 형상이 또렷해진다. 하나님이 에이즈 환자들에 대한 사명을 주실 때 나는 뜸을 들이다가 결국 "예"라고 대답했다. 대답하는 순간 하나님은 내게 흐릿한 폴라로이드 사진을 건네주셨다. 처음에는 내게 무엇을 하라고 하시는 건지 도무지 알 수가 없었다. 아무런 계획도, 장기 비전도 떠오르지 않았다.

다만 한 가지는 확실했다. 어느 날 하나님 앞에 섰을 때 심기가 불편해서, 아니 무엇을 어떻게 해야 할지 몰라서 고통 받는 수천만의 사람들을 모른 척했다고 말할 수는 없다는 점이었다. 내게 주어진 사진은 그 즉시 또렷해지지는 않았지만 몇 년의 시간이 흐르면서 점점 더 분명해지고 구체화 되었다. 지금은 에이즈 방지를 위해 내가 해야 할 역할이 무엇인지 하나님의 계획을 한층 더 선명하게 볼 수 있다.

디지털 기술이 발전하면서 이제 폴라로이드 카메라는 사양길을 걷고 있다. 요즘 사람들은 폴라로이드의 느릿한 현상 과정을 참지 못한다. 뭐든지 빨라야 하는 세상이라 가만히 앉아서 현상되기만을 기다리지 않는다. 그리스도인들도 마찬가지다. 하나님이 뭔가 새로운 길로 인도하신다는 느낌이 들기만 하면 곧 바로 필요한 모든 정보가 코앞에 대기하고 있기를 바란다. 여정을 떠나기 전에 하나님이 명확한 여행 계획서를 작성해 주시고 세밀한 지도를 마련해 주시고 목적지까지 안전한 도착을 보장해 주시길 바란다. 자신의 믿음을 증명해 보이기도 전에 믿음대로 사는 데에 대한 보상부터 해주길 바란다. 당신이 믿음으로 순종하는 사람이 되고 싶다면 그냥 "예"라고 말할 준비가 되어 있어야 한다. 하나님의 답변을 듣기 전에 당신의 답변을 먼저 말해야 한다는 얘기다.

나와 절친한 게리 토마스Gary Thomas 목사는 내 믿음의 현주소를 일깨워 주고 신앙적으로 성숙할 수 있도록 많은 도움을 준 사람이다. 그는 이런 글을 남겼다. "하나님이 내 기도에 응답을 잘 해주신다고 내가 믿음 좋은 사람이 아님을 알게 되었다. 도대체 하나님이 무엇을 하시는지 궁금하고 답답해도 변함없이 감사하며 섬기는 사람이 진짜 믿음 좋은 사람이다."주1)

우리는 흔히 눈부신 업적을 이룬 사람들이나 출중한 기량을 가진 사람들이나 뛰어난 자질의 운동선수들 같은 슈퍼스타만이 위험한 순종을 통해 세상을 바꿀 수 있다고 생각한다. 그러나 슈퍼스타들만 하나님의 목적을 이룰 수 있는 게 아니다.

평범한 사람들

하나님이 내 마음을 에이즈 문제에 쏠리게 만들었던 그날을 돌이켜 보면 내게 그런 일이 일어나리라고 전혀 예기치 못했던 몇 가지 이유가 있다. 무엇보다 가장 큰 이유는 국제적인 문제에 내가 무언가를 기여할 수 있는 사람이라고 전혀 생각하지 않았기 때문이다. 나는 특별한 재능도 특기도 없는 그저 평범하고 조용한 여자에 불과했다.

어렸을 때에는 학교에서 공부 잘하는 똑똑한 학생이 되고 싶었지만 내 학교 성적은 한 번도 나를 우등생이나 장학생으로 만들어 주지 못했다. 그저 평범하기 이를 데 없는 아이였다. 아버지가 목사님이었기에 사람들은 내가 교회에서 피아노 반주를 맡아 주리라 기대했고, 그래서 나는 피아노를 배우기 시작했다. 언젠가는 전국 순회공연을 다니고 우레와 같은 박수 속에서 멋진 연주 실력을 뽐내고 연주 앨범도 두어 장 내는 장밋빛 꿈을 꾸어 보기도 했다. 하지만 피아노 역시 보통 실력을 넘지 못했다. 연주 앨범은커녕 순회공연 근처에도 가보지 못했다. 공부도 중간이고 재능도 별로라는 게 확실해지자 이번에는 미스 아메리카에 도전하는 새로운 환상에 젖어들었다. 나는 해마다 미인 대회가 열리는 날을 손꼽아 기다렸다. 미인 대회 참석자들이 갖고 있는 완벽한 몸매와 미모를 나도 갖추고 싶었다. 그래서 틈만 나면 화장실 거울을 뚫어져라 쳐다보며 그 동안 얼마나 미인이 되었는지 내 자신을 뜯어보았지만 언제나 미인의 조건과는 거리가 멀었다. 사람들한테 못생겼다는 말은 들은 적 없지만 그렇다고 내 미모에 놀라 멍하니 쳐다보는 사람도 본 적이 없다. 나는 그저 평범한 사람일 뿐이었다.

남편과 결혼할 시점에는 인생에 회의를 느끼기도 했다. 나라는 인간은 하나도 잘난 구석이 없는 진짜 별 볼 일 없는 존재라는 생각이 들었다. 나처럼 평범하기 짝이 없는 남자를 만나 결혼할 수도 있었는데 놀랍게도 내가 결혼한 사람은 슈퍼스타가 아닌가…! 릭은 언제나 뭐든지 잘하는 팔방미인이었다. 학교 성적도 뛰어났고 인기도 좋았고 재능도 많았고 자신감에 넘치는 사람이었다. 들어가는 동아리 모임마다 회장은 도맡아 했으며 그의 집 거실에는 여동생과 그가 받았다는 상장과 트로피들이 빼곡히 들어차 있을 정도였다. 장래에 대한 꿈도 많았고 포부를 이루겠다는 야심도 대단했다. 그러던 어느 해 여름, 릭은 성탄절 캠프에서 구조원으로 일하다가 주님을 영접했고 그로 인해 전혀 다른 꿈이 생겨났다. 사업가에서 목회자로 장래 희망을 바꾼 것이다. 그런 후에 그는 더욱 열성적인 그리스도인이 되어 갔다.

릭이 텍사스 주 포트워스에서 신학대학원을 졸업하자 우리 부부는 고향인 캘리포니아로 돌아가서 1980년에 새들백 밸리 커뮤니티 Saddleback Valley Community 교회를 개척했다. 릭의 지도력을 주축으로 해서 교회는 양적으로나 질적으로 급격히 성장했다. 그때에도 나는 여전히 물 밖에 나간 물고기마냥 허우적대고 있었다. 남편이 슈퍼스타라면 나는 일개의 "반짝반짝 작은 별"이라고나 할까…. 그런데 교회를 개척한 지 2년이 지난 어느 날, 내게 잊지 못할 사건이 일어났다. 두고두고 생각해도 언제나 큰 힘과 위로가 되는 일이었다.

그해 나는 우리 교회 여전도회 행사에서 강사로 말씀을 전해 달라는 요청을 받았다. 자신이 없어 망설이다가 마지못해 그 요청을 받아들이기로 했다. 당시 나는 교회의 유초등부에서 교사로 봉사하고 있었는데 이유는 단지 아이들을 가르치는 게 마음이 편해서였다. 행여 내가 제대로 못하더라도 아이들은 나를 판단하거나 비난을 퍼붓지 않을 테니까. 성경 이야기를 거꾸로 하든 뒤집어 하든 아이들은 그런 것에 크게 신경 쓰지 않는다. 그날, 여전도회 행사장으로 가는 길에 나는 참았던 울음을 터뜨리며 하나님께 하소연을 늘어놓기 시작했다. 그건 내가 걸핏하면 써먹는 수법이었다. "하나님, 정말 크게 실수하신 거예요. 하필이면 왜 저를 요거밖에 안 되는 인간으로 만드셨어요? 우리 남편에게 좀 더 예쁘고 재능 있고 똑똑한 사모를 허락하시지…, 저는 아무리 해도 안 돼요." 우는 모양새라도 좋으면 모르겠는데 나는 눈물 몇 방울만 흘려도 눈이 벌겋게 충혈되고 부풀어 올랐다. 할 수 없이 마음이라도 달랠 겸 차의 라디오를 틀었다.

바로 그때!

라디오 채널에서 대니벨 홀Danniebelle Hall의 "평범한 사람들"Ordinary People이란 노래가 흘러나왔다. 하나님의 마음이 내 마음에 전해지는 순간이었다. 하나님은, 평범하지만 자기가 가진 모든 걸 하나님께 드리는 사람을 사용하신다는 내용의 노래였다. 주체할 수 없는 눈물이 흘러내렸다. 그건 나에 대한 연민의 눈물이 아니라 기쁨과 평강의 눈물이었다. 하나님은 나를 평범한 사람으로 만드셨다! 나를 더 똑똑하고 더 재주 있고 더 예쁘게 만들 수도 있으셨지만, 사랑의 손으로 빚으셔서 하나님이 원하는 이대로의 모습으로 만들어 주셨다. 왜 그러셨을까? 그건 분명 나처럼 평범한 사람이 순종했을 때 하나님은 내 삶을 통해 기적을 일으킬 수 있어서 그러셨을 것이다. 2천 년 전 물고기 두 마리와 떡 다섯 개로 5천 명이나 되는 굶주린 사람들을 먹이셨던 것처럼….

그날 나는 주님께 내 모든 것을 드리겠다고 말씀드렸고 나의 장래까지 맡기기로 곧게 결심했다. "하나님 아버지, 살난 게 없다고 늘 불평하고 투정 부려서 정말 죄송합니다. 저를 만드신 당신께 실수했다고 비난했던 것도 용서해 주십시오. 이제부터는 저를 평범하게 만들어 주신 사실을 기쁘게 받아들이겠습니다. 저 자신을 당신께 바치며 순종하겠습니다. 언제든, 어디든, 무엇에든 당신 마음대로 저를 사용해 주옵소서. 저의 점심 도시락을 드릴 테니 그것으로 오병이어의 기적을 만들어 주시옵소서." 그때의 짧고 정직한 기도가 알고 보니 내 생애 가장 위험천만(?)한 순종의 기도였음을 어찌 알았으랴!

그 후 이십여 년 간은 하나님이 만든 이 모습 이대로 만족하며 살겠다는 약속을 지켜야 할 기회가 무궁무진하게 생겨났다. 하나님은 내 순종의 기도를 받으시고 그 작은 헌신이 계속해서 열매를 맺도록 하셨다. 남편과 비교하기를 그만두면서 내 안에 있는 가르침의 은사를 발견하게 되었고, 수년에 걸쳐 그 은사를 갈고 다듬을 기회도 주어졌다. 남은 반평생 동안 전 세계를 다니며 사역자들을 가르치고 말씀을 전하겠다는 계획을 세운 것도 그 때문이었다. 그러나 아프리카의 에이즈 기사를 잡지에서 읽은 바로 그날, 하나님은 내 마음을 휘저으시며 미래의 계획을 재고하게 만드셨다.

순종의 본보기

하나님께 온전히 순종하는 사람이 되겠다고 기도한 이후 내가 본보기로 삼을 만한 사람들이 눈에 들어왔다. 그들은 내게 순종하는 법을 가르쳐 준 사람들이었다. 나의 첫 번째 본보기가 된 사람은 예수님의 어머니 마리아였다. 어떤 면에서 성경에 나오는 인물 중에 가장 철저하게 자신을 하나님께 바치고 순종했던 사람이 마리아라고 생각한다. 마리아는 살과 피를 가진 평범한 사람으로서 천사가 나타나 장차 구세주를 낳을 것이라고 말했을 때 하나님의 뜻에 전적으로 순복했던 참으로 대단한 여인이었다. 그 이후에 펼쳐진 마리아의 삶은 하나님께 했던 약속이 진심이었음을 증명하는 시간이었다. 마리아는 정말로 하나님을 신뢰했는가? 순종으로 어떤 결과가 발생하더라도 그저 하나님만 신뢰하며 "예"라고 말했는가?

마리아는 아무것도 내세울 만한 것이 없는 여인이었다. '미국의 누구' 하면 알아줄 그런 유명인사도 아니었고 "가장 존경받는 100명의 여성들" 명단에 들어가는 사람도 아니었고 자신의 몸에 하나님의 아들을 잉태할 만큼 자격을 갖춘 여인은 더더욱 아니었다. 나이도 어리고 가난하고 교육도 받지 못한 처녀였다. 그럼에도 불구하고 하나님은 마리아를 존중하시고 막중한 책임을 지워 주셨다. 우리라면 십중팔구 도망가 버렸을 그런 막중한 책임을…. 하나님의 아들을 낳을 사람으로 선택받았다는 얘기를 천사가 전했을 때 마리아는 하나님이 실수하신 거라고 온갖 이유를 대며 언쟁을 벌일 이유가 충분했다. 그럴듯한 변명으로 하나님의 '자비로운 간택'을 거절하고 다른 친구들을 대신 고려해 보시라고 제안할 수도 있었을 것이다. 인류 역사상 전무후무의 대사건이었던 만큼 한마디로 딱 잘라 거절할 수도 있었을 것이다. 하지만 마리아는 몇 마디 질문이 다였다. 어떤 결과가 올지 알지도 못한 채 "주의 여종이오니 말씀대로 내게 이루어지이다"_{누가복음 1:38}라고 순종했다. 얼마나 위험천만한 순종인가!

마리아는 기꺼이 자신의 몸을 통해 구세주를 잉태하고 자라나게 하겠다고 약속했다. 정숙한 처녀라는 평판에 흠집이 가는 것도 불사했고 마을 사람들의 구설수에 오르내리는 것도 아랑곳하지 않았다. 태어난 아이에게 애정을 듬뿍 쏟아 주었고 아이가 성장하여 성인이 되는 모습을 지켜보았다. 때로는 의중을 찌르는 말에 뜨끔하기도 했고, 심란하기도 했고, 목수직을 버리고 가업을 잇지 않겠다는 아들의 말에 속상해하기도 했다. 3년의 공생애 기간에도 마리아는 아들 예수 곁을 떠나지 못했다. 어쩌면 그저 옆에 있는 것으로 만족했는지도 모른다. 유대인들이 바라는 메시아 상이 아니라는 이유로 아들의 인기가 시들해지는 불안한 시기도 겪어야 했다. 급기야 아들 예수가 체포되었다는 소식을 들었고 형체도 알아보지 못할 정도로 구타를 당한 후 바라바라는 죄수는 풀려나고 아들은 처형된다는 소식을 들었다.

한 순간의 대답 "예"는 아들 예수의 십자가 앞에 서는 그날 절정을 이루었다. 눈에 넣어도 아프지 않을 귀한 아들이 자신의 눈앞에서 모욕을 당하고 피를 흘리며 나무에 매달려 있었다. 그래도 마리아의 대답은 여전히 "예"였다. 성경에는 마리아가 슬픔에 못 이겨 하나님께 삿대질을 했다거나 자기에게 그런 고통을 안겨 준 것에 항의했다는 언급이 전혀 없다. 마음이 갈가리 찢어지는 상황에서도 마리아는 대의를 위해 자신을 사용해 준 하나님께 조용히 심정을 호소할 뿐이었다. 결국 아들은 처참하게 살해당했고 무덤으로 옮겨졌다가 며칠 후 부활하여 다른 세상으로 가 버렸다. 이번에는 영원히 하늘나라로 돌아간 것이다. 하나님께 했던 "예"라는 순종은 마리아의 인생에 기쁨을 가져다주었는가? 아니면 칼로 도려내는 듯한 마음고생을 안겨 주었는가?

사도행전에 보면 예수님이 부활하신 이후, 마리아는 120명의 제자들과 함께 다락방에 숨어 지냈다고 한다. 아마 마리아도 그때 모여 있던 다른 성도들과 함께 성령을 받았을 것이다. 마침내 마리아는 구원을 받았고 그 동안 품었던 의문도 풀렸다. 순종하는 믿음은 절대 무모한 믿음이 아니다. 언젠가 모든 그림은 분명해진다. 하지만 마리아는 모든 것이 분명해지길 기다렸다가 하나님께 "예"라고 대답한 것이 아니었다. 고통 없이 하나님의 뜻이 이루어지게 해달라고 애원하지 않았다. 그저 단순히 "주의 여종이오니 말씀대로 내게 이루어지이다"누가복음 1:38라고 했을 뿐이었다.

마리아는 2천 년 전의 사람이니까 마리아의 이야기는 현대 그리스도인들에게 현실감이 떨어지는 얘기가 될 수도 있다. 이 세상에서 구세주의 어머니가 되는 일은 마리아 전에도 없었고 마리아 이후에도 없을 것이다. 따라서 마리아가 했던 순종의 사례는 현대를 사는 우리들에게 다소 동떨어진 감이 없지 않다. 그러나 지금 현재 이 땅을 살아가는 신앙인들의 귀감이 되는 이야기는 그냥 지나치기가 힘들다. 여기에서는 내가 만났던 그런 사람들 몇 명을 소개하려고 한다. 그들은 하나님을 만난 후에 자신의 삶을 온전히 바치기로 마음먹은 사람들이다. 순종의 첫걸음은 하나님이 내 삶에서 어떤 일을 하시든지 겸허히 수용하겠다는 의지에서 비롯된다. 솔직히 말해서 우리에게는 하나님께 이래라저래라 할 권리가 없지 않은가.

순종에 있어 내게 큰 귀감이 되었던 사람 중에는 프랑소와 페늘롱

Francois Fénelon이 있다. 프랑스인 사제 페늘롱은 많은 사람의 존경을 받았고 왕위 계승자였던 루이 14세의 손자를 지도하는 개인 교사까지 지낸 사람이다. 그가 쓴 글을 읽으면 언제나 나의 신앙과 헌신의 현주소를 돌아보게 된다.

"다른 조건에서는 하나님을 섬기지 않겠고 특정 조건에서만 섬기겠다고 말하는 것은 결국 하나님을 자기 맘대로 섬기겠다는 말이다. 그러나 순종에 조건을 달지 않는 것이 진정으로 자신에 대해 죽는 것이다. 그것이 하나님을 진정으로 예배하는 것이다. 아무런 제한도 두지 말고 당신 자신을 그냥 열어 두라. 하나님의 생명이 급류처럼 당신을 통해 흘러가게 하라. 당신이 걸어가는 길에서 무엇을 만날지 전혀 걱정하지 말라. 하나님이 당신의 손을 붙잡고 인도하실 것이다. 하나님을 향한 사랑이 자신에 대한 걱정과 두려움을 제압하게 하라." 주2)

데이브와 캐롤린 맥클렌든은 바야흐로 삶의 황혼기에 접어든 부부였다. 아이들은 모두 장성했고 남편 데이브는 코카콜라 회사를, 아내 캐롤린은 보잉사를 다니다가 둘 다 은퇴했다. 그 즈음 내 강의에 참석한 맥클렌든 부부는 에이즈 환자와 병든 자를 돌보시는 하나님의 긍휼에 대해 듣게 되었다. 그들은 내 강의에 깊은 공감을 느껴 동네에 있는 에이즈 치료소에서 자원봉사를 하려고 우리 교회가 주관하는 자원봉사자 훈련에 참가했다. 그들은 "예, 하나님, 무엇이든 시켜만 주십시오"라는 자세로 임했다. 처음에는 일주일에 한 번 에이즈 양성반응 환자들을 자신의 차에 태워 치료소에 데려다 주는 봉사를 했지만, 얼마

후에는 무료 급식소 일도 도우면서 주변에 있는 친구들과 이웃들을 설득해 함께 자원봉사에 참여하기도 했다. 시간이 지나면서 맥클렌든 부부는 치료소를 찾는 에이즈 환자들과 더욱 가까워졌다. 그러는 와중에 에이즈에 걸린 캄보디아 여인을 알게 되었다. 이 여인에게는 딸이 하나 있었는데 어느 날 맥클렌든 부부를 향해 자신이 죽으면 혹시 딸의 보호자가 되어 줄 수 있겠느냐고 물었다. 그들이 그 질문에 무슨 대답을 할 수 있겠는가? 어떻게 그 여인의 간곡한 부탁을 거절할 수 있겠는가? 어떻게 그 어머니의 애절한 눈빛을 바라보면서 소중한 어린 딸을 돌보아 주지 않겠다고 말할 수 있겠는가? 맥클렌든 부부는 그러겠다고 대답했다.

현재 그들은 열한 살배기 딸 신디의 보호자가 되었다. 신디는 일주일에 닷새 정도 맥클렌든 부부와 함께 지낸다. 두 사람은 신디의 숙제를 도와주기도 하고 자전거 타는 법을 가르쳐 주기도 하고, 동물원이나 디즈니랜드에 데려 가서 즐거운 하루를 보내기도 하고, 교회에 데려 가서 하나님의 사랑에 대해 가르치기도 한다. 그리고 무엇보다 신디 어머니의 상태에 대해 자세히 설명해 주기를 잊지 않는다. 이제 신디와 캄보디아 여인은 맥클렌든 부부의 모든 가족과 친해져서 그 가정의 대소사에도 빠지지 않는다. 맥클렌든 부부는 하나님이 원하시는 것이면 뭐든지 하겠다고 했고, 순종의 결과가 어떻게 되든 군말 없이 따르겠다고 했는데 하나님은 그 말을 곧이곧대로(?) 받아들이셨는가 보다.

맥클렌든 부부의 이야기를 당신은 어떻게 생각하는가? 감동적인가, 아니면 감상적인가? 만일 그 부부의 이야기가 (혹은 지금까지 읽은 그 어떤 이야기라도) 당신의 신경에 거슬린다면 당신도 눈을 가리고 손가락 틈새로 이 책을 대강 읽어 치우고 싶은 생각이 들지도 모른다. 읽기도 그렇고 안 읽기도 그렇고…. 나 역시 이 시점에서 당신을 안심시키며 모든 게 괜찮아질 거라는 말을 하고 싶은 유혹이 든다. 당신이 선택한 길에는 웅덩이나 장애물이 많지 않을 거라고, 마리아의 순종은 특별한 사례였고 대부분의 사람들은 그런 식의 고난을 겪지 않을 거라고, 오늘날 전 세계에 고통 받는 수십 억의 사람들도 이제 곧 의식주가 해결되고 질병을 치료받게 될 거라고, 이 첫 장에만 다소 부담스러운 이야기가 있을 뿐 다음 장부터는 가볍게 읽을 수 있을 거라고 당신을 위로하고 싶다.

하지만 나는 그럴 수가 없다.

하나님은 이 세상 문제에 대해 당신의 마음이 심란해지기를 바라신다. 하나님은 남녀노소 국적을 불문하고 하나님을 위해 자신을 희생하고 하나님의 뜻에 순종할 사람들을 찾고 계신다. 당신의 폴라로이드 사진이 지금은 너무 흐릿해서 '위험한 순종을 했다가 어떻게 되는 거지?' 하는 불안감이 들지도 모른다. 아니면 우리 부부처럼 이미 확실한 미래를 설계해 놓았는지도 모른다. 그렇다면 내가 묻고 싶은 것은 이것이다. "그 계획이 하나님의 계획인가?" 당신의 상황이 어떻든 지금 당장 당신이 해야 할 일은 하나님께 "예"라고 말하는 것이다. 예수님의 어머니 마리아처럼, 맥클렌든 부부처럼, 그리고 나처럼…. 어디로 인도하시든 "하나님의 뜻이 무엇인지 저는 정확히 모르겠습니다. 다만 제 대답은 "예"일 뿐입니다!"라고 말하기를 바랄 뿐이다.

"예"라는 대답이 장차 어떤 결과를 낳을지 모르는 상황에서도
여전히 당신은 하나님께 "예"라고 말하겠는가?

"주님, 당신은 날마다 목격하는 비참한 상황에 한시도 마음 편할 날이
없으십니다. 그 어느 고통도 당신의 눈길을 피해 가지 못하건만 저의 눈
길은 솔직히 많이 지나쳐 버렸습니다. 저의 무관심과 냉담함과 무지를
용서하여 주십시오. 주님, 당신의 눈으로 이 세상을 보도록 도와주옵소
서. 저는 솔직히 모든 것을 주님께 바치기가 겁이 납니다. 제게 소중한
것들을 주님을 위해 과감히 포기할 자신이 없습니다. 하지만 주님을 알
고 싶고 주님이 저를 사랑하듯 저도 주님을 사랑하고 싶습니다. 주님을
위해 모든 것을 걸고 모험을 해보고 싶습니다. 지금 이 순간 "예"라고
하겠습니다. 무엇이 어떻게 펼쳐질지 알지 못해도 저는 주님께 순종하겠
습니다."

• 날마다 하나님께 당신 자신과 세상에 대해 새로운 사실을 깨닫게 해달라고 기도하라.

• 독서 파트너를 구해서 이 책을 함께 읽으라. 각 장을 읽을 때마다 함께 토론하고 의견을 나누면 큰 유익을 얻게 될 것이다.

• 저자의 강의를 듣고 싶다면 홈페이지 www.kaywarren.com을 참조하라.

Chapter 2

보좌에 앉으소서

*
"누구든지 제 목숨을 구원하고자 하면 잃을 것이요
누구든지 나를 위하여 제 목숨을 잃으면 구원하리라"
_ 누가복음 9:24

*
"사랑은 성숙에 이르는 길이다.
이기심은 성장을 방해하고 우리를 영적 놀이방 속에 가두어 놓는다."
_ 엘리자베스 엘리엇, 『내 발의 등』 *A Lamp Unto My Feet*

내가 여섯 살 때 직장 일로 출장을 다녀온 아버지가 디즈니사에서 만든 레코드 "신데렐라 이야기"를 선물로 사다 주셨다. 나는 그 이야기에 푹 빠져서 내가 하녀에서 아름다운 왕비가 되는 상상을 하곤 했다. 친구들 몇 명을 소파에 앉혀 놓고 나의 춤추는 모습을 지켜보게 하면서 "꿈은 당신 마음속의 소원이에요"A Dream Is a Wish Your Heart Makes, 신데렐라 만화영화의 주제곡-역주라는 곡에 맞추어 빙글빙글 돌았다. 친구들이 '지켜보게' 했다는 말에 주목하라. 난 절대 그 아이들에게 같이 춤을 추자고 하지 않았다. 나 혼자 노래하고 춤추고 빙글빙글 돌다가 고개 숙여 인사했다. 완전 나의 독무대였다. 멋진 왕자님이고 신데렐라고 그게 문제가 아니었다. 그건 순전히 케이의 왕국이었다.

세 살 버릇 여든 간다고 했던가?

나는 성장한 후에도 돈과 시간을 들여 내 자신의 작은 왕국을 지배하고 방어하고 갈고 닦기에 여념이 없었다. 전설에 나오는 통치자처럼 내 세계 속에서 전능한 독재자, 최고의 권위자, 막강한 압제자로 추앙받으려 했다. 물론 그 사실을 내 입으로 떠들고 다니지는 않았다. 그랬더라면 듣는 사람들이 가만있지 않았을 것이다. 다만 매일 반복되는 생활 속에서 내가 사는 방식이 그랬다는 말이다. 당신도 그럴 것이다. 더심각한 문제는 내 영역과 소유와 명성과 인격과 체면과 위신과 권리를 철두철미하게 지키려는 가혹함이었다. 뭐든 내가 쥐고 흔들어야 직성이 풀렸다. 게리 토마스는 이렇게 말했다. "하나님께 순종하지 못하는 최대의 걸림돌은 인간적 욕심이나 비뚤어진 욕망이 아니라 자기 인생을 자기가 알아서 살겠다는 태도다." 주3)

케이 왕국에서는 내 식대로 하지 않는 사람, 내가 최고라는 걸 인정하지 않는 사람은 들어설 자리가 없었다. 사람들이 나를 '제대로' 대우해 주면 아무 탈 없이 사이좋게 잘 지냈다. 나를 떠받들고 내가 필요한 걸 채워 주는 게 지극히 '당연한' 일임을 인정하면 그곳에는 평화와 사랑이 넘쳐흘렀다. '감히 나를 몰라보고 함부로 구는 가족, 친구, 주변 사람들에게는 화가 있을진저! 대가를 톡톡히 치르게 되리라!' 나는 페늘롱이 했던 말에 딱 적합한 사람이었다. "우리의 자기애自己愛는 섬뜩할 정도로 성질머리가 고약하다. 아주 조금만 건드려도 죽이겠다고 덤벼든다." 주4)

나는 주변의 모든 것을 내 맘대로 장악하려고 기를 썼을 뿐 아니라 온갖 애정을 오직 나만을 위해 비축했다. 즉 나 자신과 열애에 빠진 것이다. 솔직히 얘기해서 온 세계가 나를 중심으로 돌아가면 좋겠다고 생각했던 적이 한두 번이 아니다. 나만 좋고 나만 편하면 그뿐이었다. 다른 사람들은 내 시각으로 사물을 해석하길 바랐고 나를 행복하게 해주길 바랐고 내가 필요한 것을 채워 주길 바랐다. 내 의견에 반대하거나 내 마음을 상하게 하거나 나를 불쾌하게 하거나 짜증나게 하거나 화나게 하지 않기를 바랐다. 나를 이해해 주고, 인정해 주고, 칭찬해 주고, 아껴 주고, 고마워해 주고, 돌봐 주고, 존경해 주고, 우러러봐 주고, 기분을 맞춰 주고, 귀 기울여 들어주고, 사랑해 주고, 귀여워해 주고, 예뻐해 주길 바랐다.

날마다 내가 쏟는 모든 노력과 정성은 나 자신을 위해서였다. 심지어 다른 사람을 돌봐 줄 때에도 그를 위해 내가 몇 시간을 소비했는지 얼마나 힘을 들였는지 어느 정도 희생을 했는지에 신경을 곤두세웠다. 다른 사람을 위해 무언가를 해주면서도 그것이 나에게 이익이 되는 일석이조가 되어야 만족스러웠다. 하루가 끝나면 내가 다른 사람들에게 해준 만큼 그들도 나에게 해주었는지를 계산했다. 해준 만큼 받지 못한 날에는 속이 상했고, 억울했고, 성질이 났고, 한심스러웠고, 울화가 치밀었다. 때로는 일부러 사람들을 안 만나기도 했다. 내 계산상 준 만큼 받지 못한다고 생각해서였다.

다른 사람을 위한다고? 가뭄에 콩 나듯 어쩌다가 한 번은…. 다른 사람의 뜻을 존중한다고? 천만의 말씀!

열쇠를 누구에게?

하나님이 내 영혼을 뒤흔드시며 감겨진 눈을 뜨게 하신 후에야 비로소 내 삶에 심각한 구조조정이 필요하다는 사실을 깨닫게 되었다. 에이즈에 걸린 사람들을 정말로 도와주고 싶다면 먼저 나부터 변해야 했다. 하지만 나는 변하고 싶지 않았다. 편안하고 안정되고 활기차게 잘 살고 있지 않은가! 그냥 내 자신의 문제만으로도 충분했다.

처음에는 에이즈 문제에 전폭적으로 뛰어들까 하는 생각도 했었지만 금세 마음을 바꾸고는 너무 깊이 개입하면 안 되는 이유들을 하나하나 생각해 내기 시작했다. '지금도 일거리가 태산이잖아?' '안 그래도 힘든데 뭘 또 하려고 그래?' '일복 많은 남편 덕에 나도 일에 치여 살잖아?' '지금 아는 사람들만 해도 만나기 벅찰 정도잖아?' '우리 새들백교회 행사만 해도 달력을 다 채우고도 남잖아?' '그러다 아프기라도 하면 어떡하지?' '혹시 내가 에이즈에 감염돼서 죽는 건 아닐까?' '노상 환자들 옆에 있으면 나까지 우울해질 텐데….'

그런 것도 문제지만 내 명성에도 영향이 미칠 것 같았다. 에이즈 환자들은 모두 동성연애자로 인식하는 마당에 내가 에이즈 환자들을 돌본다는 소문이 나면 기존의 내 신학과 정조 관념을 바꾸어 동성애를 옹호하는 모습으로 비춰지지 않을까? (사실 모든 에이즈 환자가 남자 동성연애자라는 생각은 틀린 것이다. 이 세상에서 에이즈에 감염된 환자들 대부분은 여성이다.) 당시 내 생각이 맞았다 치더라도 그 사실이 비난의 대상이 될 문제는 아니었다. 병에 걸려 아픈 것 자체가 죄는 아니다. 나는 행여나 내 평판에 금이 갈까 두려웠다. 좋은 평판을 얻기란 쉬운 일이 아니다. 남편과 나는 22년이 넘게 한 교회에서 열심히 목회했고, 우리 자신은 물론 우리 교회도 주변에서 좋은 평판을 받고 있었다. 몇 해가 지난 뒤 나의 태도는 완전히 돌변했다. 이제는 내가 소외된 사람들을 돌본다는 칭찬까지 듣게 되어 감사하다. 하지만 당시에는 내 얼굴에 먹칠을 하는 게 아닌지 여간 걱정스럽지 않았다.

더욱이 에이즈 문제는 너무도 심각하고 방대한 문제였다. 도대체 왜 내가 갑자기 나서서 인류 최악의 문제를 놓고 씨름해야 한단 말인가?

내가 했던 변명과 걱정들을 읽으면서 혹시 당신의 가슴도 뜨끔하지는 않은지…. 당신도 똑같은 의문을 품어 본 적이 있는가? 실험 삼아 당신이 왜 고통 받는 사람들을 도와주는 일에 적극적이지 못한지 하나하나 짚어 보는 것도 좋을 것이다. 고통 받는 사람들이란 에이즈 환자뿐만 아니라 누구든 도움이 필요한 사람들을 말한다. 하나씩 열거하다 보면 당신도 나처럼 꿍꿍이셈이 있다는 사실을 눈치 채고 말 것이다. 즉 고통 받는 사람들을 도와주라는 하나님의 뜻에 순종하지 못하는 이유는 한마디로 고통 받는 사람들보다 나 자신을 더 소중히 여기기 때문이다.

도대체 무엇을 어떻게 해야 이기심이라는 난공불락의 벽을 뚫을 수 있을까? 나 자신만 생각하는 위인이 진심으로 타인을 생각할 줄 아는 사람이 되려면 무엇이 어떻게 변해야 할까? 나만의 케이 왕국의 열쇠를 누구에게 넘겨야 할까? 감옥 간수에게? 고문자에게? 고분고분하라고 때리는 힘센 원수에게? 나를 짓밟고 죽이려는 통치자에게? 아니다. 나를 무조건적으로 사랑해 주시는 하나님 아버지께 열쇠를 드려야 한다.

하나님은 우리를 윽박지르고 때리고 굶겨서 순종하게 만들지 않으신다. 부드럽고 신사적으로 순종하라고 요청하신다. 즉 내가 먼저 사랑을 받았기에 그분께 순종하는 것이다. 하나님의 사랑을 깊이 느끼는 사람일수록 안심하고 그분의 뜻에 자신을 맡길 수 있다. 프랑소와 페늘롱은 그와 같은 진리를 날카롭게 지적했다. "하나님은 우리를 훔쳐보는 간첩이 아니다. 하나님은 우리를 해치려 호시탐탐 노리는 원수가 아니다. 하나님은 우리를 사랑하는 아버지다. 그분의 선하심만 믿는다면 언제나 도와주길 원하는 아버지다."주5)

사도 바울은 기쁨으로 이렇게 선포했다. "그가 우리를 흑암의 권세에서 건져내사 그의 사랑의 아들의 나라로 옮기셨으니 그 아들 안에서 우리가 속량 곧 죄 사함을 얻었도다"골로새서 1:13-14. 어떻게 이런 일이 가능했을까? 우리는 어떻게 '흑암의 권세'에서 '그의 사랑의 아들의 나라'로 옮겨질 수 있었을까? 케이 왕국의 보좌에 앉아 있는 내가 하나님의 왕국에서 하나님의 보좌 앞에 머리를 조아리려면 어떻게 해야 할까?

대답은 아주 간단하지만 결코 쉬운 일은 아니다. 하나님의 사랑이 어느 정도인지 약간만 맛을 봐도 우리는 자기 인생을 혼자 알아서 하겠다고 고집 부리지 않을 것이다. 만신창이가 된 우리를 살리려 하나님이 예수님을 이 땅에 보내셨고 우리는 그 사실을 받아들였다. 우리가 저지른 모든 잘못의 대가를 예수님이 지불해 주셨다. 예수님은 스스로 하신 말씀대로 자신의 생명을 우리를 위해 내주셨고 우리는 주님이 주신 구원을 믿음으로 받아들였다. 주님이 우리의 왕국, 즉 우리의 의지와 정신과 감정 속에 들어와서 거하시는 것을 허락했다. 우리 자신이 군림했던 왕국은 이제 그분의 왕국에 흡수되었고 계속해서 주님이 더 확고하게 왕의 지위를 굳히시도록 허용해야 한다. 세월이 갈수록 우리는 하나님 나라에 속한 사람만이 소유하는 확고한 자신감을 갖게 될 것이다.

성경에 보면 우리가 하나님의 사랑을 더 깊이 깨닫게 될수록, 즉 우리를 하나님의 나라에 들어가게 하기 위해 예수님이 희생의 대가를 지불하게 만들었던 그 사랑을 깊이 깨달을수록 우리 안에 거하시는 주님을 더 가깝게 느끼게 된다고 이야기한다.

> "그의 영광의 풍성함을 따라 그의 성령으로 말미암아 너희 속사람을 능력으로 강건하게 하시오며 믿음으로 말미암아 그리스도께서 너희 마음에 계시게 하시옵고 너희가 사랑 가운데서 뿌리가 박히고 터가 굳어져서 능히 모든 성도와 함께 지식에 넘치는 그리스도의 사랑을 알고 그 너비와 길이와 높이와 깊이가 어떠함을 깨달아 하나님의 모든 충만하신 것으로 너희에게 충만하게 하시기를 구하노라" 에베소서 3:16-19

예수님이 우리의 속사람 깊이 거하시면 우리의 영적 시야가 더욱 또렷해지고 예수님을 닮기 위한 내적 쇄신도 감행하게 된다. 그렇게 될 때 진정한 제자가 되고 자연스럽게 순종이 몸에 배게 되는 것이다.

순종의 의미

자기가 군림했던 왕국의 열쇠를 사랑의 아버지께 넘겨드린 사람은 하나님의 왕국에서 살아갈 준비가 끝난 셈이다. 내 왕국에서는 내가 원하는 것을 하나님이 들어주는 게 국법이었다. 하지만 이제 모든 통치권을 하나님께 드렸으니 그분의 왕국에서 예수님의 종으로 살아가는 법을 배워야 한다. 종이란 자발적으로 다른 사람을 섬기는 사람이다. 반드시 자발적으로 섬겨야 한다. 예수님은 우리가 허락할 때에만 우리 삶에 들어오시는 분이고 우리가 자발적으로 내드릴 때만 우리 삶의 통치권을 발휘하시는 분이다. 하나님의 왕국에 들어오라는 초대에 응한 순간부터 우리는 더 깊은 순종의 삶으로 나아가는 것이다. 이건 결코 쉬운 일이 아니다. 자신의 왕국에서 누리던 특권을 포기하면 모든 면에서 자신의 이기적 욕구와 정면으로 대치하게 된다. 꿈에도 생각지 못한 새로운 도전과 모험을 해야 할지도 모른다. 하나님은 순종한 사람 누구에게나 명예, 부, 갈채, 세상에서의 상급이 주어진다고 약속하지 않으셨다. 그런 것이 주어질지 말지는 하나님이 정하실 일이다. 우리는 언제나 뭔가 의미 있는 일을 해놓고 싶은 욕심이 있다. 예수님의 종이 되어 예수님이 인도하시는 곳에서 열심히 섬기라. 그곳이 이웃집이건 지구 반대편이건 자발적으로 열심히 섬길 때 우리는 의미 있고 보람된 일을 이룩할 수 있다.

주님의 일에 동참하라는 초대는 마가복음 8장 34-37절에 잘 나타나 있다.

"무리와 제자들을 불러 이르시되 누구든지 나를 따라오려거든 자기를 부인하고 자기 십자가를 지고 나를 따를 것이니라 누구든지 자기 목숨을 구원하고자 하면 잃을 것이요 누구든지 나와 복음을 위하여 자기 목숨을 잃으면 구원하리라 사람이 만일 온 천하를 얻고도 자기 목숨을 잃으면 무엇이 유익하리요 사람이 무엇을 주고 자기 목숨과 바꾸겠느냐."

헉! 이게 웬 말인가? 과연 누가 이 말씀대로 살 수 있을까?

나에게 자기를 부인할 기회를 끊임없이 부여해 준 건 바로 남편과의 결혼생활이었다. 그렇다고 남편이 성질이 고약하거나 잔소리가 많은 사람이어서 그런 건 아니었다. 단지 두 개의 이기주의가 한 집에서 평화롭게 지내기가 쉽지 않아서였다. 처음 만남부터 시작해서 그 동안 우리가 다투었던 모든 싸움의 뿌리는 한결같이 이기심이었다. 결혼 전에 얼마나 싸웠던지 신혼여행을 갈 때는 "교만에서는 다툼만 일어날 뿐이라"는 잠언 13장 10절 말씀을 암송했을 정도였다.

인정하기는 싫지만 늘 나의 자기중심적 생각 때문에 언쟁이 시작되었고 언쟁을 하면 끝까지 대들다가 남편에게 심한 말까지 했던 게 사실이다. 기분이 나쁘거나 화가 나면 남편을 실컷 비꼬면서 자존심 상하는 말을 퍼부어 주고 싶었다. 그 순간에는 뭐가 옳고 그른지 분간하기조차 싫었다. 나 자신과 내가 원하는 것을 부인하는 일은 이만저만 어려운 일이 아니었다. 물론 싸우는 그 순간에는 내 행동의 이면까지 볼 수가 없었지만 나중에 한걸음 물러서서 곰곰이 생각해 보면 싸움의 요인은 결국 잘난 체하는 나의 교만과 내 왕국을 유지하려는 자존심이었다. 지난 30여 년간의 결혼생활을 뒤돌아볼 때 아무 쓸데도 없는 언쟁에 수천 톤의 감정을 낭비한 것이 후회스러울 뿐이다. 감정이 격해진 순간에는 어떤 종류의 목욕 비누를 사용할 것인가라는 문제가 마치 사활이 걸린 중대사처럼 느껴졌다. 하지만 남편과 함께 사는 평생을 놓고 볼 때 목욕 비누가 대체 무슨 대수란 말인가?

우리 부부는 배우는 게 더딘 편이지만 이제는 마침내 서로를 사랑하는 것이 '내 말이 옳다'보다 더 중요하다는 걸 깨달았다. "프린세스 브라이드"The Princess Bride라는 영화에 보면 신분이 천한 시골 소년이 공주가 무엇을 시키기만 하면 "분부대로 하죠"라고 말하며 요구사항을 전부 들어주는 장면이 나온다. 두 사람이 오랫동안 헤어졌다가 다시 만났을 때에도 "분부대로 하죠"라는 말을 듣고 공주가 그를 알아본다. 나 역시 그 간단한 한마디를 연습하고 있다. 항상 소리 내어 말하는 것은 아니지만 그 한마디는 남편을 먼저 생각하게 만들고 내 뜻보다 남편 뜻을 따르게 만든다. "한 겨울에 차 안에 에어컨을 틀자고요? 분부대로 하죠." "저 한심한 텔레비전 쇼를 보자고요? 분부대로 하죠." "우리 가족 휴가 날짜를 바꾸고 싶다고요? 분부대로 하죠."

그렇다고 내 말을 오해하지 말기를 바란다. 결혼생활에서 아내는 무조건 자기 뜻과 의지를 굽히고 남편 뜻만 따르라는 얘기가 아니다. 성경에서도 남편과 아내가 서로를 존중하고 귀하게 여기라고 했다 에베소서 5:21 참조. 다만 여기서는 내 개인적 간증을 털어놓은 것이다. 사랑하는 예수님을 위해 내 일신의 안락함과 이기심을 포기하는 법을 배웠다는 말이다. 나 자신을 부인할 수 있는가? 나의 이기심에 "안 돼"라고 말할 수 있는가?

그렇다면 이제는 내가 제대로 잘 하고 사는가? 천만의 말씀! 다른 사람의 뜻과 요구를 우선적으로 존중한다는 것은 자기 자신에 대한 죽음을 의미한다. 그러나 이것은 제자가 되기 위한 첫걸음마에 불과하다. 예수님이 가장 먼저 언급하신 '자기 부인'은 위험한 순종의 핵심 요소라고 할 수 있다.

날마다 자기 십자가를 지라

마가복음 8장 말씀에서 예수님이 하신 두 번째 명령은 그 뜻을 명확히 정의하기가 약간 애매하다. 예수님 당시에는 십자가 처형을 당하는 죄수가 아닌 이상 아무도 십자가를 지고 다니지 않았다. 어떻게 우리가 자기 십자가를 진다는 말인가? 상당히 신령한 소리로 들리기까지 한다. 어떤 사람들은 그 말씀을 곧이곧대로 옮겨서 나무로 만든 십자가를 등에 지고 가두 행진을 하거나 민속 축제에 참여하기도 한다. 또 어떤 사람들은 아홉 가닥 채찍으로 자신의 몸을 때리며 그것이 '자기 십자가를 지는' 것이라고 말하기도 한다. 심지어 예수님처럼 십자가에 못 박히는 장면을 비슷하게 흉내 내는 사람들까지 있다.

하지만 우리가 지고 가야 할 '십자가'는 그런 나무 십자가가 아니다. 예수님을 위해서라면 어떤 결과도 감수하겠다는 전적인 순종의 태도를 십자가라고 표현한 것이다. 자신을 부인하는 게 "안 돼"라고 말하는 것이라면 자기 십자가를 진다는 것은 "예"라고 말하는 것이다. "예, 주님. 무엇이든 어떤 것이든 말씀대로 하겠습니다." 어느 상황에서든지 하나님의 뜻과 방법이 최선이라는 것을 인정하고 자신의 감정에 상관없이 하나님의 뜻에 순종하기로 결심하는 것이 곧 십자가를 지는 일이다. 자기 뜻과 이기심에 대한 죽음은 결코 쉽게 이루어지지 않는다. 수년에 걸쳐 크고 작은 일에서 그와 같은 순종을 연습하지 않으면 불가능하다.

하나님은 날마다 우리의 삶 속에 일어나는 상황과 역경을 통해 십자가를 지고 자기 스스로에게 죽어야 할 기회를 부여하신다. 상황이나 역경 그 자체가 십자가는 아니다. 다만 그 상황을 어떤 식으로 헤쳐 나가느냐 하는 것이 십자가를 졌는지의 여부를 증명하는 잣대가 된다. 예를 들어 이런 상황들을 상상해 보라. 병이 치료되기를 기다리는데 낫지 않는다, 사랑하는 사람이 정신 질환에 걸려 고생한 지 수년이 흘렀다, 자녀가 죽어 가는 모습을 지켜볼 수밖에 없다, 아이를 갖고 싶지만 임신이 되지 않는다, 취업을 해야 하는데 직장을 구할 수가 없다, 멀어진 관계를 회복하고 싶은데 여의치 않다, 가까운 친구를 사귀고 싶은데 잘 되지 않는다, 질병으로 사회에서 소외된 삶을 살아간다 등…. 이런 상황들이 우리가 하나님께 순종하느냐 마느냐를 증명하는 기회들이다.

욥의 아내가 "하나님을 욕하고 죽으라"고 말한 것처럼 우리도 누구나 그렇게 할 수 있다욥 2:9 참조. 아니면 욥이 한 대로 "주신 이도 여호와시요 거두신 이도 여호와시오니 여호와의 이름이 찬송을 받으실지니이다"욥 1:21라고 할 수도 있다. 문제를 해결해 주지 않으면 더 이상 하나님을 섬기지 않겠다는 생각이 들기도 한다. 하나님은 행복한 결혼 생활을 하고 싶은 내 마음을 몰라주는 분이니 결혼 서약은 무시하고 다른 사람이나 찾아보자고 결론지을 수도 있다. 성적인 순결이 유익하다는 말씀은 뭘 모르고 하시는 말씀이라고 반박하면서 하나님의 기준을 저버릴 수도 있다. 반면에 하나님의 말씀대로 따르고, 그분을 경외하고, 어떤 대가를 치르더라도 순종하고, 아무리 힘들어도 자기를 부인하겠다고 결정할 수도 있다. 이런 결정을 통해 신앙이 성숙한다. 자기를 부인하고 자아가 죽을 기회가 없다면 우리는 영원히 영적 어린아이로 남는다. 자기 자신과 예수님 중에 자기를 포기하고 예수님을 선택하는 기회를 붙잡지 않으면 우리는 절대로 예수님을 닮아 갈 수 없다. 예수님은 자신의 뜻이 아니라 하나님의 뜻을 행하셨다. 예수님이야말로 위험한 순종의 가장 완벽한 귀감이었다. 그런 위험한 순종을 하셨기에 예수님은 십자가의 죽음까지 받아들이셨던 것이다.

하나님이 나를 평범한 사람으로 만드셨고 마침내 나도 그 사실을 인정하며 내 모습 그대로를 받아들이기로 했다는 말을 앞에서 털어놓았다. 그 일이 계기가 되어 하나님과 나 자신에 대한 관점은 물론 내 역할과 남편에 대한 시각마저 완전히 바뀌었다. 언젠가는 하나님이 나를 웅대한 일에 사용하실 거라는 기대감이 싹트고 있었다. 드디어 쥐구멍에도 볕 들 날이 올 것만 같았다.

날이 가고 달이 가고 해가 바뀌었다.

우리 교회가 폭발적인 성장을 기록하면서 남편은 국내 저명한 기독교 지도자가 되었다. 출판사마다 앞 다투어 남편의 책을 출판하겠다고 나섰고 강의를 요청하는 전화가 줄을 이었다. 잡지사와 라디오 방송국에서는 인터뷰를 하겠다고 난리였다. 남편은 마치 날마다 찬사와 갈채에 파묻혀 살아가는 사람 같았다. 모든 사람들이 남편만 찾았다.

남편이 한창 물오른 나뭇가지라면 아내인 나는 시들시들 말라 가는 가지였다. 세상의 이목이 온통 남편에게 쏠려 있는 것은 물론이고 가정 형편마저 내가 하나님께 쓰임 받을 기회를 더욱 멀어지게 만들었다. 우리 아이 한 명이 몸에 심각한 이상 증세가 나타나 더 신경을 쓰고 돌보아 주어야만 했던 것이다. 나는 그 동안 하던 교회 사역과 봉사의 대부분을 사임했다. 남편도 가정 일을 도와주기는 했지만 여전히 활발한 목회 활동으로 바빴고 나는 점점 더 가정 일에만 매달렸다.

그러는 중에 시아버지마저 암에 걸려 병석에 눕고 말았다. 시어머니가 생존해 계시지 않았기에 자녀들이 시아버지를 돌봐 드려야 했다. 남편의 형과 여동생 부부가 우리와 교대로 시아버지의 병상을 지켰다. 시아버지는 몇 달간 병원에 입원해서 수술과 치료를 받았고 그 후에는 퇴원을 해서 집에서 병간호를 받으셨다. 내게는 가족이 먼저였기에 당연히 내 시간을 어떻게 보낼지 고민할 필요조차 없었다. 하지만 날이 갈수록 내 자신이 정체되어 있다는 느낌을 지울 수가 없었다. 기회가 있을 때마다 남편은 나의 은사를 사용하라고 격려해 주었지만 당시 형편상 교회 일에 전념한다는 것은 불가능한 일이었다.

서서히 남편에게 질투심이 일었다. 한순간 질투심에 붙잡혔다 사라지는 순간적인 감정이 아니라 내 영혼까지 잠식해 들어가는 뿌리 깊은 질투심이었다. 어느 날 저녁, 거실 소파에 혼자 앉아 멍하니 허공을 응시하던 때가 생각난다. 남편이 또 다른 잡지사에서 원고 청탁을 받았다며 신이 나서 이야기하는 것을 들을 후였다. 그 말에 기쁘기는커녕 발끈 화가 치밀어 속으로 이렇게 투덜거렸다. '하나님, 제 차례는 언제 오는 거예요? 제가 하는 얘기는 아무 가치도 없는 건가요? 이 세상에서 제 말을 들어야 할 사람은 아무도 없는 건가요?' 그 순간 번개같이 스치는 생각이 있었다. '아! 내가 남편을 질투하고 있구나.' 그렇다, 나는 남편의 응원자가 아니라 비방꾼이었다. 남편의 성공을 기뻐하고 축하해 주는 대신 나는 왜 이 모양이냐고 원망만 잔뜩 품고 있는 내 모습…. 내 죄를 인정하기는 죽기보다 싫었지만 어쩔 수 없었다. 그게 사실이었다. 내 안의 '케이 왕국'이 전성기(?)를 누리고 있는 게 사실이었다.

솔직히 그것을 깨닫는 순간 가슴이 철렁 내려앉았다. 남편을 시기하고 모함하는 아내는 되고 싶지 않았다. 고래 가지고서야 내가 어떻게 인생의 동반자라고 할 수 있겠는가? 그런 사람이라면 이방인에 불과하지 않겠는가? 그날 밤, 남편이 잠자리에 들고 난 후 혼자서 나 자신을 곰곰이 되돌아보았다. 내 영혼의 흉측한 모습에 소름이 돋았다. 일기장을 펼치고 몇 시간 동안 일기를 쓰면서 하나님께 다음의 기도를 올렸다. 위험한 순종을 향한 또 하나의 발걸음이었다.

"하나님, 남편이 전방에 있는 동안 제가 후방에 있기를 원하신다면 그렇게 하옵소서. 세상의 모든 명성과 이목이 남편에게만 쏠리게 하고 저는 아무도 알아주지 않는다 해도 괜찮습니다. 남편이 더 일을 잘할 수 있도록 우리 가정을 화목하게 하는 일이 제가 주님을 섬기는 최선의 방법이라면 그렇게 하겠습니다. 하나님이 갖고 계신 제 인생 계획이 설교를 하거나 책을 쓰는 게 아니라 아이들을 잘 키워서 당신을 사랑하고 우리 부부보다 더 훌륭한 사람이 되게 만드는 것이라면 기꺼이 그렇게 하겠습니다. 이제 다른 일은 신경 쓰지 않겠습니다. 제 십자가가 저 자신을 영원히 망각하고 부인하는 일이라 해도 달게 그것을 감수하겠습니다."

순종의 기도는 우리의 인생을 획기적으로 전환시키는 힘이 있다. 그날 내가 순종의 기도를 드리지 않았다면, 즉 자기 부인의 십자가를 지지 않았다면 우리의 결혼생활은 틀림없이 파경으로 치달았을 것이다. 그 동안 잔뜩 쌓아 둔 원망과 분노로 걸핏하면 신경질을 부리고 싸움을 걸었을 것이다. 인생의 동반자로 남편을 내조하기는커녕 원수같이 여겨 깎아내릴 궁리만 했을 것이다. 나를 무시한다고 화내고 비난을 퍼붓

다가 나의 신앙도 타격을 받아 예수님과 점점 더 멀어졌을 것이다. 그러나 하나님께 "분부대로 하죠"라고 말하면서 나의 인간적 욕심을 부인하고 날마다 내 십자가를 지고 걸어가겠다는 결심을 하자 마음이 평온해졌다. 더 이상 남편과 나 자신을 비교하고 싶지 않았다. 남편에게 찾아오는 새로운 기회들을 진심으로 축하해 주고 남편과 함께 신이 나서 기뻐할 수 있었다. 나에게 어떤 일이 일어나도, 하나님이 내게 무엇을 주셔도 찡그리고 투덜대지 않았다. 내 은사와 재능을 내가 원치 않는 방법으로 사용하신다고 해도 그건 전적으로 하나님의 권한이었다. 마침내 내 안에 깊은 평안이 찾아왔다.

순종에는 언제나 평강이 따른다. 현재의 상황 속에서 하나님의 뜻을 받아들이기는 절대 쉽지 않다. 자신을 부인하고 십자가를 져야 하기 때문에 참으로 괴롭고 힘든 일이다. 당신이 순종하는 대상이 사랑의 하나님이라는 사실을 잊어버린다면 당신은 오랫동안 갈등하고 하나님께 저항할 것이다. 그런 당신에게 좋은 소식이 있다. 하나님은 두 팔로 당신을 얼싸안고 계시다. 그러므로 얼마든지 당신의 주먹으로 그분의 가슴을 치며 분풀이를 해도 된다. 그러다가 마침내 힘이 빠져서 하나님의 품에 안기면 비로소 당신의 영혼은 쉼을 누릴 것이다! 프랑소와 페늘롱의 말을 들어 보자.

"하나님은 당신에게 십자가를 지워 주신다. 그 십자가는 '자아 사랑'을 단념해야만 질 수 있다. 무척 고통스러울 것이다. 그러나 십자가를 짊어지고 가다 보면 소용돌이 속에서도 마음이 평안해지는 것을 경험할 것이다. 그러나 그 십자가를 밀쳐 낸다면 당신의 상황은 두 배로 견디기

힘들 것이다. 장기적으로 보았을 때 십자가를 거부하고 살아가는 삶이
십자가를 진 삶보다 훨씬 견디기 힘들다." 주6)

예수님을 따라가기

자기를 부인하고 날마다 십자가를 지라는 말씀 뒤에 예수님은 자신을
따라오라고 하셨다. 나의 폴라로이드 사진이 조금씩 또렷해지고 있었
다. 에이즈에 대한 관심이 고조되면서 하나님이 내게 에이즈에 감염된
사람들의 인권을 옹호하고 그들의 대변자가 되어 주라는 사명을 맡기
셨다. 내 앞에 무엇이 기다리고 있는지는 알 길이 없었다. 내가 가는 길
이 어디로 가는 길인지, 도상에 어떤 장애물이 있을지, 주님을 따라가
는 데 어떤 대가를 지불할지 몰랐다. 다만 믿음 하나로 용기를 내어 하
나님의 부르심에 "예"라고 대답했다. 순종의 결과는 오리무중일 뿐이
었다. "인디아나 존스: 최후의 성전"Indiana Jones and the Last Crusade이
라는 영화의 한 장면처럼 나도 깎아지른 벼랑에서 끝이 보이지 않는 나
락으로 한 발을 내딛었다. 그런데 나락으로 추락하는 대신 단단한 물체
가 내 발을 견고하게 받쳐 주었다. 믿음의 발걸음이 나를 어디로 인도
하는지 볼 수는 없었지만 넘어지지 않도록 나를 지탱해 주는 것만은 확
실했다. 그것이 바로 예수님을 따라간다는 말의 의미다. "예"라고 순
종한 후에는 주님이 정확히 나를 어디로 인도하실지 알 수 없어도 절대
넘어지게 하지는 않을 것이라는 신뢰가 있어야 한다.
　내가 하나님을 신뢰할 수 있었던 것은 그 동안의 경험도 큰 몫을 했

다. 교회를 개척한 뒤 13년 동안 우리에게는 교회 건물이 따로 없었다. 주일에는 학교 체육관에서 예배를 드렸고 주중에는 은행, 개인 가정, 마을 회관들을 전전하며 모임을 가졌다. 주말마다 트레일러에 유초등부 용품들과 음향 장비들을 잔뜩 실어서 예배를 드리는 학교 체육관에 실어 날랐다. 성도들이 그 모든 것들을 정돈하고 설치하고 나면 한 시간 후에는 그것들을 전부 다시 모아야 했다. 장난감, 요람, 흔들의자, 탁자, 만들기 재료, 마이크, 스피커, 악보대, 키보드, 커피포트, 이름표, 연필 등을 모조리 트레일러에 도로 담았다. 이런 일을 13년간 주말마다 반복했다.

남부 캘리포니아의 땅값은 가히 천문학적 숫자에 달한다. 교인들의 수는 급증했지만 우리에게는 교회 부지를 살 만한 재정이 없었다. 여러 번 적절한 부지를 발견하고 교인들에게 희생적인 헌금과 기도를 요청했으나 여러 가지 이유로 번번이 무산될 뿐이었다. 그럴 때마다 남편은 실망을 슬기롭게 극복하곤 했지만 나는 낙관적인 태도를 갖기가 힘들었다. 물론 하나님의 때에 우리 교회도 자체 건물을 갖게 될 것이라고 믿었다. 하지만 너무 학수고대하다가 목이 빠져나갈 지경이었다.

어느 날 저녁, 일을 끝내고 퇴근한 남편은 마침내 우리 교회가 부지를 구입하긴 했지만 관할 지역 관청에서 그곳의 환경보호 문제 때문에 건축을 허용하지 않는다고 말했다. 이번에도 건축이 무산될 판이었다.

그 말이 끝나자마자 나는 반사적으로 남편에게 소리를 질렀다. "잘했구려! 대체 언제까지 이러고 있을 거예요? 당신이 관청 직원들한테 아무 소리도 못하니까 그런 거 아녜요! 내가 가서 그 사람들을 직접 만날래요. 건축을 허용하도록 담판을 짓겠다고요!" 나는 부아가 나서 견딜 수가 없었다. 화난 여자를 절대 건드리지 않는 남편은 아무 말도 하지 않았다. 나는 몸을 휙 돌려 거실을 나와서는 사무실로 쓰는 방으로 들어가 문을 쾅 닫았다. 그러고는 천장을 쳐다보며 하나님을 향해 주먹질까지 하면서 쌓인 감정을 폭발시켰다. "대체 우리보고 무얼 어떻게 하라는 거예요? 지금까지 우리는 하나님이 시키는 대로 다 했어요. 돈 문제도 깨끗했고 믿음대로 살려고 노력했잖아요. 도무지 이해를 할 수가 없어요. 도대체 우리보고 어떻게 하라는 건지 확실하게 말씀해 주세요. 더 이상 헷갈리게 하지 마시고요!"

하나님을 향한 연설도 부족해서 이번에는 하나님의 편애까지 들먹이며 시비를 걸었다. "빌 하이벨스 목사님은 윌로우크릭에 교회를 세웠는데 왜 우리는 안 되는 거죠? 왜 척 스미스 목사님에게는 갈보리 교회를 세우게 하셨어요? 왜 아드리안 로저스 목사님에게는 테네시에 있는 땅을 주셨어요? 그 교회는 얼마 전에 2백 에이커의 땅을 샀다구요! 그 교회는 왜 2백 에이커씩 필요한 거죠? 우리는 천막조차 없는데 그 교회는 망할 놈의 땅을 2백 에이커씩 갖고 있다니 말이 되나요? 하나님은 우리가 아예 안중에도 없는 건가요?"

하나님이 나를 그 자리에서 쳐서 죽게 만드시지 않은 게 천만다행이었다. 내가 하나님께 퍼부은 말들은 정말 끔찍한 말이었다. 그 순간에는 쌓인 분노와 억울함과 실망과 상처 때문에 거의 제정신이 아니었다. 한동안 악에 받쳐 씩씩거리고 난 후에는 온 몸에서 맥이 쭉 빠졌다. 나는 옆에 있는 의자에 털썩 주저앉아 머리를 책상 위에 대고 자책감에 울기 시작했다.

한참을 그렇게 울고 난 뒤에 손을 죽 뻗었는데 마침 책상 위에 있던 내 성경책에 손에 닿았다. 분하고 억울하기는 했지만 그래도 갈 곳은 하나님 밖에 없다는 사실을 나는 누구보다 잘 알고 있었다. 성경책을 들고 무작정 책장을 넘기다가 요한복음 21장에 이르렀다. 그 주간 성경 공부 시간에 바로 그 말씀을 교인들에게 가르쳐 놓고서 나는 정작 내 삶에 적용하지 않았던 것이다. 그 말씀이 나를 노려보는 듯했다.

부활하신 예수님이 제자들에게 나타나셨을 때 한번은 베드로와 흥미로운 이야기를 주고받으셨다. 예수님이 먼저 베드로에게 세 번을 연거푸 나를 사랑하느냐고 물으셨다. 베드로는 매번 그렇다고 힘주어 대답했지만 아무래도 예수님은 자신의 말을 믿지 않는 것 같았다. 그런데 갑자기 주님이 엉뚱한 이야기를 하셨다. 마치 "그래, 네가 정말로 나를 사랑한다면 나를 사랑한 결과가 어떻게 되는지를 알려 주마"라고 하시는 것처럼….

"내가 진실로 진실로 네게 이르노니 네가 젊어서는 스스로 띠 띠고 원하는 곳으로 다녔거니와 늙어서는 네 팔을 벌리리니 남이 네게 띠 띠우고 원하지 아니하는 곳으로 데려가리라 이 말씀을 하심은 베드로가 어떠한 죽음으로 하나님께 영광을 돌릴 것을 가리키심이러라 이 말씀을 하시고 베드로에게 이르시되 나를 따르라 하시니 베드로가 돌이켜 예수께서 사랑하시는 그 제자가 따르는 것을 보니 그는 만찬석에서 예수의 품에 의지하여 주님 주님을 파는 자가 누구오니이까 묻던 자더라 이에 베드로가 그를 보고 예수께 여쭈오되 주님 이 사람은 어떻게 되겠사옵나이까 예수께서 이르시되 내가 올 때까지 그를 머물게 하고자 할지라도 네게 무슨 상관이냐 너는 나를 따르라 하시더라"요한복음 21:18-22

예수님은 아무런 해명도 없이 베드로가 어떻게 죽을지를 단도직입적으로 말씀하셨다. 그에 대한 위로의 말도 없었고, 등을 도닥여 주지도 않았고, 충격을 우려해 말을 돌리지도 않으셨다. 사실은 예수님의 그 다음 말씀이 베드로에게는 더 충격적인 말이었다. "나를 따라오너라. 베드로야, 너는 죽겠지만 우선은 나를 따라오기 바란다."

나라도 그 자리에 있었다면 베드로처럼 했을 것 같다. 베드로는 몸을 돌려 주변에 모여 있는 제자들을 훑어본 다음 낯익은 얼굴을 가리키며 말했다. "그래요? 그럼 저 녀석은요? 요한이는 어떻게 되는 거죠? 요한이에게도 깜짝 놀랄 얘기 좀 안 해주시나요?"

내가 하나님 앞에서 더 이상 끽소리도 못하고 물러설 수밖에 없었던 것은 바로 그 다음에 나오는 말씀 때문이었다. 예수님은 "억울해요! 누구만 챙겨 주고 나는 뭐예요! 나보다 그 사람을 더 사랑하는 거죠!"라는 내 항의를 단박에 잠재우려는 듯 이렇게 말씀하셨다. "베드로야, 내가 다시 올 때까지 요한이를 살아 있게 하든 말든 너와 무슨 상관이냐? 너는 나를 따라오너라."

싸움에 지쳐 책상 앞에 앉아 있는 동안 하나님은 그 성경 구절을 통해 내게 말씀하셨다. "케이야, 내가 다른 교회에 어떻게 하든 말든 그건 네가 상관할 바가 아니다. 내가 이 세상에 있는 모든 교회들에게 땅과 건물을 허락하고 새들백교회에는 아무것도 주지 않는다고 해서 그게 어떻다는 거냐? 너는 그냥 나를 따라오겠느냐?"

"예, 주님! 따르겠습니다."

그렇다. 하나님이 다른 사람에게 무엇을 어떻게 하시든 그건 내가 상관할 바가 아니다. 내가 할 일은 오로지 주님을 따르는 일이다. 우리는 하나님이 편애하신다고 오해할 때가 많다. 다른 사람을 나보다 더 사랑하신다고, 다른 사람에게는 한껏 축복을 부어 주시면서 나한테는 짜고 인색하시다고 불평한다. 가정에 기적을 일으켜 달라고 기도했는데 상황은 더 악화되기만 한다. 반면에 다른 사람은 똑같이 가정의 기적을 구했는데 그대로 이루어진다. 사랑하는 사람을 치료해 달라고 간구했는데 그대로 죽어 버린다. 다른 사람도 사랑하는 사람이 치료되기를 간구했는데 병이 나았다. 그러면 우리는 하나님의 사랑이 불공평하다고 결론 내리고 개중에는 아예 하나님을 떠나 버리는 사람이 있다.

자, 요점은 이것이다. 주님의 뜻을 발견하는 게 우리가 할 일이 아니다. 주님을 따라가는 게 우리가 할 일이다.

예수님을 따라간다는 것은 당신이 생각하는 자기 자신, 당신의 진정한 자기 자신, 당신이 아니라고 생각하는 자기 자신, 당신이 진정으로 아닌 자기 자신 모두를 주님 뜻대로 사용하시도록 바친다는 의미다. 그것은 내가 지배했던 왕국의 보좌에서 내려와 새로운 왕국, 하나님의 왕국에 들어가는 것을 의미한다. 주님을 따라가려면 이해가 되지 않는 상황에서도 꿋꿋이 따라가야 한다. 나는 그런 경지에까지 이르지 못했지만 열심히 노력하는 중이다.

내 책상 위에는 1600년대 청교도들이 했던 기도문이 붙여져 있다. 나는 그것을 거의 매일 읽어 본다. 기분이 좋은 날에는 신나게 큰소리로 읽고 기분 나쁜 날에는 이를 악물며 읽는다. 그러다 진짜 속이 상한 날에는 그저 몇 마디를 중얼거리고 만다. 인생살이 자체가 허망하게 느껴질 때는 눈물에 젖어 하늘을 쳐다보며 아무 말 없이 내 영이 주님께 이 기도를 드리도록 한다.

언약의 기도

나는 이제 내 자신의 것이 아니라 주님의 것입니다

당신이 원하시는 자가 되게 하시고 당신이 원하시는 자리에 있게 하소서

당신이 원하시는 일을 하게 하시고 당신이 원하시는 고난을 받게 하소서

당신을 위해 일하게 하시고 당신을 위해 쉬게 하소서

당신을 위해 높은 자리로 올라가게 하시고

당신을 위해 낮은 자리로 내려가게 하소서

나를 풍족하게 하시고 나를 가난하게 하소서

내게 모든 것을 소유하게 하시고 내게 아무것도 없게 하소서

나의 모든 것을 기꺼이 당신의 뜻에 맡깁니다

오, 영광스럽고 송축할 성부 성자 성령이시여!

당신은 저의 것이며 저는 당신의 것입니다.

언제나 그렇게 하옵소서

지금 이 세상에서 내가 맺는 언약이 하늘나라에서 확증되게 하소서

아멘 *

지금은 당신 왕국의 보좌에서 내려와 하나님 왕국에 들어갈 때다. 당신을 만들고 당신을 사랑하시는 하나님의 종이 되어 그분만을 섬겨드릴 때다. 하나님의 뜻을 따르기가 항상 쉽지는 않겠지만 그 길만이 평강으로 인도하는 길임은 분명하다.

---

* 1755년 요한 웨슬리가 감리교단에서 처음 이 기도를 소개했다. 이 기도는 17세기에 살았던 리처드 엘레인Richard Alleine이라는 청교도가 지었다고 한다. 이곳에 수록한 기도는 원문을 현대어로 손질한 것임을 밝혀 둔다.

당신은 자신이 지배하는 왕국의 열쇠를 기꺼이 주님께 드리며
자기를 부인하고 십자가를 지고 나를 따르라는
주님의 초대에 응할 것인가?

"하나님, 당신이 원하시는 것은 제가 감당하기에는 너무도 벅차 보입니다. 저는 제 이기심을 채우기에만 급급합니다. 저 자신보다 당신을 위해 살고픈 마음 간절하지만 한편으로는 그게 무척이나 두렵습니다. 저 자신만을 위해 사는 것을 용서해 주소서. 저는 그런 자입니다. 당신의 뜻에 순종한다는 것이 무슨 의미인지, 자기를 부인하고 십자가를 지고 당신을 따른다는 것이 무슨 의미인지, 그 대가가 무엇인지를 이제 조금씩 깨닫고 있습니다. 그러나 당신이 저를 사랑하셨고 저를 위해 생명을 주셨기 때문에 저도 제 왕국의 열쇠를 당신에게 드리겠습니다. 저를 이기심에서 구해 주옵소서."

- 지금 이 순간 이기심 때문에 당신을 힘들고 곤란하게 만드는 상황이 무엇인지 생각해 보라. 독서 파트너가 있다면 만나서 함께 그 점에 대해 이야기해 보라.

- 마가복음 8장 34-37절을 암송하라. "무리와 제자들을 불러 이르시되 누구든지 나를 따라오려거든 자기를 부인하고 자기 십자가를 지고 나를 따를 것이니라 누구든지 자기 목숨을 구원하고자 하면 잃을 것이요 누구든지 나와 복음을 위하여 자기 목숨을 잃으면 구원하리라 사람이 만일 온 천하를 얻고도 자기 목숨을 잃으면 무엇이 유익하리요 사람이 무엇을 주고 자기 목숨과 바꾸겠느냐"

- 홈페이지 www.kaywarren.com을 방문하여 "자기 평가서"Ego Assessment를 작성해 보라.

가슴앓이

*
"자녀들아 우리가 말로 혀로만 사랑하지 말고
행함과 진실함으로 하자"
_ 요한일서 3:18

*
"역사적으로, 세상에서 소외된 사람을 돌보아 주는 사람의 믿음이
진정한 믿음으로 증명되었다."
_ 게리 토마스, 『상 주시는 믿음』 Authentic Faith, 좋은씨앗, 2005

하나님의 부르심에 순종하겠다고 기도한 이듬해가 되자 나는 아프리카에 가서 내 눈으로 직접 에이즈 환자들을 보고 싶다는 마음이 들었다. 그토록 충격적인 에이즈 실태가 과연 사실인지 실감하고 싶었다. 책이나 비디오, 인터넷, 의료인, 구호단체 등을 통해서 정보와 지식만 쌓아 가는 것으로는 더 이상 성에 차지 않았다. 나는 미국에서도 에이즈가 사회문제로 부각되고 있음을 알지 못했다. 다만 아프리카에서의 에이즈 사태에 대한 기사가 주의를 끌었기 때문에 아프리카에 관심을 두게 된 것이다. 여하튼 아프리카에 가야만 했다. 하나님이 에이즈 기사를 보게 하신 그 숙명의 날로부터 정확히 1년 뒤에 결국 모잠비크행 비행기에 몸을 실었다. 아프리카 남동 해안에 있는 나라 모잠비크…. 2003년 3월 18일에 쓴 일기에는 그때의 감회가 고스란히 담겨 있다.

앞으로 이런 여행을 얼마나 많이 하게 될지 모르겠다. 왜 이렇게 눈물이 나는 거지? 지금 심정을 뭐라 표현해야 할까…. 그토록 냉정하고 이기적이었던 내가 이렇게 절절한 사랑과 동정심을 느끼고 있다니…? 하나님 아버지, 내 인생의 새로운 막이 열리는 지금, 뭔가 중대한 일이 기다리고 있다는 막연한 느낌이 듭니다. 일을 하다 보면 분명 저의 순진함과 단순함과 성급함과 판단과 생각을 후회하는 순간이 많이 오겠지요. 하지만 그러는 중에서도 다른 사람에게 상처는 안겨 주지 말게 하옵소서. 제가 좀 둔하고, 고집 세고, 어리석고, 실수해도 그로 인해 다른 사람을 힘들게 하지 않기를 기도합니다. 저의 환상을 깨시고, 제가 세운 왕국을 무너뜨리시고, 제 마음과 동기가 정결하게 하시고, 제 삶 속에 당신으로부터 오지 않은 모든 것을 제거하옵소서. 무엇보다 제가 인간으로서 알 수 있는 한도 내에서 당신을 최대한 알고 싶습니다. 당신을 아는 것이 숨쉬는 것처럼 자연스럽고 쉬워지는 '그날'이 오기를 고대합니다.

하나님이 내 삶에서 무엇을 하고 계신지를 보여 주는 폴라로이드 사진은 여전히 어둡고 흐릿했다. 그저 대강의 윤곽만을 파악할 수 있는 정도였다. 그래도 왠지 하나님과 더욱 친밀해지는 영적 성숙의 길에 들어섰다는 설렘이 밀려왔다. 에이즈 환자들을 위해 일하겠다는 나의 결정에는 하나님을 더 깊이 알게 되리라는 기대가 들어 있었다.

아프리카를 향하여

기독교 구호단체 중의 하나인 월드 릴리프World Relief에서 내가 에이즈 문제에 관심이 있다는 얘기를 전해 듣고 나를 모잠비크에서 하는 그들의 구호사역에 초대해 주었다. 나는 월드 릴리프의 지역대표와 말린이라는 친구와 같이 로스앤젤레스에서 모잠비크의 마푸투라는 도시로 가기 위해 비행기에 올랐다. 보잉 747 여객기의 창가 좌석에 앉아서 창밖을 내다보는 동안 갑자기 이런 생각이 들었다. '이 공항에서 일하는 직원들은 내가 지금 하나님께 순종해서 얼마나 역사적인 비행길에 올라 있는지 꿈에도 알지 못하겠지?' 순간 주변에 있는 모든 사람들을 향해 "나 아프리카로 가요!"라고 외치고 싶었다.

지금까지 살면서 아프리카에 대한 이야기는 무수히 들어 왔다. 우리 교회를 방문했던 선교사들이 원숭이와 코끼리와 사자들이 어슬렁거린다는 그곳 이야기를 들려줄 때마다 나는 입을 다물지 못했었다. 아버지의 책상 위에는 케냐 선교사가 기념으로 주고 간 코끼리 조각이 있는데 흑단을 깎아서 상아를 박은 작은 코끼리상이었다. 한편의 드라마 같은 선교생활 이야기에 매료되기도 했지만 그 '검은 대륙'에서 고생한 이야기에는 약간 무섭다는 생각도 들었다.

우리 세대의 많은 신앙인들이 흔히 착각하듯, 하나님께 전적으로 헌신하면 나를 아프리카로 보낼 것만 같았다. 내 친구들은 무서운 아프리카만 제외하고 아무 곳으로 보내 달라고 열심히 기도할 정도였다. 어렸을 때에는 왜 헌신하면 아프리카에 가야 한다고 생각했는지 모르겠다. 몇 가지 이유가 있겠지만 가장 큰 이유는 무지와 편견과 미신적 신앙관 때문이라고 생각한다.

아프리카는 에이즈로 죽어 가고 있었고 그래서 나는 아프리카로 가야만 했다.

조안나와 플로라를 만나다

가슴이 설레는 여행이기는 했지만 24시간의 비행은 꽤나 힘들었다. 저녁이 되어 도착한 우리 세 명에게 제일 먼저 눈에 띈 것은 넓은 평원을 메우고 있는 집들, 그리고 집집마다 화덕에서 피어오르는 수천 개의 작은 연기기둥이었다. 불길에서 솟는 연기로 인해 날씨는 말할 수 없이 후덥지근했다. 그날 밤은 호텔방에서 세상모르고 곯아떨어졌다. 다음 날 아침 눈을 뜨니 내 인생의 획기적인 어떤 일이 일어날 것 같은 예감이 들었다. 그날의 일기장에는 이렇게 적었다.

"오늘은 무슨 일이 일어날까? 기분이 묘하다. 오늘로써 아프리카에서의 '첫날'은 영영 마지막이 되겠지. 하나님 아버지, 오늘은 저에게 무엇을 원하십니까? 깨끗한 손, 정결한 마음, 순종, 신뢰, 이런 것들이 지금 이 순간 당신이 원하시는 것이라고 확신합니다."

내 가슴이 설렘으로 두근거리는 것인지 겁이 나서 두근거리는 것인지 종잡을 수가 없었다. 어느 것 하나 낯설지 않은 것이 없었고, 생전 처음으로 나는 타국에서 철저한 이방인이 되어 있었다. 주변에 있는 사람들은 전부 농도만 다를 뿐 검은 피부의 흑인이고 나만 백인이었다. 햇볕에 그을린 얼굴도 아니고 완전히 백지장처럼 하얀 백인…! 모잠비크 문화에 적응하는 동안 너무 두드러지지 않기를, 행여 바보 같은 실수를 저질러도 사람 눈에 띄지 않기를 바랐지만 그건 불가능한 얘기였다. 그 어디에도 나를 숨길 만한 곳은 없었다. 사람들의 관심이 즉각 나에게로 쏠렸다. 체면에 구애받지 않는 어린아이들은 나를 뚫어져라 쳐다보다가 손가락으로 가리키며 낄낄거렸다. 분명히 나의 백지장 같은 피부색과 노란색 머리가 신기해서일 것이다. "저 여자는 왜 얼굴에 흰색 칠을 했지?"라는 말을 주고받는 것 같았다.

월드 릴리프에서 나온 선교사들이 나를 데리고 에이즈 환자들이 있는 곳으로 가 주었다. 우리는 낡은 랜드로버지프 비슷한 다용도 사륜 구동차—역주에 올라탔다. 양쪽으로 기다란 좌석이 놓여 있어서 우리는 다리를 맞대고 비좁은 공간에 마주 앉았다. 나는 선교사들에게 이런저런 질문을 해보았지만 그들은 대답 대신에 만나는 사람들을 지켜보면서 그들이 하는 말을 들어 보라며 현명하게 충고해 주었다. 시간이 지나면 자연히 알게 될 거라는 얘기였다. 아마도 내가 했던 질문의 대부분이 그곳 사정을 너무 몰라서 생기는 의문이거나 완전히 초점이 빗나간 질문이라서 그런 것 같았다. 그래도 그들은 친절했다. 우리가 탄 차는 곳곳이 움푹 패여 있는 비포장도로를 덜컹거리며 달려갔다. 차가 덜컹거릴 때마다 우리 몸도 일제히 이곳저곳으로 기울어졌다. 얼마 가지 않아서 차가 한 곳에 멈추어 섰다. 우리 모두는 그곳에 내려 나뭇가지가 사방으로 뻗어 있는 낮은 나무 밑으로 걸어 들어갔다.

처음에는 낡은 헝겊 조각들밖에 내 눈에 들어오지 않았다.

그러다 순간적으로 흠칫했다. 차츰 나뭇잎 사이로 드러나는 모습은 죽음을 앞두고 있는 조안나라는 이름의 흑인 여성이었다. 조안나 부부가 에이즈에 걸렸다는 사실이 알려지자 마을 사람들은 그들에게 마을을 떠나라고 했다. 다행히 먼 친척뻘 되는 사람이 그들 부부를 돌봐 주겠다고 해서 그들은 친척집으로 갔으나 조안나 부부의 병명이 그 마을에 알려진 후 그들이 지은 초가집이 원인 모를 화재로 불타 버리는 사건이 일어났다. 내가 찾아간 날 조안나는 큰 나무 밑에서 지내고 있었다. 집도, 요리할 그릇도, 담요도, 여벌의 옷도, 아무것도 없이 바닥에 깔고 눕는 비닐 한 장이 그녀가 가진 재산의 전부였다. 우리가 다가오는 것을 보자 조안나는 인사를 하기 위해 몸을 일으키려 애를 썼지만 지속되는 설사와 쇠약해진 몸 때문에 도저히 일어서지를 못하고 팔꿈치로 바닥을 짚으며 엉금엉금 기어 왔다. 그러다 바닥에 털썩 엎어졌고 옆에 서 있던 친척 아줌마가 얼른 달려오더니 조안나를 일으켜 비닐 위에 앉혀 주었다. 그 비닐은 손님을 맞이하는 방석인 셈이었다. 조안나는 그 가냘픈 몸을 곧추세우고 위엄 있는 자세로 앉아 우리가 다가오길 기다리고 있었다. 그야말로 뼈와 살갗밖에 남아 있지 않은 앙상한 몸이었다.

나는 그 동안 어려움에 처한 사람들을 많이 만났고 그들과 어떻게 대화를 시작해야 할지도 어느 정도는 알고 있었다. 직장 문제로 고달픈 사람, 자식 때문에 속 썩는 사람, 살이 안 빠져 고민인 사람 등등…. 하지만 과거의 모든 경험을 살리고 내 모든 믿음을 총동원해도 에이즈로 죽어 가는 그 나무 밑의 여인 앞에서는 무엇을 어떻게 말해야 할지 도무지 난감하기만 했다. 예의상 웃고는 있었지만 복받치는 감정은 주체하기가 힘들었다. 하나님에게 화가 났고 이 썩어빠진 세상에 화가 났다. 머릿속으로는 그래도 뭔가 신앙적인 말을 해주고 싶었다. 하지만 말이 나오지 않았다. 겨우 정신을 추스르고 한 말이라고는 "제 이름은 케이예요. 이렇게 맞아 주셔서 감사해요"가 고작이었다.

월드 릴리프에서 국제 HIV에이즈 바이러스 책임자로 일하는 데비 도르

츠바크와 또 한 명의 동행은 다행히 경험이 많은 선교사들이었다. 그들은 조안나와 같은 여인들을 수도 없이 만났고 믿음도 강했기에 내게 조안나를 따뜻하고 친절하게 대하는 법을 몸소 보여 주었다. 데비는 조안나 곁에 무릎을 꿇고 앉더니 조안나의 눈을 바라보았다. 내게는 팔로 조안나를 안아 주라는 시늉을 했다. 그런 후에 하나님께 기도하면서 그런 고통스러운 상황 속에서도 조안나에게 위로와 힘과 도움을 주시기를 간구했다. 데비는 하늘의 소망에 대해서도 이야기했다. 조안나가 비록 이 세상에서는 질병과 고통과 슬픔만을 경험했지만 그녀를 사랑하는 예수님을 믿으면 훨씬 좋은 세상으로 가게 된다고 말했다. 메스꺼운 증세를 완화해 주기 위해 데비가 알약 몇 알을 조안나에게 주었다. 나야 그 방면에 아무 경험도 없는 사람이었지만 내가 보기에도 조안나는 며칠을 넘기지 못할 것 같았다.

나는 나무 밑에 누워 있던 조안나와 작별 인사를 하고 헤어졌다. 하지만 그녀의 모습은 나의 뇌리를 떠나지 않았다. 조안나의 사진은 지금도 나의 사무실 벽에 걸려 있다. 나는 그 사진을 날마다 바라다본다. 내게 있어 에이즈는 이제 이름과 얼굴을 가진 하나의 실체가 된 것이다.

조안나를 만나고 나니 당장이라도 아프리카를 떠나고 싶은 생각뿐이었다. 그날의 경험만으로도 앞으로 몇 년간은 내 생각과 마음이 충분히 복잡할 것 같았다. 하지만 그곳에는 내가 만나서 사랑해야 할 더 많은 사람들이 있었고 내 가슴을 멍들게 할 슬픈 장면들이 나를 기다리고 있었다.

손바닥만한 집에 플로라라는 여인이 살고 있었다. 집이라고 하기엔 너무도 비좁고 초라하기 그지없었다. 플로라는 울먹이는 목소리로 자신의 사연을 내게 들려주었다. 남편이 바람을 피워 다른 여자를 임신시켰는데 알고 보니 두 사람 모두 에이즈에 걸려 있었고 그 사이에서 태어난 아기도 에이즈에 감염되어 있었다고 한다. 결국 플로라마저 에이즈에 걸려 버렸다. 남편의 외도로 부부 모두 에이즈에 전염된 것이다. 아내를 모욕하고 괴롭힐 요량으로 바람둥이 남편은 에이즈에 걸린 여인과 아기를 집으로 데려와 그 비좁은 집에서 같이 살게 하였다. 플로라에게도 이미 세 명의 자녀들이 있었다. 내가 플로라를 만났을 때의 가정 형편이 바로 그러했다.

이번에도 내 믿음으로는 그런 비참한 지경에 처한 여인에게 마땅히 해줄 말이 없었다. 겨우 할 수 있었던 말은 "어떤 기도를 해드릴까요? 나는 이제 곧 고국으로 돌아가는데 사람들에게 아주머니의 이야기를 할 참이에요. 그 사람들에게 어떤 기도를 부탁하고 싶으세요?"였다.

나는 플로라가 이런 대답을 하지 않을까 내심 예상하고 있었다. "제발 원수 같은 남편이 저 여자를 집에서 쫓아내도록 기도해 주세요." "그분들에게 약값을 좀 도와 달라고 부탁해 주세요." "제 병이 낫도록 기도해 달라고 말해 주세요." 그러나 플로라는 이 세상의 어머니들이 당연히 할 법한 말로 내 가슴을 뭉클하게 만들었다. "제 아이들을 위해 기도해 달라고 해주시겠어요? 그 애들을 누가 돌봐 주겠어요? 제가 에이즈로 죽었다는 걸 알면 아무도 애들을 받아 주지 않을 거예요." 나는 할 말이 없었다. 해줄 말이 아무것도 없었다. 플로라에게 병이 나을 거라고 말해 줄 수도 없었고 아이들이 이웃이나 친척집에서 사랑받고 살 거라고 약속할 수도 없었다. 겉으로는 미소를 띠고 있었지만 이번에도 내 마음은 한없이 무너져 내렸다.

아프리카 방문을 마치고 미국으로 돌아왔을 때 가족과 아는 사람들은 "여행 어땠어요? 좋았어요?"라고 물었다. 그때마다 나는 마땅히 대답할 말이 없어 우물쭈물했다. 아프리카의 시골에서 본 장면은 나 같은 미국인으로서는 상상조차 할 수 없었던 것이었다. 정말 꿈에도 상상치 못했다. 도대체 어디에 어떻게 비교를 해야 주변 사람들이 제대로 알아들을 수 있을지 고민이 되었다. "저…, ○○○ 있잖아요, 뭐 그거랑 비슷하기는 한데 그렇다고 정확히 그런 것은 아니고…." 내 평생 그런 가난과 질병 속에서 생활의 가장 기본적인 것조차 없이 살아가는 사람들은 처음 보았다. 수도 시설도 없고, 화장실도 없고, 전기는 가끔 들어오거나 아예 들어오지 않고, 자동차를 보기도 힘들고, 부서지기 직전의 자전거마저 몇 대밖에 보이지 않고, 사람들은 해져서 너덜너덜한 옷과 전혀 조화가 안 된 옷을 입고 다니고, 신발도 신지 못하고, 음식이라고는 형편없고…, 무엇 하나 내 상상을 벗어나지 않는 것이 없었다.

귀국

첫 아프리카 방문이 내게 충격을 주기는 했지만 그만큼 에이즈에 대해 배운 것도 많았고 더 배우고 싶은 의욕도 불타올랐다. 6주 후에 나는 또 다른 아프리카 국가들을 찾아갔다. 이번에는 월드 비전World Vision이라는 기독교 구호단체의 초청으로 말라위와 남아프리카공화국을 방문했다. 그 나라들도 날이 찌는 듯 무더웠다. 기기묘묘한 봉우리들이 울쑥불쑥 솟아 있는 산들과 고대 화산이 어우러진 자연에서 이국적인

정취가 물씬 풍겨 났다. 어디를 가도 내 눈에는 길거리를 걷고 있는 여인들의 모습이 제일 먼저 들어왔다. 대부분은 맨발이었다. 등에는 아기를 업고 머리에는 20리터들이 물항아리를 이고서 손에는 장작이나 땔감을 들고 있었다.

말라위 시골 지역에 갔을 때는 어느 소년소녀 가장의 집을 방문했다. 소년소녀 가장이란 '고아'를 완곡하게 표현한 말이다. 둥그런 형태의 진흙 벽에 짚단을 지붕으로 엮은 초가집이었다. 열다섯 살의 존이라는 남자아이가 열한 살의 남동생 조지와 이제 세 살 된 여동생 니센데를 돌보고 있었다. 그 아이들의 부모는 모두 에이즈로 세상을 떠났다. 말라위의 외딴 시골 지역에는 백인이 찾아오는 예가 매우 드물었기 때문에 하얀 피부와 금발과 푸른 눈의 내가 그들에게는 마치 도깨비처럼 보였을지도 모를 일이다. 존과 조지 형제는 예의 바르고 순했으나 표정이 어두웠다. 세 살배기 니센데는 웃을 줄을 몰랐다. 아이들은 자랑스럽게 초가집 내부를 우리에게 보여 주었다. 손바닥만한 방 하나에 낡은 담요가 두 장, 검게 그을린 냄비가 하나 있었다. 사진을 찍기 위해 흙으로 만든 의자에 앉은 나는 니센데를 얼러 내 무릎에 앉혔다. 만약 독자가 그때 찍은 사진을 유심히 살펴본다면 비록 미소는 짓고 있지만 눈에는 눈물이 그렁그렁 맺힌 내 얼굴을 놓치지 않을 것이다.

솔직히 그때는 땅바닥에 주저앉아 울고 싶은 마음밖에 들지 않았다. 니센데라는 가녀린 여자아이를 위해 하나님께 부르짖으며 통곡하고 싶었다. 자기를 낳아 준 부모의 사랑과 돌봄 없이 이 험난한 세상을 살아가야 하는 앞날이 그 아이에게 고스란히 남겨진 것이다. 누가 그 아이를 보호할 아버지가 되어 주겠는가? 누가 그 아이의 눈물을 닦아 주고 품에 안아 다독여 줄 것인가? 누가 그 아이의 결혼식에서 손을 이끌고 신랑에게 데려다 줄 것인가? 아이가 악몽에 시달려 한밤중에 깰 때 누가 그 아이를 달래고 자장가를 불러 재워 줄 것인가? 누가 그 아이에게 여성스러움에 대해 가르쳐 줄 것인가? 나는 터져 나오는 울음을 간신히 참고 있다가 그 자리를 떠나 차에 오르자마자 기어이 울음을 터뜨리고 말았다. 친구이며 사역 동료인 엘리자베스를 부둥켜안고 둘이서 하염없이 울고 또 울었다.

그렇게 우는 나날이 어느덧 나의 일상이 되어 갔다.

비참하기 그지없는 처절한 빈곤이 나를 울게 만들었다. 고아가 된 아이들이 가슴에 박혀 심장이 저려 왔다. 남편의 외도로 에이즈에 감염된 여인이 용기를 잃지 않고 꿋꿋이 살아가는 모습에 감동이 밀려왔다. 날로 수척해지며 의욕을 잃어 가는 남자들을 보면 한창 나이에 세상을 떠나야 한다는 데에 마음이 아팠다. 하루하루가 지날수록 그들의 아픔과 고통이 주는 무게가 점점 더 나를 절망 속으로 밀어 넣었다.

어느덧 고국으로 돌아가야 할 시간이었다.

아프리카를 품에 안2

아프리카에서 겪은 일에 전혀 마음의 준비가 되어 있지 않았다면 다시 미국에 있는 우리 동네 생활로 돌아가는 일에는 더더욱 마음의 준비가 되어 있지 않았다. 모든 게 달라 보였고 모든 사람들이 이전과 같지 않았다. 내가 소유하고 있는 것들도 이전과는 다르게 보였다. 커다란 냉장고가 갑자기 수치스럽게 느껴졌다. 가게에 잔뜩 진열된 상품들도 지나치다는 생각이 들었다. 백화점에 전시해 놓은 번드르르한 옷들이 하찮게 느껴졌다. 텔레비전은 아예 쳐다보기조차 싫었다. 정치에는 염증이 났고 교회는 가식으로 가득 차 보였다. 나는 엄청난 혼란 속으로 빠져들었다.

말라위와 남아공에서 돌아온 지 얼마 안 되어 엘레자베스가 이메일을 통해 내게 짧은 편지를 보내왔다. "그 동안 고마웠어! 난 지금 엉망이야. 완전히 엉망이라구!" 갑자기 뭔가 짚이는 것이 있어 나도 모르게 고개를 끄덕였다. "그래, 맞아! 바로 그거야!" 엘리자베스가 한 '엉망'이라는 표현이 그때의 내 상황에 딱 들어맞았다. 나는 지금 엉망이다. 주님을 위해 엉망진창이 되어 버렸다! 내 인생은 이제 '에이즈 사역 전'과 '에이즈 사역 후'로 나뉘어야 할 판이었다. 한마디로 나는 더 이상 예전의 내가 아니었다. 그렇다고 내가 형편없이 살아온 것은 아니었지만 아프리카에서의 경험이 나를 새롭게 만들었고 완전히 다른 사람이 되게 했다. 사실은 이전으로 돌아가고 싶은 마음도 없었다. 아프리카에서 보고 듣고 겪고 느낀 것을 뒤로 하고 아무 일 없었다는 듯 이전의 삶으로 돌아가기란 불가능했다. 전혀 다른 렌즈로 인생을 바라보게 되었으니 말이다.

앞에서 언급했듯 주님을 위해 엉망이 된 뒤에도 날마다 정상적인 삶을 유지할 방안이 있을까를 고심하던 끝에, 사실은 내가 세 개의 세계 속에서 살고 있다는 것을 깨달았다. 세 개 모두 실제적인 세계였다. 하나는 나의 세계, 또 하나는 고통 받는 세계, 그리고 나머지 하나는 영적 세계였다. 첫 번째 '나의 세계'는 내가 가족과 함께 일상의 삶을 영위하는 세계를 의미한다. 그곳은 장보고 쇼핑하고 모든 게 풍요롭게 흘러 넘치는 세계이고, 하루하루 가족과 친구와 교인들과 동료들과 동네 주민들과 어울려 살아가는 세계이고, 내 신앙이 이론이 아닌 실제 삶이 되게 하는 세계이다.

'나의 세계'에서는 이런 생각이 들었다. 우리 동네 에이즈 환자들을 위해서는 아무것도 하지 않는 주제에 수천 킬로나 떨어져 있는 외국의 에이즈 환자들을 위해 운다는 게 한낱 위선처럼 여겨졌다. 그래서 우리 새들백교회 내에서 할 수 있는 에이즈 환자를 위한 봉사 모임부터 만들었다. 에이즈에 대해 내가 했던 설교를 듣고서 몇몇 교인들이 뜻을 모아 그 모임에 참여하겠다고 자원했다. 우리는 정기적으로 만나 이 지구상에 점점 더 심각해지는 에이즈 문제를 놓고 우리가 할 수 있는 일이 무엇일지 논의했다. 우리가 사는 오렌지카운티에도 에이즈에 감염된 성인과 어린이들이 있었다. 하지만 그들이 누구인지는 알지 못했다. 당시 우리 교회가 그들의 존재를 파악하기에는 어려운 점이 많았다. 두 명의 간호사를 제외하고 봉사 모임에 나오는 어느 누구도 의료에 대한 지식이나 기술이 전혀 없었다. 아프리카에 가 보기는커녕 에이즈라는 질병이 얼마나 심각하고 무서운 질병인지조차 아는 사람이 거의 없었다. 한마디로 말해 우리는 무식꾼 그 자체였다. 지식과 정보는 바닥이고 열정과 의욕만 충만한 사람들…!

나의 세계 외에 또 다른 세계는 수많은 사람들이 절대 빈곤 속에 살아가며 생존을 위해 몸부림치는 세계, 즉 고통 받는 세계였다. 신앙의 결핍, 부패한 정부, 극도의 가난, 만연한 질병, 무지와 문맹이 판을 치는 곳…. 그 세계는 서구인들에게 잘 알려지지 않았지만 이미 4천만이라는 사람들이 에이즈 바이러스에 감염되어 면역력을 잃고 죽어 가고 있었다. 천오백만의 고아들도 그 세계의 한 부분을 차지했다. 천오백만은 에이즈로 인해 부모를 잃은 고아들의 숫자일 뿐이고, 다른 질병과 요인으로 고아가 된 아이들의 숫자를 전부 헤아리자면 1억 명이 넘었다. 당신과 나는 예수님의 손과 발이 되어 이들에게 주님의 사랑을 전해 줄 기회를 가진 것이다.

세 번째 세계는 육안으로 보이지 않는 영적 세계다. 이것 역시 다른 두 개의 세계처럼 실제로 존재하는 세계다. 영적 세계에서 나는 주 예수 그리스도를 인격적으로 만나고 하나님과 친교를 나눈다. 내가 다른 두 세계에서 살아가기 위한 힘과 용기와 정직함과 사랑을 부여받는 곳이 바로 이 영적 세계다. 영적 세계라는 영원한 세계를 경험하지 못했다면 나는 분명 심리적 부담감과 과로에 시달리다 탈진하고 말았을 것이다. 하나님의 말씀, 찬양, 조용한 묵상과 기도 시간이 내 영을 새롭게 했고, 다른 동료들과의 유대감이 나의 신앙을 든든하게 받쳐 주었다. 그로 인해서 나는 세 개의 세계 모두에서 행복하고 보람된 생을 살 수 있었다. 세 개의 세계에 발을 담그고 산다는 것은 내 시간과 에너지를 제대로 사용하는지 날마다 점검해야 하는 힘든 생활이었지만 신앙의 힘이 그 모든 어려움을 극복하게 도와주었다.

엉망이 된 사람들의 클럽

요즘 단기 선교 여행을 떠나는 사람들에게 강의할 때면 반농담 삼아

"가슴앓이하면서 엉망이 될" 각오를 하라고 말한다. 그러면 나를 의아하게 쳐다보는 사람들이 있다. 이해 못할 잉뚱한 소리를 한다는 표정이다. 그러다가 그들이 아프리카 선교 여행을 마치고 돌아오면 나를 찾아와 이렇게 말한다. "사모님, 이제야 알겠어요. 저도 정말 엉망이 되었거든요." 그들도 더 이상은 자신들의 세계만 바라보지 않는다. 내 자신, 내 문제, 내 가족, 내 직장에만 급급하지 않고 시야를 넓혀 새로운 세계를 보기 시작한다. 그들은 고통 받는 세계를 보았고 그것은 이제 그들에게 또 하나의 현실이 되었다. 고통 받는 사람들을 외면하거나 존재하지 않는 것처럼 가장할 수 없다. 그 세계를 위해 무언가를 하고 싶은 충동이 일어난다. 이제 그들은 나처럼 세 개의 세계에서 살아간다. 가슴앓이를 하면서 주님을 위해 영광스럽게 엉망이 되어 버린 것이다!

　당신은 어떠한가? 가슴앓이하면서 엉망이 되었다는 것을 증명하기 위해 아프리카까지 갈 필요는 없다. 내가 하나님께 위험한 순종을 했을 때 하나님이 나를 이끄신 곳은 아프리카였다. 그러나 순종의 여부를 시험하는 시험대가 아프리카 한 곳만은 아니다. 당신이 하나님께 순종했음을 증명하는 시험대는 당신이 '지극히 작은 자'를 어떻게 대하는가이다_{마태복음 25:40 참조}. 이 세상의 극빈자들을 위해 하나님이 당신의 안락한 생활을 뒤흔드시도록 허락할 것인가? 극빈자들을 돕기 위해 안전지대를 벗어나 동네 어귀는 물론 지구 반대편까지 갈 의향이 있는가? 지극히 작은 자들을 정성껏 도와주고 하나님의 사랑을 나타낼 수 있는 당신만의 시험대가 이 세상 어딘가에 분명히 존재한다.

　당신의 계획, 당신의 재정, 당신의 애정을 하나님이 재조정하시도록 허락해서 하나님이 사랑하시는 사람들과 격의 없이 어울릴 준비가 되어 있는가? 어쩌면 교회나 자선단체에 돈을 기부하려고 마음먹었을지도 모른다. 대단한 첫걸음이긴 하지만 그것만으로는 충분치 않다. 돈을 기부하는 것은 물질만능주의와 이기주의에서 탈피하는 계기가 되기는 하겠지만 다른 한편으로는 여전히 도움이 필요한 사람들과 거리를 유지하면서 양심의 가책만 잠재우는 방법이 될 수도 있다. 당신이 예수님의 이름으로 직접 도와주는 병자나 가난한 사람이나 수감자나 고아나 과부나 외국인 근로자가 있는가? 만일 없다면 지금이라도 구체적인 행동을 시도해 보는 건 어떨까?

거실에 편안히 앉아서는 주를 위해 엉망이 되기 힘들다. 마음은 좀 아프겠지만 그렇다고 엉망의 단계까지 이르지는 않는다. 텔레비전에서 하는 특별 프로그램을 시청하고 잡지에 난 기사를 읽고 인터넷 자료들을 보면서 이 세상의 고통 받는 사람들 때문에 마음이 아플 수 있다. 그러나 정말로 엉망이 되고 싶다면 실제로 뭔가를 해야만 한다. 모임에 참석하고, 봉사 활동에 자원하고, 아픈 사람을 문병하고, 컨퍼런스나 훈련에 참석하고, 시각 장애인에게 글을 읽어 주고, 노숙자들에게 무료 급식을 해주고, 다른 지역을 방문해 보고, 에이즈에 감염된 아기들을 돌봐 주고, 단기 선교 여행을 가고, 무엇이든 당신을 고통 받는 사람들과 직접 연결해 주는 활동에 참여해야 한다. 고통 받는 사람들이 당신에게 하나의 통계 수치로만 존재하는 한 당신은 평생 엉망의 몸이 될 수 없다. 당신의 귀로 사람들의 하소연을 듣고 그래서 그 고통이 얼굴과 이름을 가진 실체가 되지 않는 한 당신은 영원히 그들로부터 동떨어진 존재가 될 것이다.

셰릴 그린이라는 교인도 주님 때문에 달라진 여인이다. 셰릴이 속했던 구역 모임에서 오렌지카운티의 노숙자들을 위해 자원 봉사를 하려고 하자 극구 반대했던 사람이 셰릴이었다. 이유가 무엇인지 아는가? 셰릴의 남동생이 노숙자였기 때문에 행여나 남동생과 마주칠까 두려웠던 것이다. 집안에 노숙자가 있다는 사정을 다른 교인들은 절대로 이해하지 못할 것만 같았다. 그런데 셰릴의 반대에도 불구하고 구역 모임에서는 자원 봉사를 결정해 버리고 말았다. 셰릴은 어쩔 수 없이 노숙자들에게 무료 급식을 해주는 곳을 찾아갔다. 팬케익을 나눠 주고, 노숙자들과 이야기를 한 후에 찬양을 몇 곡 부르고 예수님의 사랑에 대한 짧은 말씀을 전했다. 의외로 참으로 보람된 시간이었다. 걱정과 망설임에도 불구하고 하나님은 그날 셰릴의 마음을 붙들어 주셨다. 노숙자를 섬기다가 남동생을 만나는 한이 있어도 그 일을 계속하겠다고 순종의 기도를 드렸다. 자신의 생각과 태도와 행동까지 바꾸겠다고 결심한 것이다. 요즘에는 구역 모임이 있을 때마다 셰릴이 제일 먼저 "이번에는 무엇을 할까요? 우리 동네에 도움이 필요한 사람들이 누가 있을까요?"라고 묻는다. 셰릴은 변했다. 주님을 위해 완전히 딴사람이 된 것이다.

주를 위해 엉망이 된 종….

말 자체는 별로 듣기 좋은 말이 아니다. 나는 이전 어느 때보다 더 많은 눈물을 흘렸고 더 격심한 아픔을 느꼈고 더 깊은 슬픔을 맛보았다. 하루도 마음 편히 지나가는 날이 없었다. 어떤 때에는 이런 식으로 얼마 못살 것 같다는 생각조차 들었다. 우리가 실시했던 에이즈 봉사 훈련에 참석한 어떤 여인이 다음과 같은 이메일을 보내왔다. 함께 훈련을 지도했던 엘리자베스에게 보냈는데 이메일의 제목은 "멋은커녕 완전히 망했습니다"였다. 다음은 그 여인이 보낸 메일의 내용이다.

"작년에 워렌 목사님으로부터 에이즈 훈련에 참가해 보라는 말씀을 들었는데 이번에는 사모님이 권유를 하셔서 어제 드디어 에이즈 워크숍에 참석했습니다. 그 이후부터 저는 줄곧 울고만 지냅니다. 저를 왜 그런 훈련에 참가하라고 하셨는지 워렌 목사님이 야속할 정도예요. 사모님은 '가슴앓이를 하자, 주님을 위해 멋지게 망가지자'라는 말씀을 하셨죠. 한 가지 질문하고 싶습니다. 대체 무엇이 멋있다는 말씀인가요? 저는 가슴앓이만 실컷 하면서 완전히 망한 기분입니다."

내가 보기에 그 여인도 엉망이 된 거다. 나처럼….

하지만 나는 그냥 엉망이 된 게 아니다. 주를 위해 멋지게 엉망이 된 거다! 나는 내 생애 어느 때보다 지금 활기에 넘친다. 전에는 피하기만 했던 대인 관계라든지 사역에서 이젠 큰 보람을 느낀다. 막막한 상황에서도 어떻게 기쁨과 만족을 발견하는지 전보다 더 잘 알게 되었다. 예수님이 사랑하시는 사람들을 돌보면서 내 자신이 예수님께 더 가까워졌다. 내 생애는 이제 의미 있는 생애가 되었다고 확신한다. 이전의 내 모습으로는 절대로 돌아가고 싶지 않다. 가슴앓이 하면서 주님을 위해 멋지게 이 한 몸 바치는 모습이야말로 내 생애 최고의 모습이라고 자부한다.

이 글을 읽는 독자들은 아마도 내 말이 이상하게 들릴 것이다. 이메일을 보낸 여인처럼 멋은커녕 가슴만 아프고 그냥 속상하다고 생각하는 사람이 있을지도 모른다. 여기에서 희망의 한마디를 덧붙이겠다. 세상을 바라보는 시각이 바뀌려면 시간이 걸린다. 이 세상의 고통과 슬픔에 압도당하지 않고 감정의 균형을 유지하려면 시간이 필요하다. 몇 주, 혹은 몇 달이 걸릴 수도 있다. 마음이 아프다는 이유로 하나님이 당신의 삶 속에서 행하시는 과정을 단축시키려 하지 말라. 당신 안에 새로운 일을 행하시는 그분의 손길에 익숙해지기 위해 너무 조급해 하지 말고 여유를 가지라.

순종

당신의 인생관과 세계관이 영원히 바뀐다고 해도
주님을 위해 멋지게 한 몸 바칠 준비가 되어 있는가?

기도

"주님, 당신을 위해 내가 과연 이 한 몸을 바칠 수 있을지 자신이 없습니다. 그렇게 해달라고 간구할 준비도 아직 되어 있지 않은 것 같습니다. 그런 철저한 순종이 어떤 결과를 낳을지 걱정이 됩니다. 그래도 저는 순종하는 사람이 되고 싶습니다. 저 자신과 저의 생활을 주님의 뜻대로 인도해 주옵소서. 이 세상의 고통 받는 사람들을 위해 작은 보탬이라도 되고 싶습니다. 당신이 저를 멋지게 사용하실 수 있도록 기꺼이 저 자신을 바치는 사람이 되게 해주옵소서."

- 주님을 위해 한 몸을 바칠 수 없는 이유가 무엇인지 당신이 망설이는 이유를 낱낱이 적어 보라. 독서 파트너와 정기적으로 만나고 있다면 이번 주에는 당신이 적은 이유들을 놓고 이야기해 보라.

- 이번 주에는 아는 사람들과 함께 당신이 사는 동네의 불우한 사람을 찾아보도록 하라.

- 홈페이지 www.kaywarren.com을 방문해서 "나는 완전히 변했어요" I Will Never Be the Same Again라는 찬양을 들어 보라.

Chapter 4

제자리 서!

*
"너희는 여호와의 선하심을 맛보아 알지어다
그에게 피하는 자는 복이 있도다"
_ 시편 34:8

*
"확실한 것을 믿는다면 그건 믿음이 아니다.
하나님만이 확실한 분임을 믿는 것이 진짜 믿음이다."
_ 오스왈드 챔버스, 『주님은 나의 최고봉』

2003년 9월 19일. 시간이 흘러 아프리카에 다녀온 지 6개월이 지났다. 이날도 여느 날과 다름없이 평범하게 하루가 시작되었다. 내 세계를 산산조각 내는 운명의 날이 될 줄은 상상하지 못한 채···. 그날 일정 중의 하나는 병원에 가서 해마다 정기적으로 해온 유방암 검사를 하는 일이었다. 단순히 유방 촬영만 하는 것이라서 간단하고 특별할 것도 없었다. 병원에 다녀온 후에는 나머지 할 일들을 해나갔다.

다음 날인 금요일, 병원에서 전화가 왔다. 다음 주 월요일에 정밀 진단을 받으러 다시 오라는 것이었다. 그 말을 듣는 순간 가슴이 철렁해서 전화를 건 간호사에게 무엇이 잘못되었느냐고 물었다. 물론 간호사가 자세한 사항을 알려줄 리 없었다. 그저 좀 더 검사가 필요하다는 얘기뿐이었다. 병원에서는 왜 그런 얘기를 꼭 금요일 오후에 해주는지 모르겠다. 주말 내내 불안한 가슴을 졸여야 하지 않은가!

월요일이 되어 유방 초음파 검사를 포함한 정밀 검사를 받았다. 어두 컴컴한 병실에서 방사선과 의사가 나의 촬영 사진을 뚫어져라 쳐다보더니 석회화된 영역을 손으로 가리켰다. 하지만 별거는 아닐 거라며 나를 안심시켰다. 그래도 다음 날 조직검사를 해보라고 권했다.

친정아버지의 생신이 9월 25일이었으므로 곧 비행기를 타고 아버지가 계시는 아리조나 주로 갈 예정이었다. 방사선과 의사가 조직검사의 필요성을 대수롭지 않은 투로 거론했기 때문에 조직검사 날짜도 떠나기 하루 전날로 잡았다. 남편이 함께 가 주겠다고 했지만 별거 아니라고 사양하고는 나의 조력자로 일하는 마리안에게 운전을 부탁해 그날 한 지역 병원을 찾아갔다.

의사는 유방을 마취시킨 후에 바늘을 찔러 조직 일부를 떼어 냈고 몇 분 후, 조직검사가 진행되는 스크린을 뚫어져라 쳐다보더니 내게 아주 솔직하게 말했다. "과연 석회화 된 부분에 종양이 있네요."

순간 내 귀를 의심했다. "종양이요? 무슨 말씀을 하시는 거예요? 난 종양이 있다는 얘긴 처음 듣는데…!" 하지만 의사는 나를 쳐다보지도 않은 채 계속 냉정한 어조로 이야기했다. "이건 분명히 암일 것 같은데요. 내일이 되면 정확한 결과가 나올 겁니다." 나는 차디찬 병실 의자에 털썩 주저앉았다. 얼마 후 의사와 간호사가 병실에서 나갔다. 혼자 남겨진 나의 머릿속에서 한 가지 단어가 독수리마냥 맴돌았다. 암…!

장애물에 가로막혀

하나님은 내게 심각한 가슴앓이를 시키셨다. 케이 왕국에 일대 타격을 안겨 주기도 하셨다. 나는 주님을 위해 위험한 순종을 감행했다. 에이즈 구제 사역자라는 새로운 역할에 뛰어들었고 우리 새들백교회가 아프리카 에이즈 환자를 위해 어떤 일을 해야 할지 대규모 구호단체와 활발한 논의를 벌이기도 했다. 에이즈에 관련된 것이라면 무엇이든 닥치는 대로 읽었고 그 방면의 전문가들을 만나 이야기했다. 6주 동안 두 번이나 아프리카를 방문했다. '에이즈 구제' AIDS Relief 를 위한 대통령 긴급대책회의를 열었을 때 그 자리에 참석해서 부시 대통령의 연설을 듣기도 했다.

두 번째로 아프리카를 방문했을 때는 남편이 며칠간 동행해 주었다. 그 동안 남편은 하나님이 주신 또 하나의 소명을 깨달았다. 아름다운 아프리카의 밤하늘 아래에서 남편은 영적 공황 상태, 부패한 지도자들, 절대 빈곤, 유행성 질병, 심각한 문맹 문제라는 다섯 가지 인류의 골리앗에 대해 지역교회가 어떤 방식으로 목소리를 높여야 하는지를 깨닫게 되었다. 그로부터 몇 달이 지난 지금, 우리 교회는 피스 플랜PEACE Plan 이라는 범세계적 전략을 구상하여 실행에 옮기고 있었다. 전 세계 지역교회들이 서로 협력하여 효과적이고 생산적인 방법으로 복음 전파를 촉진하고 경건한 지도자를 양성하고 빈곤 계층을 구제하고 불우한 사람들을 보살피고 차세대를 교육하자는 취지로 설립된 것이었다. 우리 교회가 시작한 에이즈 사역도 조금씩 성장하고 있었다. 나는 지구상에서 에이즈가 퇴치되는 그날까지 예수님의 이름으로 열심히 섬기겠다고 각오에 각오를 다졌다. 본격적으로 "준비, 땅!"이 울리는 순간이었다. 그런데….

갑자기 "제자리 서!"라니…?

그 동안의 모든 꿈과 계획이 한 순간에 멈추어 섰다. '암'이라는 말이 내 사전에 기록되는 순간 나도 결국 통계 수치의 하나가 될 가능성이 높아졌다. 2003년 유방암으로 사망한 미국의 18만 9천5백 명의 한 사람이 될 가능성이….

유방암 판정을 받고 제일 먼저 머릿속을 스치는 생각은 "그래도 에이즈가 아니라서 다행이다. 유방암은 치료라도 할 수 있잖아"였다. 조금은 뜻밖의 생각이었다. 그만큼 내가 에이즈에 몰입해 있었기 때문이리라. 그 다음으로 떠오르는 생각은 역시 하나님이었다. 성경 어딘가에 "내가 가는 길을 그분이 아실 것이다"라는 말씀이 있었다. 충격과 두려움에 휩싸여 있던 그 병실 안에서는 그 구절의 정확한 내용도, 누가 했던 말씀인지도, 어디에 있는 말씀인지도 정확히 생각나지 않았다. 유방암은 생명의 위협이 될 만한 소지가 충분한 병이었다. 그런 유방암 선고를 받은 후에 내가 확신했던 한 가지는 그 병실에 나 혼자 남겨진 게 아니라는 사실이었다. 하나님이 나와 함께 계셨다. 내가 가는 길을 그분이 알고 계셨고, 유방암과 나 혼자 싸우도록 내버려두지 않으실 것이다.

나는 멍한 상태에서 주섬주섬 옷을 챙겨 입고 그 병실을 나왔다. 마리안이 근심스런 얼굴로 나를 기다리고 있었다. 나는 마리안의 품에 쓰러지듯 안겨 울기 시작했다. 마리안도 나를 꼭 껴안은 채 눈물을 흘렸다. 암이 내 인생의 일부가 되었다는 사실이 도저히 믿기지 않았다. 집으로 오는 차 안에서 남편에게 전화를 걸었다. 남편 역시 나만큼이나 놀라고 믿기지 않아 했다. 집에 도착하자마자 남편이 뛰어나와 나를 맞았다. 나는 이번에도 나를 끔찍이 사랑하는 사람의 품에 안겼다.

그날 밤, 병실에서 앞이 캄캄했을 때 위로가 되었던 그 구절을 찾으려고 성경을 펼쳐 들었다. 욥기 23장 10절 말씀이었다. 고통 속에서 하나님에 대한 믿음을 확인하며 고통의 의미를 되새기게 한, 정말 그 순간 나에게 가장 필요한 말씀이었다.

"그러나 내가 가는 길을 그가 아시나니 그가 나를 단련하신 후에는 내가
순금 같이 되어 나오리라"

내 병이 나을지에 대해서는 확신할 수 없었지만 행여 낫지 않는다 해도 그 고통 뒤에 '순금'이 될 것만은 확실하다는 보증의 말씀이었다. 그 후 5개월 동안 나는 그 말씀에 의지하며 동일한 말씀을 되풀이해서 읽고 또 읽었다.

다음 날이 되어야 정확한 진단 결과가 나오기 때문에 두근거리는 심장을 안고 하루를 더 기다렸다. 다음 날 정오쯤 되어 병원의 방사선과 의사로부터 전화가 왔다. 본론은 얘기하지 않고 실없는 농담부터 걸어오는 의사를 향해 "그런 농담을 하시는 걸 보니 제가 유방암에 걸린 게 아닌가 보죠?"라고 물었다. 그런 중차대한 사안을 놓고 소위 의료인이라는 사람이 불안에 떠는 환자에게 농을 걸거나 암에 걸린 사람에게 장난을 친다는 것은 내 상식으로 이해가 되지 않아서였다.

그는 잠시 말을 끊더니 이내 "죄송하지만 부인은 유방암이 확실합니다"라고 말하는 것이었다. 복받치는 울음을 간신히 참으면서 나는 정확한 사항들을 하나씩 물어보았다. 어떤 종류의 유방암인지, 종양의 크기가 어느 정도인지 등등…. 그러고는 전화를 끊었다. 그 의사는 환

자에 대한 배려심이라고는 눈곱만큼도 없는 사람이었다. 겁에 질려 있는 환자를 위로할 절호의 기회였건만 그 기회를 놓쳐 버리다니…. 그 후 아픈 사람들과 이야기할 때마다 그 의사를 떠올리게 된다. 그가 보여 준 태도를 생각하면 당시 나에게 사려 깊고 따뜻한 말 한마디가 얼마나 절실했는지를 새삼 깨닫게 된다.

우리 아이들에게, 부모님께, 그리고 친한 사람들에게 내가 유방암에 걸렸다는 말을 전하기는 무척이나 힘들었다. 하지만 왠지 누에고치 속에 안전하게 들어가 있는 느낌이었다. 심지어 나 자신이 현실과 분리된 듯한 착각도 들었다. 소식을 듣는 사람들마다 하나같이 걱정을 하며 울기도 했지만 나는 오히려 침착하고 냉정하게 괜찮을 거라고 자신 있게 이야기했다. 별다른 감정도 느껴지지 않았다. 더 세밀한 정밀검사를 받으라는 암 전문의의 권고에 따라 그 주간에는 연일 검진이 잇따랐다. 검진 결과 수술을 해야 한다고 해서 수술 날짜도 잡았다. 그러나 정밀검사가 진행될수록 예상보다 상태는 훨씬 심각했다. 수술만이 아니라 방사선치료도 해야 하고 필요에 따라서는 화학요법도 사용해야 한다는 것이었다.

암의 시련

어느 날, 옷을 갈아입으며 거울을 쳐다보는데 문득 이런 생각이 들었다. "나는 그대로네. 그런데 어떻게 나를 죽이려는 외계인이 내 속에 살아갈 수가 있지?" 갑자기 두려움과 공포와 분노가 엄습했다. 나는 서재로 뛰어 들어가 문을 쾅 닫았다. "이 길은 싫어요, 주님! 이 길이 아니라 그전의 길로 가고 싶어요. 이건 돌아가는 길입니다. 암은 정말 싫어요. 제발 가져가 주세요! 예전에 살던 대로 살게 해주세요. 그때의 삶을 지금 당장 돌려주세요!"

하지만 하나님은 그렇게 하지 않으셨다. 내 예전의 삶을 돌려주지 않으셨다. 암을 거두어 가지도 않으셨다. 그 대신에 수술을 받게 하셨고 90일간의 화학요법과 35일간의 방사선 치료를 받게 하셨다. 머리카락과 손톱도 빠지게 하셨다. 수술로 인해 체형도 틀어지게 하셨고 감시림프절 생검과 Port-A-Cath 항암제를 쉽게 투여할 수 있도록 혈관으로 이어진 튜브를 살갗 밑에 동그란 디스크로 묻어둔 것–역주로 흉터가 남게 하셨고, 방사선 치료 영역을 표시한 덕분에 내 가슴에 영원한 문신이 새겨지게 하셨다. 화학요법으로 단기 기억에 영구적인 손상을 입게 하셨고 머리가 언제나 띵하고 어지럽게 하셨다. 내 몸의 모든 지혈점마다 영구적인 신경 장애인 듯한 증상이 발생하게 하셨고, 그로 인해 오랜 시간 같은 자세로 잠을 자거나 서 있는 게 몹시 고통스럽게 하셨다. 나를 걱정해 줄 거라고 생각했던 사람들의 무관심으로 마음에 큰 상처를 입고 낙심하게도 하셨다. 내 믿음은 암이라는 불가마 속에서 시험을 받고 있었다.

끔찍한 치료를 받은 지 두 달여가 지났을 때 하나님을 대하는 태도에 나 스스로도 깜짝 놀란 일이 있었다. 친구인 엘리자베스와 함께 우리 집 마당 의자에 나란히 앉아 있을 때였다. 이런저런 말끝에 나는 엘리자베스에게 내 속마음을 털어놓았다. "사실, 이런 얘기하기 창피하긴 하지만 난 도무지 하나님을 이해하지 못하겠어! 그분의 방법은 진짜 알 수가 없다니까. 이젠 않는 것도 지긋지긋해. 하지만 지금 이 순간에도 끔찍한 고통을 당하고 있는 수천만의 사람들이 있어. 그들과 비교하면 내 고통은 새 발의 피지. 너는 그 사람들이 지금 현재 겪고 있는 고통이 어느 정도인지 상상이나 할 수 있겠니?"

그래도 나는 양반이었다. 비록 유방암에 걸려서 힘든 치료를 견뎌야 하지만 내게는 필요한 모든 것이 있었다. 가족과 친한 사람들의 사랑과 위로, 전문적인 병원 치료, 아프면 언제든지 누울 수 있는 편안한 집, 언제든지 먹을 수 있는(토하지만 않는다면) 음식 등. 한 평생 고통 속에서 죽지 못해 살아가는 사람들과는 비교가 되지 않았다. 자기의 남편, 부모, 이웃 사람들에 의해 매춘부로 팔려 가는 여인들과도 비교가 되지 않았다. 치료조차 받지 못하는 에이즈 환자들과도 비교가 되지 않았다. 가족을 먹여 살리려 새벽부터 밤늦게까지 허리가 휘어져라 중노동에 시달리는 남자들과도 비교가 되지 않았다. 억울하게 감옥에서 인생을 썩히고 있는 세계 각국의 누명 쓴 사람들과도 비교가 되지 않았다. 넓은 시각으로 바라볼 때 내 고통은 상대적으로 미미할 뿐이었다.

엘리자베스에게 질문을 던지는 내 목소리가 가볍게 떨렸다. "하나님은 왜 이 세상을 창조해서 이런 끔찍한 고통을 당하게 하시는 걸까?"

하나님과 맞붙다

인생의 쓴맛을 본 사람들은 하나님을 향해 주먹을 휘두르고픈 충동을 느낀다. 절망과 환멸과 아픔에서 나오는 하나님을 향한 증오심이다. 하나님이라면 그런 일을 미연에 방지하거나 최소한 고통의 무게라도 줄

일 수 있지 않았느냐고 우리는 항변한다. 하나님은 온 우주를 다스리는 책임을 지고 계신 분이 아닌가!

"전부 하나님 탓이야!"라고 우리는 주장한다.

그날은 나 역시 욥과 다름없었다. 천국 문을 확 열어젖히고 뛰어 들어가서 내 질문과 의심과 두려움과 분노에 대한 답변을 내놓으라고 악을 썼다. 물론 하나님의 원칙과 우리 인생을 준비시키는 과정에 대한 신학적 이론을 몰라서가 아니었다. 단지 내가 내린 결론은 "그 원칙은 엉터리야. 개선되어야 해. 난 이해할 수 없어!"였다. 엘리자베스에게 한바탕 하소연을 하고 난 뒤 나는 의자에 등을 기대었다. 얼굴은 창백하고 머리는 대머리가 된 나. 화학요법과 구토증으로 쇠약할 대로 쇠약해진 나, 두려움, 걱정, 우울증으로 감정이 피폐해진 나, 영적으로 갈등하는 나, 우주의 이치와 존재론적 의문에 휩싸인 나, 그것이 당시 나의 모습이었다.

"하나님도 확실히 할 것은 확실히 해야 해. 속 시원한 대답만 듣는다면 이 고생도 참을 수 있을 것 같애. 난 지금 내 고통도 견디기 힘든데 알지도 못하는 사람들 고통까지 걱정하느라 정말 죽을 지경이라구! 대체 하나님은 이런 사태에 대해 어떤 해명을 하실 거지?"

격정 어린, 그러나 기운 없는 내 항변이 기나긴 침묵으로 빠져들었다. 현명한 엘리자베스는 내 말을 가로막지 않았고 뻔한 얘기로 내 기분을 풀어 주려 하거나 말이 지나치다고 타박하지도 않았다. 나와 함께 눈물을 흘렸고 내 손을 잡으면서 고통을 이해한다고 위로해 주었다. 그러면서 내가 품고 있는 의문은 정당하고도 바람직하다는 격려까지 잊지 않았다. 즉 나는 고통 속에서 하나님으로부터 달아나는 것이 아니라

100

하나님께 달려가고 있다는 것이었다. 엘리자베스는 진심을 담아 내게 이렇게 충고했다. "하나님은 선한 분이야. 나와 네가 깨닫든지 못하든지 상관없이 어쨌든 그분은 선한 분이야."

울분에 펄펄 뛰던 내 영혼은 하나님을 대면하는 일에는 실패했다. 그러나 친구의 동정 어린 말을 통해 하나님은 내게 말씀하셨다. 그분이 어떤 분인지, 그분의 성품이 어떠한지, 그분의 약속이 얼마나 신실한지를 상기시켜 주었다.

고통은 인생의 장신구들을 벗게 해주고 믿음을 적나라하게 보여 준다. 미처 깨닫지 못했던 위선, 모순, 결점들을 드러내 준다. 나 역시 내 신앙이 여지없이 벌거벗겨지는 순간을 맞이했다. 그 동안 하나님을 사랑하고 신뢰한다고 했는데 정말 그랬는가? 하나님은 사랑의 아버지라고 말했는데 나는 정말로 그렇게 믿고 있는가? 어쩌면 내가 이렇게 한 순간에 변심해 버릴 수 있는가? 현실과 믿음이 충돌하니까 어찌 그리 재빠르게 믿음을 내팽개치는가? 고통, 슬픔, 실망, 배신감, 상실감, 아픔이 다가오니까 어쩌면 그리도 신랄하게 하나님을 비난한단 말인가? 과연 내 믿음이 시험을 통과할 수 있을까? 아니, 내게 믿음이 있기는 한 건가?

성경에 보면 고난과 시험이 우리의 믿음을 드러내어 진짜 색깔을 보여 준다고 했다. 믿는다고 말하기는 쉽다. 그러나 고난이 왔을 때 어떻게 대처하는지를 보면서 세상은 우리의 믿음이 진짜인지 가짜인지를 평가할 것이다.

"형제 여러분, 여러 가지 시험을 당하더라도 그것을 기쁨으로 여기십시

오. 믿음의 시련은 인내를 만들어낸다는 것을 아십시오. 그러므로 끝까
지 참고 견디어 부족함이 없는 완전하고 성숙한 사람이 되십시오."야고보

서 1:2-4, 현대인의성경

세상풍파는 누구에게나 몰려온다. 어느 누구도 예외일 수가 없다.
때로는 오는 게 확연히 보일 때도 있다. 경보기가 울리고 나쁜 일이 일
어날 듯한 예감이 들어 경각심을 갖는다. 하지만 전혀 예고 없이 찾아
올 때도 있다. 갑자기 몰아친 태풍에 휘청거리고 무엇이 나를 강타했는
지 미처 알아챌 새도 없이 바닥에 나동그라진다. 바로 그럴 때 우리의
진짜 믿음이 드러난다. 이렇게 자문해 보라. "나는 이 순간 무엇을 의
지하고 있는가?"

내가 항해사는 아니지만 2003년에 나온 "마스터 앤드 커맨더: 위대
한 정복자"Master and Commander: The Far Side of The World라는 영화를 좋
아한다. 선장 잭 오브리러셀 크로우 분는 폭풍이 휘몰아치는 와중에 파도
에 떠내려가지 않도록 배의 돛대에 자기 몸을 꽁꽁 묶는다. 배는 광풍
에 밀려 이리저리 흔들리고 집채만한 파도가 그의 몸을 덮치지만 돛대
에 몸이 묶여 있기 때문에 그는 떠밀리지 않고 안전했다.

유방암에 걸리기 오래 전에 나는 하나님께 이런 서약을 드린 적이
있다. "저는 주님의 것이오니 주의 뜻대로 하시옵소서. 주님을 온전히
이해하지는 못할 것이고 분명 질문도 많이 하겠지만 그래도 당신이 저
를 사랑하신다는 것을 잘 압니다." 나는 돛대를 향해 달려갔던 것이다.
아무리 거센 광풍이 내 작은 배에 몰아쳐도, 아무리 성난 파도가 내 배
를 덮쳐도, 아무리 강한 물살이 나를 돛대에서 밀어내도, 나는 움직이

지 않을 것이다. 내 믿음의 돛대는 "하나님은 선하시다"라는 불변의 진리이기 때문이다.

하나님의 성품은 거룩하고, 성결하고, 신중하고, 의롭고, 흠이 없고, 한 점의 악惡도 없다는 사실을 확신하고 있었기 때문에 나는 내 삶을 온전히 맡길 수 있었다. 성경의 모든 구절은 하나님이 얼마나 선한 분인지를 한결같이 증명해 보여 준다. 시편 기자는 "여호와는 선하시고 정직하시니"시편 25:8라고 고백했다. 역대하 5장 13절에서 제사장들은 입을 모아 하나님을 향해 "선하시도다 그의 자비하심이 영원히 있도다"라고 찬양했다. 예수님은 하나님 아버지에 대해 "하나님 한 분 외에는 선한 이가 없느니라"고 말했다 마가복음 10:18.

그 말씀을 믿었기에 나는 고통 중에서 하나님을 떠난 것이 아니라 하나님께로 달려갔다. 하나님이 그 고통의 시간을 통해서 나를 시험하고, 정결케 하고, 강하게 연단하신다는 믿음이 있었고 바로 그 점 때문에 하나님 곁을 떠나고 싶지 않았다. 고난에 대처하는 내 모습이 하나님과 그분의 선하심을 신뢰하는 그런 모습이기를 간절히 바랐다. 기쁨과 슬픔이 교차하는 이유도 그 때문이다. 베드로 사도도 이 주제에 대해 현명한 조언을 주고 있다.

"그러므로 너희가 이제 여러 가지 시험으로 말미암아 잠깐 근심하게 되지 않을 수 없으나 오히려 크게 기뻐하는도다 너희 믿음의 확실함은 불로 연단하여도 없어질 금보다 더 귀하여 예수 그리스도께서 나타나실 때에 칭찬과 영광과 존귀를 얻게 할 것이니라"베드로전서 1:6-7

암이라고 해서 다 같은 게 아니다. 유방암 같은 경우는 의사가 절대로 완치라는 말을 사용하지 않는다. 대신에 회복되었다고 말한다. 즉 몸에서 암세포를 발견할 수는 없지만 수술과 항암 치료에도 파괴되지 않은 암세포가 여전히 몸속에 남아서 언젠가 재발할 가능성이 있다는 말이다. 치료가 끝나갈 즈음에는 재발 가능성이라는 말이 내 머릿속을 떠나지 않았다. 그러면서 다시 한 번 두려움이 엄습했다. "혹시…" 하는 생각이 들 때마다 정신을 차릴 수가 없었다.

초기에 큰 위로를 주었던 욥기 말씀은 이제 내 생명줄과 다름없었다. 얼마나 살지는 내 뜻대로 할 수 없으나 어떻게 살지는 내 뜻대로 할 수 있다는 사실에 평정을 되찾았다. "할 수 있는 일은 하고 할 수 없는 일은 하나님께 맡기자"가 내 좌우명 중 하나가 되었다. 얼마나 살지는 내 소관이 아니다. 그러나 내게 주어진 인생의 질은 내 소관이다. 극심한 고통을 통해 순금 같은 성품의 소유자가 되고 싶었다.

언제 또 다시 암이 쫓아오는지 뒤를 흘끔거리지 않고 하루하루 앞만 보면서 살기로 결심했다. 그와 동시에 장수에 대한 막연한 희망이 사라지면서 주어진 일에 더 열심히 해야 한다는 각오가 새로워졌다. 인생이라는 것이 얼마나 덧없고 얼마나 짧고 얼마나 신성한가! 인생이 순식간이라는 생각 때문에 한층 더 집중하게 되고, 더 열심히 하게 되고, 순간순간의 소중함을 깨닫게 되고, 생의 목적을 의식하게 되었다. 내게 주어진 시간을 단 1초도 헛되이 낭비하고 싶지 않았다.

하지만 암과의 투쟁은 끝난 게 아니었다.

항암 치료를 끝낸 지 1년 반이 지나서 암으로 의심되는 검은 점을 제거했다. 그 후 자세한 검진 결과를 알게 된 것은 가족과 함께 휴가차 다른 주에 가 있을 때였다. 의사는 말하길, "워렌 부인, 애석하게도 그건 악성 흑색종 _{피부암의 일종-역주} 입니다. 지금으로서는 그리 넓게 퍼진 것 같지는 않지만 어쨌든 그 부분의 조직을 좀 더 넓게 절제하는 수술을 받으셔야겠습니다." 2년도 채 못 되어 또 다시 의사로부터 암이라는 말을 들어야 했다. 그는 내게 암이 재발하지 않을 통계상의 가능성은 10년 후라고 했다. "어쩌면 이럴 수 있을까? 또 암이라고?" 목이 메고 가슴이 두근거리면서 예전의 메슥거림, 구토, 탈모, 무력증의 악몽이 되살아났다. "하나님, 또 다시 견뎌야 합니까? 제발 저를 내버려 두세요!" 의사와의 통화가 끝나자 이번에도 아이들과 남편이 내 곁에 다가와 나를 위해 기도해 주었다.

휴가를 끝내고 돌아온 나는 두 번째로 수술대에 올랐다. 행여 흑색종이 넓게 퍼진 게 아닌가 싶어 수술 결과가 나오기를 초조하게 기다렸다. 다행히 그다지 퍼지지는 않았다고 했다. 전에는 유방 한 쪽을 절개해야 했지만 이번에는 어깨에 4인치 정도의 수술 자국만 남겼고 3개월에 한 번씩 몇 년간 검진을 받아야 하는 상황으로 끝이 났다. 두 번씩 암에 걸리고 나니 한 순간도 허비하지 않고 충실하게 살아야겠다는 결심이 한층 더 굳어졌다. 내게 주어진 시간 속에서 하나님의 사명을 이루어야 한다는 명확한 경보음이었다.

동정심에서 공감대로

유방암 치료를 마친 후 처음으로 방문한 나라는 태국과 캄보디아였다.

때는 2004년 여름이었다. 항암 치료 탓에 몸이 많이 쇠약해져 있었다. 머리카락은 다시 자라기 시작했지만 심한 곱슬머리에 삐죽빼죽 제멋대로 나서 마치 털 짧은 푸들 강아지 같았다. 6개월 전부터 가발을 쓰고 있기는 했지만 남동 아시아의 더위 때문에 과감히 가발도 벗어 버렸다. 가는 곳마다 현지인들이 나를 이상한 눈으로 쳐다보았다. 여인들이 숱 많은 긴 머리를 하고 있는 곳은 특히 더했다.

캄보디아에 갔을 때는 에이즈로 죽어 가는 한 여인을 방문하기 위해 그 여인이 사는 대나무 집을 찾아갔다. 여인은 위로 젖혀진 침상 위에 앉아 있었고 주변에는 여인이 다니는 교회 교인들이 병간호를 하기 위해 옹기종기 모여 있었다. 통역하는 사람을 통해 여인이 머뭇거리며 들려 준 이야기에 따르면, 여인은 에이즈에 걸린 남편에 의해 감염되었고 남편은 먼저 세상을 떠났다고 했다. 에이즈로 인해 겪었던 수많은 좌절감에 대해서도 이야기했다. 그 중의 하나는 약물로 인해 탈모가 된 것이었다. 그녀는 곁에 앉아 있는 여인들의 얼굴을 쳐다보면서 그 한 사람 한 사람이 자신에게 얼마나 특별한 일을 해주었는지를 이야기했다. 자신의 빈혈을 치료하기 위해 헌혈을 해주기도 하고 병원으로 데려다 주기도 하고 음식을 해오거나 아이들을 돌보아 주기도 했다는 것이다. 그 여인들이야말로 고통 중에 만난 위로의 버팀목들이었다. 그러면서 하나님을 더욱 가까이 느끼게 되었다고, 그렇게 힘든 와중에 신앙이 없었다면 어떻게 견뎠을지 모르겠다고 여인은 이야기했다.

나는 엘리자베스와 함께 그 찜통 같은 작은 대나무집에 서서 여러 가지 감정이 교차하는 것을 느꼈다. 그 여인의 고통은 내게 하나도 남의 얘기가 아니었다. 그녀가 겪은 고난이 더 이상 이론상의 병세가 아니었다. 나 역시 생명을 위협하는 암에 걸려 보았고 기적 같은 치료가 없었다면 지금쯤 암으로 이 세상을 등졌을 것이다. 강한 항암 치료로 내 머리카락도 남아나지 않았다. 속이 메슥거렸고 기력이 없어 힘을 쓸 수가 없었다. 그 캄보디아 여인처럼 사람들 속에서 절망과 희망 사이를 오락가락했다. 나도 하나님께 나아갔고 그분을 더 가까이 느꼈다. 나에게도 헌신적인 가족과 교인들이 있었다. 비록 병명과 국적은 달랐지만 나는 여인의 고통에 전적으로 공감할 수 있었다.

그렇다. 바로 그거였다.

암은 내게 고통이 어떤 것인지를 가르쳐 주었을 뿐 아니라 고통을 나의 일부로 만들어 주었다. 이제는 알 것 같다. 그것은 죽음의 공포, 끔찍한 치료과정, 몸에 새겨진 흉터, 마음을 짓누르는 우울함과 같은 단순히 고통의 부정적인 측면만이 아니다. 고통의 악몽 뒤에 숨어 있는 축복과 그로 인해 '순금'이 된다는 사실도 깨닫게 되었다. 이 세상에서 전적으로 의지할 수 있는 분은 오직 하나님 한 분이라는 사실도 알았다. 여전히 하나님에 대해 이해하지 못하는 부분이 많이 있긴 하지만 그분이야말로 정말로 신뢰할 수 있는 분이다. 내 짐을 함께 지고 갈 사랑하는 사람들이 많다는 것도 알았다. 인생이 얼마나 짧고 인간이 얼마나 나약한 존재인지를 깨닫고 나니 더더욱 하나님의 뜻에 맞추어 최대한 열심히 살면서 소중하고 가치 있는 삶을 일구어야 한다는 생각이 들었다. 이 세상에는 고통을 통해서만 배울 수 있는 교훈이 있다. 사도 바울이 고린도 교인들에게 배우라고 권면했던 것도 그런 교훈이었다.

"찬송하리로다 그는 우리 주 예수 그리스도의 하나님이시요 자비의 아버지시요 모든 위로의 하나님이시며 우리의 모든 환난 중에서 우리를 위로하사 우리로 하여금 하나님께 받는 위로로써 모든 환난 중에 있는 자들을 능히 위로하게 하시는 이시로다 그리스도의 고난이 우리에게 넘친 것 같이 우리가 받는 위로도 그리스도로 말미암아 넘치는도다 우리가 환난 당하는 것도 너희가 위로와 구원을 받게 하려는 것이요 우리가 위로를 받는 것도 너희가 위로를 받게 하려는 것이니 이 위로가 너희 속에 역사하여 우리가 받는 것 같은 고난을 너희도 견디게 하느니라 너희를 위한 우리의 소망이 견고함은 너희가 고난에 참여하는 자가 된 것 같이 위로에도 그러할 줄을 앎이라" 고린도후서 1:3-7

괴로울 때 주님께 달려가라

암에 걸리거나, 직장을 잃거나, 이혼을 하거나, 자녀가 속을 썩이거나, 우정에 금이 가거나, 어떤 어려움과 위기가 닥치든지 우리에게는 두 가지 선택권이 주어진다. 하나님께 달려가거나 하나님으로부터 멀리 달아나는 것이다. 하나님께 달려간다고 고통이 없어지거나 불가능한 상황이 갑자기 돌변하지는 않는다. 하지만 우리가 겪는 고통이 의미 있는 고통이 된다.

고통의 의미가 언제나 선명하게 보이는 건 아니다. 몇 달, 몇 년, 혹은 수십 년 후에야 하나님이 그때 어떤 목적을 위해 그런 고통과 아픔을 주셨는지 어렴풋이 짐작하는 경우가 흔하다. 악에서 선이 이루어지게 하는 방면에서는 하나님이 단연 으뜸이시다. 내 친구 수잔 힐리스를 보면서도 나는 그 사실을 똑똑히 확인했다.

조지아 주에 있는 애틀랜타 질병관리본부에서 유행병학 전담자로 일하고 있는 수잔 힐리스는 3명의 자녀를 둔 주부였다. 열한 살의 크리스티, 아홉 살의 조니, 두 살의 트레버가 그녀의 세 아이들이었다. 조니의 열 번째 생일을 하루 앞둔 날, 수잔 부부와 아이들은 밖에 나가 신나게 자전거타기를 하고 있었다. 그러다가 조니가 달려오는 차에 치여 그 자리에서 즉사하고 말았다. 수잔 부부는 아들의 어이없는 죽음에 완전히 넋을 잃고 말았다. 사고 다음날 맏딸 크리스티가 수잔에게 이렇게 말했다. "엄마, 우리도 입양을 하면 좋겠어요."

조니를 잃은 슬픔에 정신을 추스르지도 못한 수잔 부부는 아직 조니의 장례식조차 치르지 않은 상황에서 왜 딸이 입양 얘기를 꺼내는지 이해할 수가 없었다. 수잔은 크리스티의 말을 그냥 못 들은 척했지만 크리스티는 완강했다. "엄마, 제 생각에는 하나님이 우리 가족에게 아이를 입양하라고 하시는 것 같아요. 그 문제에 대해 한번 기도해 보세요." 일 년 정도가 지나서 수잔 부부는 크리스티의 말이 옳을지도 모른다는 생각이 들었다. 그들은 갈수록 아이들을 사랑하는 마음이 깊어졌는데, 특히 부모를 잃은 고아들의 딱한 사정이 마음에 걸렸다. 조니의 죽음에 내포된 깊은 뜻을 조금은 알 것도 같았다.

수잔 부부는 모두 스페인어에 능통했으므로 처음에는 남미 출신의 고아들을 입양하려 했으나 상황이 여의치 않았다. 또 다른 입양 단체에서 두 명의 러시아 고아들에 대한 비디오 자료를 보여 주었다. 여덟 살의 아냐와 일곱 살의 알로샤라는 아이들이었다. 수잔 부부는 그 아이들이야말로 하나님이 자기 가정에 보내 주신 아이들이라는 확신이 들었

4_제자리 서! * *109*

다. 그 후 6년간 그들은 아냐와 알로샤 외에도 6명의 러시아 고아들을 입양했고 그 아이들은 모두 밝고 건강하게 잘 자라고 있다. 그렇다. 독자도 이미 눈치 챘겠지만 수잔 부부는 그렇게 해서 지금 현재 10명의 자녀를 키우고 있다.

조니를 잃은 슬픔 때문에 수잔 부부가 다른 아이들에게 마음의 문을 닫아걸었다고 해도 그것을 이해 못할 사람은 아마 없을 것이다. 조니 또래의 아이들만 봐도 부모 마음은 미어지지 않겠는가! 하지만 그들은 자신의 삶과 미래를 하나님의 손에 맡기는 위험한 순종을 선택했다. 고통 중에 하나님으로부터 달아난 것이 아니라 하나님께로 달려갔다. 마음을 열고 집을 열어 자신들처럼 가족 잃은 어린이들을 맞이했다. 어이없는 비극과 같았던 자식의 죽음을 하나님은 선한 결과로 인도하신 것이다. 수잔 부부의 고통은 '순금'을 만들어 냈다. 슬픔의 불길 속에서 탄생한 값진 보물이었다. 다른 어떤 것으로는 그런 값진 것을 만들어 낼 수 없었을 것이다.

이 세상에 슬픔을 좋아할 인간은 없다. 험한 세상에서 비롯된 고통, 무릎 꿇게 만드는 난관, 뺨을 타고 흘러내리는 눈물, 이런 것들을 반길 사람은 하나도 없다. 그러나 이런 일들이 하나님의 뜻 가운데서 일어난다면 불길 속에서 서서히 인격의 변화가 일어난다. 이전에는 자기밖에 모르던 이기주의자가 다른 사람을 섬기는 사람이 되고, 모든 게 완벽해야 직성이 풀리던 완벽주의자가 조금 모자라고 어설퍼도 얼굴에 미소를 지을 줄 아는 사람이 되고, 남을 부려먹어야 속이 시원했던 안하무인이 남의 말을 들을 줄 아는 사람이 되고, 자기주장만 옳다고 우기던 독불장군이 온화하고 융통성 있고 사려 깊은 사람이 된다.

고통과 인연이 깊었던 사람 중의 한 사람이 프랑소와 페늘롱이다. 그는 자신의 신앙으로 인해 오랫동안 오해와 핍박과 추방을 당했다. 하지만 하나님이 그런 고통을 통해서 자신을 더욱 예수님 닮은 사람으로 만드실 것에 대해 한 번도 의심하지 않았다.

"나는 고통이 가져오는 결과에 그저 놀랄 뿐이다. 십자가 없이 우리는 아무것도 아니다. 내 안에서 십자가가 역사할 때에는 신음하며 울부짖지만 십자가의 기간이 끝나고 나면 하나님이 이루신 일에 감탄을 금치 못한다. 물론 십자가를 제대로 지지 못한 내 모습은 부끄럽기 짝이 없다. 내가 했던 어리석은 반응들로부터 많은 것을 배운다."주7)

사도 요한은 우리에게 "세상에서는 너희가 환난을 당하나"요한복음 16:33라고 하신 예수님의 말씀을 상기시켰다. 인생에서 한 가지 분명한 사실이 있다면 그건 환난이 온다는 것이다. 환난의 모양새는 수천수만 가지로 다르겠지만 온다는 것만은 틀림없다. 아무도 피해 갈 수 없다. 아담과 하와가 스스로 신이 되겠다는 선택을 했기 때문에 이 세상은 죄로 물들었고 어느 것 하나 완벽하게 돌아가는 것 없이 모든 인류가 죄의 영향 아래 놓이게 되었다.

우리는 미래에 어떤 일이 일어날지를 걱정하면서 불행이 닥칠 만한 통로를 차단하려고 애쓴다. 한때 나는 어리석은 생각을 한 적이 있다. 하나님께 전적으로 순종하지 말아야 불행한 일이 일어나지 않을 거라고 생각했다. 완전히 순종하고 나면 내 남편과 아이들이 죽을지도 모른다는 두려움이 있었다. 오래 전에 베스 모어Beth Moore 여사가 이런 강의를 했다. 하나님께 순종하기로 결심했을 때 과연 하나님이 무엇을 요구하실지 겁이 나서 완전히 순종을 하지 못하는 경향이 인간 모두에게 있다는 것이다. "불행은 오고 있고 누구나 불행을 겪을 겁니다. 그러나 하나님께 모든 것을 드린 사람은 불행이 올 때 절대 하나님으로부터 멀어지지 않습니다." 고난의 시기에 하나님으로부터 멀어지는 사람은 두려움, 걱정, 혼동, 당황, 외로움을 겪게 되고 고난의 시기에 하나님께로 달려가는 사람은 그분의 위로, 자비, 인도, 힘을 받게 된다고 모어 여사는 강조했다.

두 번의 암 투병은 내가 가졌던 꿈을 산산조각 냈다. 그 꿈은 분명 하나님이 주신 것이었다. 건강상의 문제는 그 자체로도 고통스러웠지만 내가 하나님과 그분의 성품에 대해 과연 무엇을 믿고 있는지를 돌아보게 만들었고, 어떤 상황에서도 흔들리지 않는 믿음을 갖는 게 절실하다는 것을 깨닫게 만들었다. 마치 눈을 감고서 날고 있는 것 같았다. 눈으로 하나님을 볼 수는 없지만 모든 게 하나님의 손에 있었고 하나님은 선한 분이라는 사실만 확신했다.

당신의 삶은 행복할지 모른다. 암이 당신 곁에 얼씬거리지도 않고, 건강이 나빠지지도 않고, 당신이나 당신이 사랑하는 사람이 절규할 만한 비극도 일어나지 않고 모든 게 평탄할지 모른다. 그러나 살다 보면 당신의 꿈을 좌절시키는 '무언가'가 반드시 올 것이다. 당신이 하나님의 선함을 믿는지 아닌지가 시험대에 오를 것이다. 인생의 낙이라곤 눈곱만큼도 찾아볼 수 없는 상황에서 과연 당신은 어떻게 할 것인가? 어느 시점에서는 너무한다고 하면서 하나님을 떠나고 싶을 것이다. 무언가 대단한 사명을 맡기실 것같이 분위기가 무르익다가 순식간에 모든 게 물거품이 되고 "제자리 서!"의 사태가 벌어졌을 때 당신은 어떻게 반응할 것인가? 자, 이 사실을 기억하라. 우리의 신앙은 시험 가운데서 진짜 색깔이 나온다. 당신의 고통을 통해 하나님은 선하시고 신뢰할 만한 분이라는 사실을 깨달을 때에야 다른 사람이 당하는 고통과 어려움에 직면할 수 있도록 당신을 준비시켜 줄 것이다.

순종

당신의 삶을 당신 뜻대로 인도해 달라는 요구를
하나님 앞에 포기할 수 있는가?

"하나님 아버지, 어려움이 올 때 당신으로부터 도망가고 싶은 게 솔직한 저의 심정입니다. 벌어지는 상황이 너무 화나고 절망스러워서 당신이 정말로 선한 하나님인지 의심스럽기도 합니다. 제게는 고통과 어려움을 주지 말라고 주제넘게 요구하는 것을 용서해 주십시오. 조용히 저를 돌아보는 이 시간, 저의 아픈 마음과 아픈 영혼과 아픈 몸을 당신 앞에 드립니다. 당신께로 달려갑니다. 저를 위로해 주옵소서. 더 이상 제 고통을 헛된 고통으로 만들고 싶지 않습니다. 부디 이 불같은 시련의 시간을 사용하셔서 저를 순금으로 단련해 주시고 당신에 대한 사랑을 가로막는 장애물이 태워지게 하옵소서. 오늘부터 믿는 그대로 살게 해주옵소서."

- 지금까지 살면서 "제자리 서!"의 경험을 한 적이 있었는지 생각해 보라. 그때 어떻게 반응했는지를 간략히 적어 보라. 독서 파트너와 함께 그때의 일들을 이야기해 보라.

- 시편 118편 1절을 암송하라. "여호와께 감사하라 그는 선하시며 그의 인자하심이 영원함이로다."

- 홈페이지 www.kaywarren.com을 방문하여 "유방암의 영적인 면"The Spiritual Side of Breast Cancer이라는 주제로 케이 워렌이 한 설교를 들어 보라.

Chapter 5

악을 폭로하라

*
"그들은 악을 행하지 못하면 자지 못하며
사람을 넘어뜨리지 못하면 잠이 오지 아니하며
불의의 떡을 먹으며 강포의 술을 마심이니라"
_ 잠언 4:16-17

*
"악을 대항하는 데 있어 가장 어려운 점은
시작하기가 힘들다는 것이다."
_ 게리 하우젠Gary Haugen

리틀플라워즈 거리는 자동차 한 대가 겨우 빠져나갈 정도로 폭이 비좁았다. 길 한쪽에 늘어서 있는 카페들에서는 서양 남자들이 자그마한 중년의 캄보디아 여인들과 함께 맥주를 마시고 있었다. 자동차가 들어서자 그들은 일제히 대화를 멈추고 자동차를 향해 눈길을 보냈다. 이런 동네에 누가 차를 타고 왔는지 의아한 눈초리였다. 길 맞은편에는 허름한 건물들이 즐비해 있고 건물로 들어가는 입구의 철문들은 굳게 닫혀 있었다. 그 굳게 닫힌 철문 너머에서는 밤마다 어린 소녀들이, 개중에는 다섯 살이나 여섯 살밖에 안 되는 어린 여자 아이들이 저 카페에 앉아 있는 남자들의 성적 노리개가 된다는 사실에 나는 전율하지 않을 수가 없었다. 남자들은 어린 여자 아이를 더 선호한다는 것이다. 변태 성욕의 세계에서는 처녀성을 잃지 않은 어린아이가 제일 값이 비싸다고 한다. 단돈 300달러만 주면 그런 어린아이를 사서 호텔에 데려가 일주일 동안 실컷 성적으로 농락한 뒤에 그 철문 닫힌 매춘굴로 다시 돌려 보낸다고 한다.

　이럴 수가… 악해도 이렇게 악할 수가…!

　죽은 여조카에 대해 이야기하던 존 신부의 얼굴이 고통으로 일그러졌다. 차분하게 말하던 그는 복받치는 눈물을 애써 참느라 이내 목이 메었다. 1994년 르완다 전역을 공포로 몰아넣었던 인종 간의 대량 학살이 백일 동안 일어났다. 그 와중에 존 신부의 여조카는 폭도들에게 강간과 구타를 당했다. 그와 같은 만행도 성에 차지 않았는지 폭도들은 그녀의 팔 피부를 벗겨 내어 팔꿈치까지 힘줄과 인대가 훤히 드러나게 만들었다. 그게 다가 아니었다. 증오와 원한에 이성을 잃은 폭도들은 고통에 차서 비명을 지르는 그녀의 목을 베어 버렸다.

　이럴 수가… 악해도 이렇게 악할 수가…!

　나는 캄보디아 프놈펜 시에 있는 뚜르슬랭 박물관을 찾아갔다. 그곳은 고등학교를 개조해 사람들을 고문하고 살해하는 장소로 사용되었던 곳이다. 심문실과 감옥들을 하나하나 돌아보다가 하얀 해골이 잔뜩 쌓여 있는 유리 상자 앞에서 발길을 멈추었다. 벽에는 고문 끝에 죽거나 처형당한 남자와 여자와 어린이들의 흑백사진이 줄지어 걸려 있었다. 그들을 체포한 크메르루즈군은 사람들을 처형하기 앞서 희생자들의 신상 명세를 기록하는 데 악마 같은 희열을 느꼈는가 보다. 벽에 그려진 커다란 벽화들에는 끔찍한 살해 현장이 생생하게 담겨 있어 그곳을 떠난 이후에도 나의 뇌리를 떠나지 않았다. 그중 한 벽화에는 한 여인이 땅바닥에 쓰러진 채 무자비한 군인으로부터 자기 아이를 떼어 놓기 위해 안간힘을 쓰고 있는 장면이 묘사되어 있었다. 군인은 마치 방망이를 휘두르듯이 어린 아기를 손에 잡고 나무에 냅다 후려쳤다. 당시 군인들의 만행을 촬영한 비디오도 볼 수 있었다. 박물관 안내인은 어린이와 청년들에게 세뇌 교육을 통해 자신의 부모, 친척, 형제, 이웃을 고발하게 만들었다고 설명했다. 가족에 대한 사랑과 헌신을 독재 정권에 대한 맹종과 충성으로 변질시켜 버린 것이다. 수십만 명의 무고한 캄보디아인들이 잔인하게 살육당하고 나라는 완전히 폐허가 되었으며 동족 대량 학살이라는 불명예를 영원히 뒤집어쓰게 되었다.

이럴 수가… 악해도 이렇게 악할 수가…!

2007년의 따뜻한 봄날 아침, 정신적 질환을 앓고 있던 한 남자가 자신이 다니던 버지니아 공대 학생들에게 분노와 좌절과 증오를 표출했다. 무표정한 얼굴로 차분하게 교실로 들어온 그는 동료 학생들을 향해 총기를 난사했다. 무차별적으로 무자비하게 총격을 가했다. 순식간에 15명 이상이 총상을 입었고 33명(27명의 학생들과 5명의 교수와 범인)은 그 자리에서 목숨을 잃었다.

이럴 수가… 악해도 이렇게 악할 수가…!

이 글을 쓰고 있는 지금도 가슴이 떨려 숨쉬기가 곤란할 정도다. 무언가 무거운 돌이 가슴을 짓누르는 것 같고 적절한 표현을 찾는 동안에도 계속 눈물이 앞을 가리고 한숨이 나온다. 나는 거세게 머리를 흔들었다. 머릿속에 떠오르는 끔찍한 장면들을 떨쳐 버리고 싶어서다. 그 이야기들이 전부 꾸며 내었거나 과장된 이야기라면 얼마나 좋을까! 차마 입에 담지 못할 그 만행들이 비정상적이고 희귀한 사건이라면 얼마나 좋을까! 선량하고 진실하고 정이 넘치는 사회에서 완전히 이례적으로 일어난 일이었다면 얼마나 좋을까! 채널만 돌리면 모든 게 사라질 수 있다면 얼마나 좋을까! 영양실조로 배가 튀어나온 어린이들이 화면에 비칠 때마다 매정하게 채널을 돌렸듯이….

그러나 악은 현실 속에 존재한다. 악은 폭로되어야 하고 대항해야 하고 중단되어야 한다.

하나님은 우리가 고통당하는 이를 보고 가슴 아파하기를 바라실 뿐 아니라 고통 뒤에 숨어 있는 죄악도 보기를 원하신다. 지금 이 글을 읽는 독자 중에는 이 장을 건너뛰고 좀 더 긍정적이고 희망적인 내용을 읽고 싶은 사람이 있을 것이다. 앞에서 했던 끔찍한 얘기들을 보고 싶지 않은 마음은 이해가 간다. 현실을 감당하기 힘들 때 인간이 보이는 정신적 반응 중의 하나가 부인이다. 하지만 부인이 오래 지속되거나 습관이 되면 안 된다. 불행하게도 이 세상에는 현실을 부인하고 죄악의 심각성을 부정하려는 풍조가 만연해 있다.

미국인처럼 물자가 풍족한 나라에 사는 사람들은 모든 인류가 배불리 먹고 잘 산다고 착각한다. 물론 미국이라고 문제와 어려움이 없는 것은 아니다. 하지만 차마 눈뜨고 못 볼 악행이 날마다 자행되지는 않는다. 법조계나 사회복지, 교도소 등의 관계 기관에서 일하는 사람이라면 인간의 추악한 단면을 날마다 보고 살겠지만 그 외의 사람들은 하루도 빠짐없이 죄악이 판치는 세상이 있다는 것을 모르거나 의식하지 못한다. 그래서 만행을 목격하면 전혀 대처할 준비가 되어 있지 않다. 충격에 빠지는 것이 고작이다. 어떻게 그런 끔찍한 일이 일어났는지 믿을 수가 없다며 기겁을 한다. 마치 우리는 그런 일을 당하면 안 된다는 식이다.

물론 나도 충격을 받았다. 그러나 앞에서 이야기한 참혹한 일들을 직접 목격했을 때 나는 그다지 놀라지 않았다. 성경은 죄악이 얼마나 인간 세상에 팽배한지를 숨김없이 이야기한다. 아담과 하와로부터 물려받은 인간의 사악함을 생생하고도 적나라하게 묘사하는 구절들을 읽어 보라.

"여호와께서 사람의 죄악이 세상에 가득함과 그의 마음으로 생각하는 모든 계획이 항상 악할 뿐임을 보시고"창세기 6:5

"어리석은 자는 그의 마음에 이르기를 하나님이 없다 하는도다 그들은 부패하고 그 행실이 가증하니 선을 행하는 자가 없도다 여호와께서 하늘에서 인생을 굽어살피사 지각이 있어 하나님을 찾는 자가 있는가 보려 하신즉 다 치우쳐 함께 더러운 자가 되고 선을 행하는 자가 없으니 하나도 없도다"시편 14:1-3

"모든 사람의 결국은 일반이라 이것은 해 아래에서 행해지는 모든 일 중의 악한 것이니 곧 인생의 마음에는 악이 가득하여 그들의 평생에 미친 마음을 품고 있다가 후에는 죽은 자들에게로 돌아가는 것이라"전도서 9:3

"만물보다 거짓되고 심히 부패한 것은 마음이라 누가 능히 이를 알리요마는"예레미야 17:9

우리 6명이 탄 자동차는 캄보디아의 리틀플라워즈 거리를 달리고 있었다. 엘리자베스와 엘리자베스의 아들 피터, 나의 아들 매튜, 새들백교회에 다니는 젊은 부부 한 쌍, 이렇게 6명이 태국과 캄보디아 방문에 동행하게 되어 함께 차를 타고 가는 중이었다. 우리는 거리에서 벌어지는 광경에 아연실색하고 말았다. 충격과 혐오와 분노가 뒤섞여 할 말을 잃고 있었다.

대체 저 어린 소녀들에게 저런 몹쓸 짓을 시키는 인간들이 누구란 말인가? 대체 어떤 미친 여자와 남자들이 작당을 해서 저 어린 애들을 강제로 몸을 팔게 만든 걸까? 아이의 천진난만함과 건강을 짓밟고 저 어린 것들을 성욕의 대상으로 삼으려 외국에서부터 그곳까지 날아온 남자들은 대체 어떤 인간들일까? 머리끝까지 화가 치밀어 오른 나는 정말 당장이라도 그들을 패죽이고 싶었다. 이리떼마냥 기다리고 서 있는 그 사내들을 흠씬 두들겨 패 주고 아예 거세를 시켜서 애들에게 준 고통을 그들도 똑같이 당하게 만들어 놓고 싶었다. 심지어 어느 만화의 주인공처럼 잠긴 철창문을 부수고 매춘굴로 뛰어 들어가 노예처럼 갇혀 있는 어린애들을 풀어주어 가족의 품에 돌려보내는 장면까지 머릿속에 상상하고 있었다.

그러나 과연 내가 무엇을 할 수 있단 말인가? 나는 그저 평범한 한 여자에 불과하지 않은가!

여조카의 참혹한 죽음을 힘들게 이야기하던 존 신부…. 당시 그 얘기를 듣고 있던 나는 솔직히 손으로 귀를 막고서 "랄라라라… 안 들려요, 안 들려!"라며 딴청을 부리고 싶은 마음이 굴뚝같았다. 존 신부의 여조카는 르완다의 대량 학살 때 살해당한 백만 명 중의 한 명일뿐이었다. 그 애의 죽음만 그토록 참혹했던 게 아니라 그 애의 이웃 주민들, 학교 친구들 모두 그렇게 끔찍하게 죽임을 당했다. 르완다에는 대량 학살의 흔적이 지천에 널려 있다. 그중에는 수많은 교회도 포함되어 있다. 군인들을 피해 교회로 피신했던 사람들은 보호자라고 믿었던 사람들이 결국은 배신자였음을 깨달은 채 교회 안에서 살해당했다. 그곳에 가면 아직도 벽돌 벽에 얼룩진 핏자국이 선명하다. 시체들을 대량 매장한 곳에는 시멘트를 덮어 가렸지만 미이라가 된 시체들이 변소, 우물, 피신처 등에서 여전히 발견되고 있다. 천 개의 언덕이 있다는 아름다운 땅 르완다! 그러나 그 아름다운 땅에서 저질러진 만행은 어느 누구도 피해 갈 수 없었다.

캄보디아의 뚜르슬랭 박물관은 우리를 더 깊은 절망과 무력감으로 몰아넣었다. 그건 도저히 이해가 불가능한 악행이었다. 환멸과 충격과 섬뜩함으로 한없이 마음이 무거워진 우리는 차를 타고 다시 호텔로 돌아가는 동안 아무 말도 하지 않았다. 그렇게 참혹한 동족상잔의 비극 앞에서 무슨 말을 할 수 있겠는가? 대체 그곳에서 본 것을 제대로 묘사할 언어나마 찾아낼 수 있을까?

호텔에 들어선 나는 멍하니 로봇처럼 내 방으로 걸어 들어갔다. 아무것도 눈에 들어오지 않았다. 머릿속에는 박물관에서 보았던 끔찍한 장면들이 계속해서 재생되고 있었다. 컴컴한 감방들, 고문 도구들, 해골들, 사진에 찍힌 사형수들의 얼굴들…. 그들의 울부짖음과 비명과 살려 달라는 애원의 목소리가 귓가에 쟁쟁하게 들려오는 듯했다. 그 순간의 소원은 단 하나…, 빨리 그 끔찍한 만행의 현장을 벗어나고 싶다는 것, 그것뿐이었다.

악행은 인간의 마음을 마비시킨다. 마음과 정신이 소화할 수 있는 한계를 벗어나면 완전히 감각을 잃고 만다.

채널 바꾸기

하나님은 우리가 악에 대해 어떻게 반응하길 원하시는가? 한 사람의 힘으로 할 수 있는 일이 정말 아무것도 없단 말인가? 먼저 하나님이 우리에게 하지 말라고 하시는 것부터 이야기하겠다. 외면하거나 부인하거나 그런 일 없는 척하면 안 된다. 생각과 마음을 닫거나 저절로 사라지길 바라서도 안 된다. 하나님은 우리가 악을 묵인하거나 회유하거나 타협하거나 인정하거나 정당화하거나 변명하거나 돌려 말하기를 원치 않으신다. 하나님의 가치관으로 볼 때 이런 행동은 악을 조장하는 것과 조금도 다름없는 나쁜 짓이다.

악惡은 저절로 사라지지 않는다. 시간이 지나면서 더 교활하고 악랄해질 뿐이다. 악은 선善을 조금씩 잠식해 들어간다. 오로지 한 가지 목적, 선을 말살하는 그날이 오기를 고대하며….

우리는 지금 선과 악에 대한 절대개념이 희박해지고 조롱당하고 변질되고 완전히 무시당하는 시대에 살고 있다. 선악의 명확한 개념을 주장하는 사람을 이 세상은 감각론자, 혹은 도덕론자라고 폄하한다. 천체에서 선과 악의 싸움이 진행되고 있다고 얘기하면 어떤 사람들은 아예 코웃음을 친다. 하지만 악과 어둠에 대해 이야기할 때마다 '싸움, 전쟁, 전투, 무기, 승리'라는 단어를 빼면 할 말이 없어진다. 그 외에 어떤 식으로 이야기할 수 있단 말인가? 선과 악이 투쟁한다는 말을 믿지 못하겠다면 지금 당장 신문을 집어 들고 모든 머리기사들을 살펴보라. 좀 더 정확히 알고 싶으면 피비린내가 물씬 풍기는 기사들을 특히 주의 깊게 읽어 보라.

순종에 대한 책 중간에 왜 느닷없이 악에 대해 이야기하느냐며 의아해 할지도 모른다. 어쩌면 이런 생각을 하고 있을 것이다. "하나님이 주신 사명에 순종하는 데 악이 무슨 상관이 있다는 거지?" 지금까지 보았듯이 악의 존재를 깨닫는 것과 그 악에 대항해서 폭로하라는 하나님의 명령을 깨닫는 것은 위험한 순종과 불가분의 연관성을 갖고 있다.

악은 존재한다. 그리고 모든 악의 배후에는 인간이 존재한다. 나는 3부로 상영된 "스타워즈"를 좋아해서 내 아들 매튜와 함께 열 번도 넘게 보았다. 그 영화에서 악은 좋은 것과 나쁜 것을 모두 갖고 있는 에너지 세력의 어두운 측면으로 묘사된다. 그러나 이건 사실이 아니다. 악은 우주 공간에 떠다니는 비인격적 세력이 아니다. 하나님의 자리를 차지하려는 반역적 존재로부터 악은 파생되었다. 성경은 그 존재를 사단, 사악한 존재라고 부른다. 하나님이 사단을 천국에서 내쫓으셨을 때 사단은 인간이 사는 세상을 타락시키려고 천군천사 3분의 1을 데리고 세상에 들어왔다. 그들은 지구에 침입해서 닥치는 대로 파괴하고 '전원 몰살!' 작전을 펼쳤다. 성경은 이와 같은 영적전쟁을 다음과 같이 묘사한다. "우리의 씨름은 혈과 육을 상대하는 것이 아니요 통치자들과 권세들과 이 어둠의 세상 주관자들과 하늘에 있는 악의 영들을 상대함이라"에베소서 6:12.

악은 인격을 가진 존재다. 교활하고, 간사하고, 추악하고, 믿을 수 없을 만치 잔인하고, 악랄하기 이를 데 없다. 인간을 철저히 짓밟아 뭉개고 파괴시킨다. 악은 실제로 존재하기 때문에 반드시 악의 존재를 인식하고 제거해야 한다. 이건 몇 사람만의 의무가 아니라 우리 모두의 의무다.

124

어쩌면 당신은 지금까지 내가 그랬던 것처럼 채널을 돌리는 방법으로 악에 반응했을지도 모른다. 텔레비전에서 방영하는 프로그램이 마음에 안 드는가? 채널을 바꾼다. 뉴스 내용이 우울한가? 채널을 바꾼다. 전쟁, 사상자 얘기에 심기가 불편한가? 채널을 바꾼다. 기아로 해골이 된 아이의 모습을 안쓰러워 볼 수가 없는가? 채널을 바꾼다. 구호단체 홍보가 너무 많은가? 채널을 바꾼다. 자, 그럼 채널을 고정시키는 것은 무언가? 할리우드의 유명한 배우들이 온갖 잡동사니, 팔찌, 보트, 호화 파티 등에 돈을 펑펑 쓴다는 얘기다. 참, 더 재미있는 게 있다. 오락 프로그램! 오늘 밤에는 어떤 공주병 걸린 가수가 나와서 창피를 톡톡히 당하게 될까? 사실 내가 좋아하는 프로그램은 이런 거다. 오렌지 카운티에 사는 여성들 가운데 어떤 주부가 제일 돈을 많이 쓰고, 제일 술을 잘 마시고, 제일 파티를 많이 열고, 제일 실내 장식을 잘하고, 제일 성형수술을 많이 받았을까? 우리를 배꼽 잡게 만드는 오락 프로그램이야말로 무한정 채널 고정이다!

그런데 이건 것들이 과연 알 만한 가치가 있는 걸까? 글쎄….

텔레비전이 만들어 내는 '조잡한' 관심거리에 빠져 진짜 관심을 가져야 할 것은 얼렁뚱땅 넘어가고 있는 게 아닐까? 그렇다고 내 말을 오해하지는 말라. 나 역시 누구 못지않게 텔레비전 시청을 좋아하는 사람이다. 하지만 뭔가 주객이 전도되었다는 생각이 든다. 현실을 의식하지 못하고 현실감각이 무디어져 버리면 악이 이 세상에 괴물처럼 버티고 있다는 사실도 얼마든지 망각하며 살아갈 수 있다. 악을 파헤치지도 않고 대항하지도 않으면 그로 인해 악은 도시, 단체, 문화, 가정의 어두운 구석으로 더 깊숙이 침투해 버린다.

나는 악의 행태를 더 이상 방관하지 않을 것이다. 이 세상에 목숨이 붙어 있는 한 내 안락한 생활에 만족하면서 악이 인간을 파괴하고 망치는 모습을 외면하는 짓은 절대로 하지 않을 것이다. 어린 여자애들이 돈 몇 푼에 팔려서 뭇 사내들로부터 순진하고 여린 몸을 짓밟히는 사태를 가만히 모른 척하지 않을 것이다. 불결하기 짝이 없는 피난민촌에서 하루라도 목숨을 연명하려 갖은 고생을 하고 있는 피난민들을 절대 방관하지 않을 것이다. 날마다 강간과 폭행을 당하는 여인들이 있음을 한시도 잊어버리지 않을 것이다. 수많은 남자와 여자들이 납치를 당하고 짐승취급을 받으며 한낱 노리개가 되어 온갖 모욕을 당하는 사태를 절대 보고만 있지 않을 것이다. 신앙 때문에 가혹한 고문을 당하고 목숨까지 잃는 비극을 절대로 수수방관하지 않을 것이다. 수많은 사람들이 자신의 땅에서 쫓겨나고 사기를 당하고 가진 것을 빼앗기고 억울하게 울부짖는 모습에 절대 눈감지 않을 것이다. 여기에 일 년 365일 벌어지는 악의 종류를 나열하기도 끝이 없을 지경이다.

나는 이제 다시는 채널을 돌리지 않겠다.

위험한 순종을 했다면 당신도 그래야 한다. 하나님은 우리에게 모든 종류의 악을 대항하라고 명령하셨다. 악을 밝은 빛 가운데 드러나게 해서 제거하라고 하셨다. 성경은 다음과 같이 믿는 자들이 처한 현실과 책임을 이야기한다.

"너희는 열매 없는 어둠의 일에 참여하지 말고 도리어 책망하라…그러나 책망을 받는 모든 것은 빛으로 말미암아 드러나나니 드러나는 것마다 빛이니라 그러므로 이르시기를 잠자는 자여 깨어서 죽은 자들 가운

데서 일어나라 그리스도께서 너에게 비추이시리라 하셨느니라"에베소서
5:11, 13-14

큰 바윗돌을 들추면 그 밑에서는 으레 징그러운 벌레들이 꿈틀거린
다. 햇볕을 쪼이는 순간 그런 벌레들은 걸음아 날 살려라 달아나서 다
른 바위 밑으로 쏙 들어가 버린다. 우리가 이 세상에서 해야 할 일도 그
와 비슷하다. 어둠의 일들이 하나님의 공의와 거룩함의 빛으로 드러나
게 해야 한다. 물론 악을 행하던 자들의 일부는 꼼짝없이 붙잡히겠지만
개중에는 교활하게 자신의 악행을 숨기고 위장하는 자들도 있을 것이
다. 다만 우리가 할 일은 어둠이 발견될 때마다 최선을 다해서 몰아내
는 일이다.

어둠 몰아내기

J. R. R. 톨킨이 지은 『반지의 제왕』Lord of the Rings은 선과 악의 충돌
을 웅장한 스케일로 그려 내고 있다. '왕의 귀환' 편에 보면 용감한 호
빗, 엘프족, 난쟁이, 인간들이 사우론과 그 악당들에 맞서서 용감히 싸
우는 이야기가 나온다. 그들의 싸움은 하나하나가 전부 어둠을 몰아내
려는 노력의 일환이다. 싸움을 포기하면 자신들의 생명뿐 아니라 모든
사람들의 생명이 위태롭게 된다는 것을 잘 알기 때문이다.

우리 대부분은 그렇게까지 거창하게 선전포고를 하지 않는다. 악이
그다지 나쁘지 않다며 두루뭉술 합리화한다. 자신이 직접 악행의 대상

이 되지 않는 한, 또는 악과의 전쟁에서 무단 탈영병이 되지 않겠다고 결심하지 않는 한 악을 심각하게 생각하지 않는다. 무감각이 빚어낸 우리 사회의 비극이다.

내가 가장 존경하는 영웅들은 거의 다 악과 맞서서 어둠을 몰아내기 위해 최선을 다했던 사람들이었다. 그중 몇 사람을 간략하게나마 소개하고 싶다.

- 국제정의선교회International Justice Mission에서 일하는 게리 하우젠은 내게 많은 것을 가르쳐 준 존경스러운 사람이다. 게리 하우젠은 국제연합United Nations 대표 중의 한 사람으로서 1994년에 벌어진 르완다의 대량 학살 사태를 조사했고 현재는 국제정의선교회를 이끌며 각 나라들이 노예, 어린이 매춘, 토지 횡령, 부당 투옥 등에 대해 자체 법률을 제정하도록 도움을 주고 있다. 변호사로서의 경력을 살려 인권 회복에 주력하는 것이다.

- WMFWord Made Flesh 선교회 소속 베스 워터만 선교사와 동료들은 인도의 캘커타와 첸나이 지역에 사는 매춘부들을 대상으로 사역하면서 그들이 매춘의 어두운 그늘에서 벗어나 의미 있는 삶을 살도록 돕고 있다. 삶의 희망이 거의 없는 매춘부들 속에서 열심히 일하는 워터만 선교사의 모습은 값진 희생정신의 본보기라는 생각이 들었다.

- 르완다의 키갈리에서 목회하는 스트라톤 가타하 목사는 교인 중에 에이즈에 감염된 사람들을 돌보아 주며 에이즈나 대량 학살로 인해 고아가 된 아이들을 입양해서 키우고 있다. 가타하 목사 부부는 고아들을 돌보라는 성경말씀에 순종한 대표적인 사람들이다. 부자도 아

니고 안락한 생활도 아니지만 하나님께 대한 순종이 그들에게 기쁨의 근원이다.

• 다니엘과 캐서린 해머 부부는 아프리카 여행에 대한 꿈을 이루면서 하나님이 그들에게 의외의 계획을 갖고 계심을 깨닫게 되었다. 케냐의 키탈레에서 데릭이라는 다섯 살배기 떠돌이 소년을 만나게 되었는데 해머 부부는 첫눈에 데릭이 마음에 들었다고 한다. 마침내 그들은 데릭을 입양했을 뿐 아니라 데릭의 남동생 레기와 또 한 명의 떠돌이 소년도 입양했다. 도시 길거리를 배회하며 살아가는 수많은 아이들에 대해 이야기할 때 해머 부부의 표정은 진지하기 그지없었다. 그 불쌍한 아이들이 정상적인 삶으로 돌아갈 때까지 그들의 노력은 계속될 것이다.

• 헤더와 스코트 레인즈 부부는 세 명의 아이들을 입양했다. 각기 다른 세 개의 나라에서 정말 도움이 필요한 아이들을 입양한 것이다. 아이들은 끊임없이 병원 치료를 받아야 하는 상당히 병약한 상태지만 세 아이들을 내게 소개하는 헤더의 얼굴에서는 해맑은 미소가 번졌다. 친자식마냥 사랑하는 모습에 나도 가슴이 뭉클했다. 레인즈 부부의 따스한 품이 어둠을 몰아내고 있는 것이다.

• 상원의원 샘 브라운백과 월드 비전 같은 구호단체들이 어린이 권익 보호에 나서는 모습은 참으로 감동적이었다. 그들은 미국 시민이 다른 나라에 가서 저지른 성범죄에 대해서도 국내 처벌이 가능하도록 법률 개정에 큰 영향력을 행사했다. 특히 어린이들을 상대로 한 성범죄는 악질의 죄에 해당하기 때문에 마땅히 처벌을 받아야 한다. 그 동안 해외에서 성범죄를 저지른 사람들은 고국에 돌아와 처벌당할 위

험이 없었으나 브라운백 상원의원과 월드 비전의 공동 노력으로 이제는 그런 범죄자들이 법의 처벌을 피할 수 없게 되었다.

• 나는 텍사스 쉘비빌의 시골 지역에 있는 베네트 침례교회 교인들의 헌신적인 모습에 감탄을 금하지 못했다. 약 2백여 명의 교인이 모이는 작은 교회지만 스물여섯 가정이 양육봉사를 통해 무려 70명의 아이들을 입양했다고 한다. 그중에는 신체적이나 정서적으로 문제를 안고 있는 아이들도 많았다. 그렇다고 입양한 교인들이 대단한 부자라거나 입양이 멋져 보여서 따라한 게 아니었다. 세 명의 지체부자유 고아들을 자신의 자식으로 입양하여 몸소 본을 보여 준 마틴 목사 부부는 단지 고아를 돌보라는 성경의 가르침을 따랐을 뿐이라며 다른 사람들도 버려진 아이들에 더 관심을 가져 주면 좋겠다고 이야기했다. 텍사스 시골의 작은 마을 쉘비빌이 어둠을 몰아낼 수 있다면 우리도 얼마든지 가능한 일 아니겠는가!

위에 언급한 사람들, 단체들, 지역교회들은 모두가 어둠을 몰아내는 일에 일조하고 있었다. 방관하지 않고 악의 존재를 인식하면서 자신이 할 수 있는 일에 최선을 다하고 있었다. 그들은 악을 폭로하고 정면으로 맞서서 근절시키는 일에 앞장섰다.

독자들이여, 나쁜 소식이 있다. 이 세상은 흉측한 악으로 만연되어 있다는 사실이다. 당신도 포위망 속에 들어 있다. 악이 당신을 잡으려 할 것이다. 하지만 그 말에 겁먹지 말라. 사단과 마귀들이 장악하고 있는 이 세상을 살아가는 사람들의 당면한 현실일 뿐이다.

반면에 좋은 소식이 있다. 악은 반드시 패배한다는 사실이다. 그들이 골목 전쟁에서는 승리를 거둘지 몰라도 진짜 전쟁에서는 이기지 못한다. 언젠가 하나님이 지구상의 모든 악을 완전히 종식시키실 날이 올 것이다. 그와 함께 사람들의 마음에 남아 있는 어둠을 빛으로 바꾸어 주실 것이다. 예수 그리스도와의 인격적 관계를 통해 마음이 변화될 것이고 하나님의 권위에만 절대적으로 순종하는 사람들이 될 것이다. 즉 새로운 나라의 시민이 되는 것이다. 그 나라는 이 세상의 어느 나라보다 더 크고 더 좋고 더 오래 지속되는 나라다. 그 나라의 시민권을 가진 사람들은 세상에서의 민족적 갈등과 분열, 세상에서의 충정과 인맥을 초월하여 영구적인 나라에 속할 것이다.

성경은 이렇게 말한다.

"그러나 너희는 택하신 족속이요 왕 같은 제사장들이요 거룩한 나라요 그의 소유가 된 백성이니 이는 너희를 어두운 데서 불러 내어 그의 기이한 빛에 들어가게 하신 이의 아름다운 덕을 선포하게 하려 하심이라"베드로전서 2:9

"그러나 우리의 시민권은 하늘에 있는지라 거기로부터 구원하는 자 곧 주 예수 그리스도를 기다리노니"빌립보서 3:20

하늘의 시민권자인 우리는 하나님의 권능을 사용하여 어둠을 폭로하고 힘을 합해 대항하고 어둠의 침입을 저지할 책임이 있다. 우리의 힘과 능력이 어디에서 나오는지, 위험률이 얼마나 높은지를 성경은 이렇게 밝히고 있다.

"우리가 주를 의지하여 우리 대적을 누르고 우리를 치러 일어나는 자를 주의 이름으로 밟으리이다 나는 내 활을 의지하지 아니할 것이라 내 칼이 나를 구원하지 못하리이다 오직 주께서 우리를 우리 원수들에게서 구원하시고 우리를 미워하는 자로 수치를 당하게 하셨나이다"시편 44:5-7

"우리는 사람을 대항하여 싸우는 것이 아니라 하늘과 이 어두운 세상을 지배하고 있는 악한 영들인 마귀들을 대항하여 싸우고 있습니다."에베소서 6:12, 현대인의성경

어둠의 무기들, 특히 눈에 보이는 무기들로 인해 인간은 타락한다. 불의, 가난, 질병, 잔혹성, 고문, 성폭력, 인신매매, 사교邪敎, 절도, 간음, 살인, 사기, 부정부패, 권력남용, 부당투옥 등이 바로 눈에 보이는 어둠의 무기들이다. 그런 눈에 보이는 악의 배후에는 보이지 않는 악의 세력이 숨어 있다. 두려움, 탐욕, 교만, 간사, 증오 등 온갖 비뚤어진 성품이 도사린다는 얘기다.

우리는 대부분 평범한 시민들이다. 슈퍼맨이 되겠다는 환상은 접은 지 오래인 보통의 성인들이다. 악에 대항할 정도의 대단한 인물들도 아니다. 그러나 우리는 하나님의 능력을 받을 수 있는 사람들이고 하나님이 우리에게 이 세상의 것이 아닌 하늘의 병기를 주신다고 성경에 약속하셨다. 즉 악이 제 아무리 위협적으로 보여도 믿는 성도들은 담대히 맞설 수 있다는 얘기다. 어떻게 그게 가능할까? 방법은 하나님이 주시는 무기들을 사용하면 된다.

그 무기들을 성경은 이렇게 설명한다.

132

"우리가 육신으로 행하나 육신에 따라 싸우지 아니하노니 우리의 싸우는 무기는 육신에 속한 것이 아니요 오직 어떤 견고한 진도 무너뜨리는 하나님의 능력이라 모든 이론을 무너뜨리며 하나님 아는 것을 대적하여 높아진 것을 다 무너뜨리고 모든 생각을 사로잡아 그리스도에게 복종하게 하니"고린도후서 10:3-5

지금까지 우리가 이야기한 하나님은 그분 자체로 선하신 분이다. 그러므로 하나님을 사랑하고 믿는 사람들에게서도 그분과 같은 선함이 자연스럽게 흘러나와야 한다. 성령이 우리의 성품과 행동을 주관하시면 우리 안에 하나님을 닮은 인격이 형성된다. 사도 바울도 이렇게 말했다. "오직 성령의 열매는 사랑과 희락과 화평과 오래 참음과 자비와 양선과 충성과 온유와 절제니 이같은 것을 금지할 법이 없느니라"갈라디아서 5:22-23.

예수님은 자신을 따르는 자들에게 높은 수준의 도덕성을 요구하셨다. "오직 너희는 원수를 사랑하고 선대하며 아무 것도 바라지 말고 꾸어 주라 그리하면 너희 상이 클 것이요 또 지극히 높으신 이의 아들이 되리니 그는 은혜를 모르는 자와 악한 자에게도 인자하시니라"누가복음 6:35.

악에 맞서는 하나님식 대응 방법에 유의하라. 그 방법은 인간의 상식을 빗나가도 한참 빗나간다. 우리는 악의 흉기들을 가지고 어둠을 물리치는 게 아니라 하늘의 병기들을 갖고 물리쳐야 한다. 진리, 정의, 거룩, 존엄, 명예, 신뢰, 정절, 정직, 믿음, 소망, 겸손, 희생, 봉사, 기쁨, 온유, 절제, 자비, 긍휼, 사랑이 하늘의 병기다. 악에는 악으로 대항하고픈 충동이 인지상정이지만 그렇게 하면 선과 악의 경계선이 모호해진다. 예를 들어 캄보디아에서 여자아이들을 성적으로 농락하는 남자들을 보면 저들의 성기를 거세해 버리고 싶다는 생각이 든다. 그들의 변태적인 짓을 벌주기 위해 포악한 방법으로 반병신을 만들어 놓고 싶다. 그런 사내들은 경찰에 붙잡혀 조사를 받고 법의 심판을 받아 감옥으로 보내야 마땅하다. 불의에는 징벌이 따라야 하지 않겠는가! 하지만 나의 감정적 복수심은 절대 하나님의 방법이 아니다. 지금까지 이 책에 언급된 온갖 악랄한 행태를 읽으면서 당신이나 혹은 당신이 아는 누군가가 당했던 사건이 새삼스레 기억에 떠올라 소름이 끼치고 치가 떨리고 당장이라도 달려가서 그들을 패 주고 싶을지도 모르겠다. 하지만 잘못하면 당신 자신이 그들과 똑같은 짓을 하고 마는 결과를 낳을 수 있다(다음 장에서 이 부분에 대해 더 자세히 다루겠다). 화나는 게 당연하기는 하지만 그런 감정을 하나님께 맡기고 "악에게 지지 말고 선으로 악을 이기라"로마서 12:21는 말씀을 따르기 바란다.

우리가 악을 무찌르는 가장 위력적인 무기는 예수 그리스도의 이름으로 선을 행하는 것이다.

순종

채널 바꾸기를 그만두고
이 세상의 악을 방관하지 않기로 다짐하겠는가?

"하나님 아버지, 저는 채널 바꾸기의 선수였음을 고백합니다. 어둠을 물리치기는커녕 어둠을 회피하며 상처받은 사람들의 고통을 공감하거나 느끼지 않으려고 애썼습니다. 그 동안 저는 비현실적인 세계 속에서 살아왔습니다. 제가 더 이상 악을 수수방관하지 않도록 도와주시옵소서. 제 눈을 여시어 악을 보게 하시고 제 귀를 여시어 악에 짓눌린 자들의 부르짖음을 듣게 하시고 제 입을 여시어 말 못하고 당하는 자들의 목소리가 되게 하소서. 오늘부터 저는 악을 선으로 이기기 위해 노력하겠습니다. 어디에서부터 시작해야 할지 알게 하옵소서."

첫
걸음

- 당신을 가장 분노하게 만드는 악행들을 종이에 적어 보라. 독서 파트너와 함께 그에 대해 이야기해 보라.

- 부록 1에 소개한 홈페이지를 방문하여 다른 사람들은 어떻게 악과 대항하여 싸우고 있는지 알아보라.

- 홈페이지 www.kaywarren.com을 방문하여 릭 워렌 목사의 "악을 다루는 법"Dealing with Evil이라는 설교를 들어 보라.

Chapter 6

거울은 거짓말하지 않는다

"그 무엇보다도 거짓되고 부패한 것은 사람의 마음이다.
누가 그런 마음을 알 수 있겠는가?"
_ 예레미야 17:9, 현대인의성경

"피를 흘린 곳에만 악이 있는 게 아니다.
악은 자기도취에 빠진 자의 마음속에 있다."
_ 라비 재커라이어스, 『악에서 구하옵시고』 *Deliver Us from Evil*

나는 1994년 르완다에서 벌어진 인종 학살에 대한 이야기들을 들었다. 100일에 걸쳐 약 100만 명의 르완다 사람들이 동족의 손에 참혹하게 살육당했다고 한다. 1970년대 캄보디아에서 행해졌던 킬링필드의 복사판이었다. 내가 키갈리 공항의 자그마한 청사에 도착했을 때 르완다 사람들의 눈빛만 보아도 그들이 11년 전 대량 학살에 가담한 사람들인지 아닌지를 단박에 알아챌 수 있으리라고 생각했다. 몇 마디 얘기만 걸어 보아도 과거의 범죄행위가 짐작될 것이라고 믿었다. 남편과 아내와 자녀와 이모와 삼촌과 이웃과 교인들을 배신한 사람들은 어디가 달라도 다르지 않겠는가? 가해자와 피해자를 알아보는 게 뭐가 어려울까?

하지만 그건 너무 순진한 생각이었다.

내 예상과 달리 겉모습만 보고는 도무지 판단이 서지 않았다. 후투족과 투치족 사람들을 모두 만나 봤지만 자기 입으로 사실을 털어놓기 전에는 누가 가해자이고 누가 피해자인지 구별하기가 불가능했다. 그래서 더 불안하고 겁이 났다. "내가 지금 살인마하고 앉아 있는 것은 아닐까?"라는 생각이 들어서였다.

한 지방에 갔을 때는 시청에 근무하는 임직원을 만났는데 양복을 말끔하게 차려입은 인상이 서글서글한 남자였다. 그는 우리 일행을 열렬히 환영하면서 햇볕을 가려 주는 차양 밑에 아주 근사한 음식까지 차려 놓고 우리에게 공식 환대를 베풀어 주었다. 그런데 점차 대화가 무르익으면서 그는 진지한 음성으로 우리 부부에게 자신이 1994년의 인종 학살에 관여했다고 털어놓았다. 자기가 무슨 일을 했는지는 정확히 밝히지 않은 채 그저 대단한 일은 아니었다고만 얼버무렸다. 보통 그런 일에는 가혹한 처벌을 받아야 당연했지만 당시에는 그저 과욕이 부른 잘못쯤으로 간주되어 그에게는 관대한 사면이 내려졌고 다시 한 번 출세의 기회가 주어졌다. 그의 이야기를 듣노라니 나는 직감적으로 뭔가 섬뜩한 것이 느껴져 더 이상 그와 얘기조차 하고 싶지 않았다. 그가 저지른 범죄는 어느 정도였을까? 어떻게 저렇게 멀쩡해 보이는 사람이 그런 끔찍한 만행에 가담했을까?

아무리 보아도 도저히 '괴물'처럼 보이지는 않았다.

그 후 며칠간 우리 부부는 르완다의 북부, 동부, 서부, 남부를 차례로 방문했다. 목회자 가정에 초대되어 식사도 함께 하고 각계각층의 사람들을 만났다. 정부 각료들, 사업가들, 빈민들, 소위 '잘나가는' 사람들, 병에 걸린 사람들과 입원환자들, 건강하고 부지런히 일하는 사람들…. 그들은 전혀 괴물처럼 보이지 않았고 괴물처럼 행동하지도 않았다. 나처럼 아주 평범한 사람들이었다. 나는 르완다 사람들이 모두 정상인처럼 보인다는 사실이 믿기지 않았다. 그들은 하루하루 장사하고 일하고 농사짓고 아이들 키우고…, 하나도 별다를 게 없는 삶을 살아가고 있었다.

얼마 후에야 조금씩 깨달아지는 게 있었다. 르완다에는 (사실 어느 나라에도) 괴물은 없었다. 고문하고 강간하고 죽이기를 밥 먹듯 하는 그런 특이한 인간 집단은 이 세상 어디에도 존재하지 않는다. 모든 사람들은 다 나같이 평범하다. 다만 증오와 집단행동에 사로잡혀 일정 기간 악에게 마음을 정복당한 사람들이 있을 뿐이다. 그 사실을 깨닫고 나자 한층 더 마음이 무거워졌다. 나 역시 그런 최악의 상태에 처해서 악이 내 마음을 장악하도록 허락한다면 어떤 만행을 저지를지 알 수 없다는 얘기나 마찬가지가 아닌가! 생각하기조차 싫지만 어쩔 수 없는 사실이었다.

하나님은 2002년 봄 내게 주셨던 폴라로이드 사진에 계속해서 더 뚜렷한 형태와 색깔을 입혀 주셨다. 앞으로 남은 생애는 에이즈 환자들을 돕는 것이 사명의 일부임이 확실해졌고 에이즈 실태를 파악하기 위해 아프리카와 아시아 지역을 순회했다. 두 차례에 걸친 암과의 사투로 내 믿음은 뿌리째 흔들렸지만 그로 인해 믿음이 강화되기도 했다. 나는 우리 새들백교회에서부터 에이즈 사역HIV/AIDS Initiative을 만들어 사역자들을 훈련하고 지도했다. 우리가 사는 지역을 포함해 전 세계의 에이즈 감염환자들을 돌보기 위한 사역이었다. 또한 '글로벌 피스 플랜' Global PEACE Plan이라는 사역도 막을 올렸다. 그러던 중 우리 부부는 당시 르완다의 폴 카가메 대통령으로부터 정식 방문 초청을 받게 되었다.

르완다로 떠나기 전, 나는 '르완다 학살'에 관한 책들을 섭렵하고 그에 대한 몇 편의 영화를 보았다. 1994년 르완다에서 무슨 일이 벌어졌는지를 알아보기 위해 구할 수 있는 모든 자료들을 구해 보았다. 알면 알수록 그때 행해진 끔찍한 만행에 치가 떨리고 분노가 치솟았다. 이미 캄보디아에서도 대량 학살의 파장을 감지했기 때문에 이번에 르완다에 가면 누구든 살육에 참여한 사람들의 악행을 폭로하고 싶었다. 힘없는 약자들을 대상으로 짐승만도 못한 짓을 저지른 사람들에게 그 대가를 톡톡히 치르게 해주고 싶었다. 옳고 그름을 가려서 피 흘린 흉악범들을 낱낱이 잡아내고 그 죗값을 단단히 치르게 하자는 정의심이 불타올랐다. 한마디로 나는 자칭 의분에 불타는 '정의의 사도'였다.

내 안에 숨겨진 악

그러나 자칭 '정의의 사도'에게 문제가 하나 있었다. 나 역시 흉악범 목록에 들어가야 한다는 사실이었다. 나는 흉악한 괴물을 찾고 있어가. 그러나 내가 발견한 것은 내 자신 속에 들어 있는 포악성과 범죄 가능성이었다. 르완다와 캄보디아 사람들에게만 양심의 거울을 들이대기 바빠서 정작 내 자신에게는 양심의 거울을 들이대지 않고 있었다.

  양심의 거울은 거짓말을 하지 않는다.

  성경말씀도 그렇다. 악이 인간 세상에 들어왔고 다른 사람뿐 아니라 나와 당신 안에도 악이 존재한다고 성경은 말한다. 악은 저기 바깥세상에도 있고, 여기 내 마음속에도 있다. 그리고 그 악은 문제를 야기한다. 성경은 우리 모두의 마음속에 악이 도사리고 있으며 그 악의 실체가 어떠한지를 여과 없이 보여 준다.

"모든 사람이 죄를 범하였으매 하나님의 영광에 이르지 못하더니"로마서
3:23

"그러므로 내가 한 법을 깨달았노니 곧 선을 행하기 원하는 나에게 악이
함께 있는 것이로다"로마서 7:21

"너희는 욕심을 내어도 얻지 못하여 살인하며 시기하여도 능히 취하지
못하므로 다투고 싸우는도다 너희가 얻지 못함은 구하지 아니하기 때문
이요"야고보서 4:2

"오직 각 사람이 시험을 받는 것은 자기 욕심에 끌려 미혹됨이니 욕심이
잉태한즉 죄를 낳고 죄가 장성한즉 사망을 낳느니라"야고보서 1:14-15

위에서 인용한 성경구절이 묘사하는 인간은 바로 이런 자들이다. 악
한 꾀로 가득한 자, 살인자, 질투에 눈이 어두운 자, 싸우고 다투는 자,
덫에 걸리고 넘어지는 자, 허황된 자만심에 차 있는 자, 죄에 갇힌 자,
욕심에 끌려 다니는 자, 악행 하는 자….

나도 그렇지만 이 글을 읽는 독자들 역시 자기 자신을 이런 식으로
생각하는 사람은 분명 없을 것이다. 다른 사람 얘기지 자기 얘기는 아
니라고 생각할 것이다. 만일에 내가 폴포트킬링필드 학살을 주도한 캄보디아의
군벌-역주, 히틀러, 스탈린, 제프리 다머미국의 악명 높은 연쇄 살인범-역주, 후

세인, 캄보디아와 르완다에서 대량 학살을 감행한 시민들과 당신을 동일한 범주에 넣는다면 당신은 상당히 기분이 나쁠 것이다.

범죄 가능성을 갖고 있는 것과 실제 범죄를 저지르는 것이 천지 차이임을 모르는 바는 아니다. 하지만 우리는 너무 쉽게 자신을 과대평가하는 버릇이 있다. 나는 절대로 그런 나쁜 짓을 하지 않는다며 자신을 다른 사람보다 우월하게 여기는 것은 자신의 악한 성향을 부인하는 것이나 마찬가지다. 그러나 진실은 가혹하다. 상황에 따라서 우리는 어떤 짓도 할 수 있는 인간이다.

헨리 나우웬은 이렇게 말했다.

"사랑이란 내 잔을 비우고 다른 사람이 가까이 오도록 허락한다는 의미다. 즉 다른 사람과 마음을 나누지 못하게 하는 수많은 장애물을 제거한다는 의미다. 사랑하게 되면 어떤 인간적인 것도 낯설지 않게 된다. 미움과 사랑, 잔인함과 동정심, 두려움과 기쁨, 모두가 우리 마음속에 있음을 발견하는 것이다. 다른 사람이 살인했다면 나도 살인할 수 있다. 다른 사람이 고문했다면 나도 똑같은 짓을 할 수 있다. 다른 사람이 도움을 베풀었다면 나도 그럴 수 있다. 다른 사람이 목숨을 희생했다면 나도 그렇게 희생할 수 있다. 결국 우리는 죽이는 군인이 될 수도, 괴롭히는 간수가 될 수도, 영원히 살 것처럼 노는 데 정신 팔린 젊은이가 될 수도, 죽음이 두려워 전전긍긍하는 노인이 될 수도 있는 것이다."주8)

정책, 자선사업, 경제 발전 등은 작은 어려움이 와도 흔들리고 주저앉을 허약한 대처 기반이다. 인류를 인간답게 만들기에는 역부족이다.

인간이 인간다워지기 위해서는 한 가지 사실을 명심해야 한다. 즉 모두가 똑같다는 것이다. 상처받고 아파하는 사람들에게 하나님의 사랑을 전하기에 앞서 자신의 상처를 부인하는 교묘한 착각부터 버려야 한다. 우리는 모두 패역한 자들이고 스스로 구제불능인 자들이다. 자신의 패역함과 악행의 가능성을 인정한 다음에야 죄를 범한 사람들에게 분노 대신 동정심을 갖고 다가설 수 있다.

그러면 이렇게 묻는 사람이 있을 것이다. "내 안에 있는 악의 가능성부터 신경 써야 할 이유가 뭐죠? 내 안에 뭐가 잘못되었든 상관없이 그냥 다른 사람들을 돌보고 섬기면 되는 거 아닌가요?" 이건 매우 중요한 질문이다.

우리가 하나님의 말씀이라는 거울에 자신을 비추어 보고 자기 자신에 대해 정확한 그림을 갖고 섬기지 않는 한, 다른 사람에게 도움을 주는 게 아니라 오히려 해를 끼칠 수가 있다. 우리 자신을 다른 사람과 비교해서 더 낫고 더 똑똑하고 더 교양 있고 더 양심적이고 더 괜찮은 사람이라고 생각하거나 남보다 잘못하는 것도 적고 못된 짓도 안하고 폭력적이지도 않고 피해를 주지도 않는다고 생각하면 곤란하다. 자신도 악을 행할 가능성에 있어 다른 사람과 하나도 다를 바 없음을 인식해야 한다. 그렇지 않으면 우리는 교만한 자리에서 섬기는 사람이 된다. 죄에 걸려 넘어진 사람으로서 긍휼의 마음으로 섬기는 게 아니라 우월의식에서 자신의 숭고한 희생정신을 자화자찬하며 섬기게 된다. 진심을 주기보다 자만을 전하는 셈이다.

개중에는 자신의 잘못과 결점과 실패를 여간해서 인정하지 않으려는 사람들이 있다. 그런 사람들은 잘못을 다른 사람 탓으로 떠넘기거나 축소해 버리거나 교묘히 부인하거나 변명으로 일관한다. 이론적으로 죄를 논하거나 자기가 이미 정복했다고 믿는 죄만 고백하는 사람들도 있다. 그러나 죄는 죄다. 현재 우리를 궁지로 몰아가려고 위협하는 구체적이고 현실적인 죄를 다루어야 한다.

장벽을 무너뜨리다

나는 죄를 부인하는 사람들을 혐오한다. 그래서 죄를 부인하는 내 자신을 보면 더욱 혐오스럽다. 좀 더 솔직하고 진실한 사람이 되려고 노력은 하지만 그래도 실패할 때가 더 많다. 예전의 못된 습관이 발동해서 내 죄는 안 보고 남편의 죄만 보거나 내가 섬기려는 사람들의 죄를 들추어내기에 급급하다. 내 자신의 죄와 약점과 실패를 인정하는 것은 다른 사람과 나 사이에 막혀 있는 장애물을 제거해 준다.

　어린 시절, 나는 우리 교회에 다니는 남자로부터 성희롱을 당한 적이 있다. 우리 교회는 나의 아버지가 목회하는 작은 침례교회였는데 어릴 적에는 교인이면 다 좋은 사람이라고 생각했다. 그런데 한 십대 남자아이에게 은밀한 문제가 하나 있었다. 자기보다 나이 어린 여자아이 여러 명을 성적으로 농락한 것이다. 어느 날 그는 이웃집 아이들에게 같은 짓을 하다가 경찰에 붙잡혀 캘리포니아 청소년 교도소에서 몇 년간 수감 생활을 했다. 하지만 어린 시절 내가 받은 상처는 어른으로 성장해 가는 과정에서 여전히 문제로 남았다. 어느 누구에게도 그 사실을 말하지 않았기에 아버지는 내가 그 남자아이로부터 성희롱을 당했다는 사실조차 알지 못했다. 당시 나는 어렸기 때문에 그 남자아이가 교도소에서 출감한 뒤 아버지가 그 아이를 여러모로 도와주려 했다는 사실도 눈치 채지 못했다. 몇 년이 지난 어느 날, 작심을 하고 부모님한테 그 남자아이가 내게 얼마나 깊은 상처를 입혔는지 털어놓았다. 부모님이 받은 충격과 상심은 이루 말할 수 없었다. 더욱이 예전에 아버지가 내 사정도 모른 채 그 아이를 도와주려 했다는 것까지 마음에 걸려 부모님은 더 큰 심적 고통을 겪으셨다.

성적인 피해는 쉽게 이해되거나 해답을 찾을 수 없는 매우 복잡한 문제다. 피해 당시 왜 내가 그 얘기를 아무에게도 말하지 않았는지 지금 생각해도 모를 일이다. 나는 어떡하든 그때 일을 머릿속에서 지워버리려 애를 썼다. 하지만 그때의 상처는 나의 성적性的 발달에 장애를 가져왔다. 무엇이든 성性과 연관된 것이면 병적인 호기심을 느끼거나 거부감을 느끼는 극단적 반응을 보였고, 아버지의 서재에 있는 결혼에 관한 책들에 유독 눈독을 들였다. 아버지는 마스터즈와 존슨이 공저한 『인간의 성반응』Human Sexual Response, 호문사이라는 1966년도 초판본을 소장하고 계셨다. 기회가 생길 때마다 나는 그 책을 몰래 꺼내서 각 장의 내용을 샅샅이 읽어 보곤 했다.

성적 피해의 영향력은 청소년기에 들어서도 지속되었다. 무분별한 행동으로 유혹에 걸려들고 그 결과로 인해 죄책감에 시달리기를 반복했다. 이웃집에 가서 아이들을 봐주는 날은 집에서 못 보는 음란 서적을 볼 수 있는 절호의 기회였다. 아는 언니들과 성적인 호기심을 채우는 일은 한동안 내 삶의 일부가 되기도 했다. 그러는 중에도 내 안의 '착한 케이'는 하나님을 열렬히 사랑했고 의미 있는 삶을 살고 싶어

146

했다. 그러나 내 안의 '못된 케이'는 죄의 고리를 어떻게 끊어야 할지 알지 못한 채 이중적인 인간으로 전락하고 있었다. 스스로는 신앙심이 깊고 헌신적이며 썩 괜찮은 아이라고 자위했지만 한편에서는 수치스런 행동을 일삼는 또 다른 내 모습을 어떻게 해야 할지 난감했다. 그런 내 모습을 아예 무시했고 심지어 증오하기까지 했다. 성에 대한 비뚤어진 태도가 어릴 때 당한 성희롱과 연관이 있다는 생각은 한 번도 해본 적이 없었다.

그러한 이중적인 모습이 나의 정서와 신앙에 얼마나 큰 영향을 미쳤을지는 짐작하고도 남을 것이다. 남편과 결혼을 약속한 당시 나는 깊은 혼란에 빠져 있었다. 어느 날 저녁, 지나가는 말처럼 내가 과거에 성희롱을 당한 적이 있다고 털어놓기는 했지만 그저 무덤덤했고 눈물 한 방울 나지 않았다. 그 일이 나를 얼마나 괴롭히고 있는지를 솔직히 말했어야 했는데 당시에는 전혀 그럴 만한 준비가 되어 있지 않았다.

남편과 결혼한 후에도 그 동안 되풀이했던 잘못과 죄책감과 수치심이 얼마나 내 영혼 깊이 요동치고 있는지를 제대로 의식하지 못하고 있었다. 우리는 특이한 연애를 했고(책 하나 낼 정도로!) 서로 잘 모른 채 결혼에 골인했다. 부부라고는 하지만 처음에는 남남이나 다름없었다. 우리의 신혼여행은 한마디로 재앙이었다. 두 주간의 여행을 마치고 돌아왔을 때 우리는 서로에게 질릴 대로 질려 있었다. 남편은 한창 부흥하는 교회의 청년부 담당 목사였다. 그러니 누구에게 우리의 문제를 하소연할 수 있었겠는가? 그저 속으로만 끙끙댈 뿐이었다. 우리가 갖고 있는 부부 문제는 누구에게 이야기하기조차 창피한 일이라고 생각했다. 겉으로는 아무 일 없는 척했지만 시간이 갈수록 우리의 결혼 생활은 내리막길로 치달았다. 서로에게 화를 내고 실망하고 토라지고 곁에 가기조차 싫어했다. 행복한 결혼에 대한 꿈이 그렇게 산산조각 난 것에 크나큰 상실감을 달랠 길 없었다. 세월이 흘러 지금은 단단하고 견고한 부부 관계를 유지하고 있지만, 오늘이 있기까지 그 동안 우리가 흘린 피와 땀과 눈물과 기독교 결혼 상담가의 도움은 이루 말할 수 없다.

내가 이런 이야기를 하는 이유는 무엇인가? 그것은 내가 당한 은밀한 죄만이 아니라 내가 했던 은밀한 죄를 인정하는 것이 동일한 덫에 걸려 있는 사람들을 이해하게 만든다는 사실 때문이다.

그 동안 나는 얼마나 의로운 척을 하고 남의 잘못을 비판하는 데 열중했는지 모른다. 가족이나 가까운 친구들이 그런 점을 계속 지적해 주어도 나는 제대로 인식조차 하지 못했다. 한마디 들을 때마다 가슴이 뜨끔하기는 했지만 언제나 적당히 얼버무리며 날아오는 화살을 요리조리 피했다.

자기가 욱하는 성질이 있고 화를 잘 낸다는 사실을 인정하는 사람은 분노로 문제를 일으키는 사람들을 더 효과적으로 도와줄 수 있다. 엉뚱한 대상을 향해 창피할 정도로 음란한 생각을 품을 때가 있음을 인정하는 사람은 음란의 문제로 죄책감에 사로잡힌 사람들을 더 효과적으로 도와줄 수 있다. 남의 것을 탐낼 때가 있음을 인정하는 사람은 절도죄를 범한 사람들을 더 효과적으로 도와줄 수 있다. 자기도 악한 것을 생각했고 심지어 그것을 행동에 옮긴 적이 있음을 시인하는 사람은 누구나 다를 게 없다는 공감대를 형성하기 때문에 상대방과 마음이 통하게 된다. 그러면서 우리 모두 구세주가 필요한 존재임을 절실히 깨닫게 된다.

내면 깊은 곳까지 아시는 하나님

몇 년 전 나는 내면 깊은 곳에 도사리고 있는 악과 씨름하면서 시편 103편을 외우려고 노력했다. 첫 번째 구절인 "내 영혼아 여호와를 송축하라 내 속에 있는 것들아 다 그의 거룩한 이름을 송축하라"를 묵상하는데 갑자기 '내 속에 있는 것들아'라는 대목이 눈에 확 들어왔다. 내 속에 있는 것들이 하나님을 송축한다는 것은 무슨 의미일까? 내 속에 있는 것들이란 도대체 무엇인가?

　뉴멕시코의 남동부에 있는 과달루페 산지 깊은 곳에는 칼스베드라는 동굴이 있다. 외부에서 보면 발밑에 그렇게 거대한 지하 동굴이 있다는 사실을 알아채기가 힘들다. 그중에 어떤 동굴은 너무도 깊어서 '바닥 모를 구덩이'라고 불리기도 한다. 나는 칼스베드 동굴이 나와 비슷하다는 생각이 든다. 나와 가벼운 대화를 나눈 사람이라면 내 속에 어마어마한 지하 동굴이 묻혀 있음을 알아채지 못할 것이다. 이중, 삼중, 다중으로 겹겹이 쌓여 있는 진짜 내 모습…. 하나님은 크신 사랑과 자비로 나의 속사람 안에 있는 동굴 속으로 들어오셨다. 이 세상 어느 누구도 들어가 보지 못한 곳, 이 세상 어느 누구도 알지 못하는 진짜 나를 만나 주셨다. 그곳은 더 이상의 변명도 가식도 체면도 비밀도 통하지 않는 곳이었다. 진짜 내 모습과 가짜 내 모습이 적나라하게 드러났고, 하나님은 다른 사람이 절대로 볼 수 없는 내 마음의 사악함을 바라보셨다.

　뮤지컬 "오페라의 유령"The Phantom of the Opera을 관람할 때에도 자신의 상처를 숨기고 살아가는 그 유령의 모습이 많은 면에서 우리와 흡사하다는 생각이 들었다. 오페라의 유령은 자신을 낳은 어머니에게서 버림 받고 흉측한 얼굴로 사회에서 고립되어 살아갔다. 파리 오페라 하우스 밑의 어두운 지하 동굴 속에서 오페라 회사의 돌아가는 상황을 몰래 지켜보며 살던 그는 자신을 알아주고 자신의 흉측한 얼굴과 상한 마음까지 받아 줄 누군가를 간절히 갈망했다. 시간이 지나면서 그는 크리스틴이라는 아름다운 오페라 가수에게 마음을 빼앗겼고 그녀를 지하 동굴로 유인할 계략을 짜기 시작했다. 만약 크리스틴이 자신을 싫어한다면 더 큰 마음의 상처를 받겠지만, 다른 사람과의 친밀감이 너무도 절실했던 그는 마침내 상처받을지도 모른다는 두려움에도 불구하고 크리스틴을 자신의 동굴로 유인하기에 이른다. 직감적으로 뭔가 불길한 예감이 들었지만 크리스틴은 떨리는 마음으로 그를 따라 암흑의 세계 속으로 계속 내려갔다. 그리고 그녀의 불안감은 곧 사실로 입증된다. 유령이 원한에 찬 본모습을 드러내자 크리스틴은 겁에 질려 그곳을 도망쳐 나온다. 뒤에서는 크리스틴의 이름을 부르며 자신을 떠나지 말아 달라는 유령의 안타까운 절규와 호소가 메아리쳤다.

하나님은 우리 마음의 가장 깊은 동굴까지 들어가실 수 있는 유일한 분이다. 그 동굴에서 보이는 것에 그분은 절대 겁을 먹거나 달아나지 않으신다. 우리의 마음이 얼마나 상처를 받았고 아픈지 그분만은 완벽하게 이해하신다. 우리를 용서하고 긍휼히 여기고 치유하실 분은 하나님 한 분뿐이다. 하나님은 내 마음 깊은 곳에 들어오셔서 온갖 그릇된 생각과 행동만이 아니라 남모르는 죄책감, 수치심, 나를 얽어매고 있는 모든 쓰레기들을 보셨다. 지금 이 순간에도 행여 다른 사람이 내 진짜 속마음을 본다면 쥐구멍에라도 들어가 숨고 싶다. 정말로 그렇게 된다면 다른 사람의 눈을 감히 쳐다볼 수나 있을까? 그러나 하나님은 한량 없는 자비와 긍휼로 내 속마음 깊은 곳을 들여다보시며 "사랑한다, 케이야. 나는 모든 걸 다 알고 있지만 여전히 너를 사랑한단다"라고 말씀 하셨다. 당신에게도 동일하게 말씀하실 것이다.

"나는 모든 걸 다 알고 있지만 여전히 너를 사랑한단다."

하나님은 당신의 깊은 곳까지 속속들이 알고 계시고, 당신의 가장 더러운 생각과 비열한 행동을 알고 계시고, 주 예수 그리스도를 통해 용서와 자유를 주셨기 때문에 당신은 이제 다른 사람과 하나도 다를 게 없는 존재라는 성숙한 인식을 가져야 한다. 당신에게는 예수님이 필요 하다. 나도 그렇고 모든 사람이 그렇다.

이 진리가 모든 것을 변화시킨다.

이제 하나님이 왜 우리에게 말씀의 거울에 비추어 보라고 하셨는지 이해가 될 것이다. 하나님의 말씀은 우리를 겸손하게 한다야고보서 1:22- 25 참조. 말씀에 비추어 잘못과 죄와 실수를 깨닫고 그런 잘못을 고백하 여 용서를 받아야 한다. 하나님의 판단을 받게 되면 우리도 이 세상 악 을 판단할 안목이 생긴다. 내 말을 믿지 못하겠다면 마태복음에서 예수 님이 하신 말씀에 귀를 기울여 보라.

"비판을 받지 아니하려거든 비판하지 말라 너희가 비판하는 그 비판으 로 너희가 비판을 받을 것이요 너희가 헤아리는 그 헤아림으로 너희가 헤아림을 받을 것이니라 어찌하여 형제의 눈 속에 있는 티는 보고 네 눈 속에 있는 들보는 깨닫지 못하느냐 보라 네 눈 속에 들보가 있는데 어찌 하여 형제에게 말하기를 나로 네 눈 속에 있는 티를 빼게 하라 하겠느냐

외식하는 자여 먼저 네 눈 속에서 들보를 빼어라 그 후에야 밝히 보고 형제의 눈 속에서 티를 빼리라"마태복음 7:1-5

그런데 예수님이 하신 이 말씀을 오해해서 그릇되게 적용하는 예를 많이 보게 된다. 자신의 잘못에 쏟아지는 비난의 화살을 피하기 위해, 혹은 불의에 맞서는 사람을 핀잔주기 위해 "비판을 받지 않으려거든 비판하지 마세요"라고 이 말씀을 끌어다 인용하는 장면을 나는 수없이 목격했다. 예수님은 다른 사람을 비판하는 것 자체가 잘못되었다고 말씀하지 않으셨다. 마땅히 비판받아야 할 행동이 분명히 있다. 주님이 하신 말씀을 더 주의 깊게 살펴볼 필요가 있다. 이 말씀이 제시하는 고차원의 도덕 기준은 이것이다. 즉 '네가 다른 사람을 평가하는 잣대로 너 역시 동일하게 평가를 받을 것이다' 라는 점이다. 그러므로 문제에서 허우적대는 사람을 향해 가차 없이 손가락질을 하고 싶다면 자기 자신도 똑같이 손가락질 당할 각오를 하라는 것이다. 나는 죄가 드러날 때마다 하나님께 자비와 관용을 베풀어 달라고 사정한다. 하지만 다른 사람의 죄가 드러나면 하나님께 가만두지 말라고 열을 낸다.

하지만 이제는 그렇게 하지 않는다. 헨리 나우웬이 말했듯이 제대로 거울을 쳐다본 사람은 달라져야 한다. "인간은 누구나 동일하다는 사실을 깨닫고 인정한 사람은 이 땅에 오신 주님의 은혜를 받게 된다. 주님은 힘 있는 분이 아니라 힘없는 분으로, 특이한 분이 아니라 우리와 별다를 게 없는 분으로, 인간의 고통을 제거하는 분이 아니라 고통을 함께 짊어지는 분으로 이 세상에 오셨다. 이러한 주님의 모습을 닮게 되면 서로에게 마음을 열고 새로운 공동체를 형성할 수 있다."주9)

우리가 하나님으로부터 용서와 은혜와 자비와 용납과 새 출발의 기회를 받았기에 이제는 다른 사람에게도 그것을 나눠 줄 수 있다. "무릇 시온에서 슬퍼하는 자에게 화관을 주어 그 재를 대신하며"이사야 61:3. 더 이상은 당신이 저지른 잘못에 대해, 혹은 지금 당신이 저지르고 싶은 잘못에 대해 부인하며 살지 말라. 다른 사람보다 낫다고 착각할 필요도, 다른 사람이 한 짓을 자기는 절대 하지 않을 거라고 큰소리칠 필요도 없다. 우리는 자유롭다. 용서받은 죄인으로서 우리는 누구든지 용서하고 용납할 수 있다. 즉 우리에게는 간증거리가 있는 것이다! 남을 고쳐 보려고 애쓰는 대신에 그를 위한 축복의 통로가 될 수 있다. 나는 완벽한 인간이기 때문에 어떤 문제에 있어서도 완벽한 해결책을 제시할 수 있다는 착각의 세월은 끝났다. 누구나 인간적 약점을 가지고 있고 누구나 악으로부터 구원받아야 함을 우리 모두 인식하면 된다.

당신은 자신 안에 있는 어둠뿐 아니라, 당신의 가정, 이웃, 도시, 나라, 세상에 있는 어둠을 몰아낼 준비가 되어 있는가? 그러기 위해 무엇이 필요하겠는가? 정직하고 용기 있는 사람, 위험한 순종을 감행한 사람은 하나님의 말씀이라는 거울에 비추어 자기 자신의 동기와 행동을 면밀하게 살핀다. 죄를 자백하여 하나님의 자비로운 용서를 받고 겸손하고 담대하게 악과 대항하려는 사람을 하나님은 찾고 계시다. 자신도 언제든 넘어질 수 있다는 사실을 인식하면서 다른 사람을 도와주게 되면 진리와 정의만이 아니라 그를 치유하고 구원하는 기회까지 붙잡을 수 있게 된다.

당신도 끔찍한 만행을 저지를 수 있는 가능성을 갖고 있는
타락한 인간 중의 한 명임을 인정하는가?

"하나님 아버지, 당신은 장소와 때를 막론하고 모든 악을 미워하는 분이
십니다. 그러면서도 정말 관대하고 자비로운 분이어서 감사합니다. 제
안에 있는 사악함과 범죄 가능성을 부인했던 것을 용서해 주옵소서. 오
늘 제 진짜 모습의 일부를 보았고, 그 모습이 정말로 부끄럽고 실망스럽
습니다. 그 동안 다른 사람의 죄에는 비난을 퍼부으면서 저 자신의 죄는
한번만 봐 달라며 애걸했습니다. 당신의 은혜를 베풀어 주소서. 제 마음
속 깊은 곳의 모든 것을 낱낱이 보고 계시면서 그래도 저를 사랑하셔서
구세주를 보내 주신 것이 그저 놀라울 뿐입니다. 제게 그런 자비까지 베
풀어 주셔서 감사합니다. 저를 용서하시고 제가 저지른 잘못을 이해하시
고, 제가 망가뜨린 것을 계속해서 고쳐 주신 은혜에 고개가 숙여질 뿐입
니다. 당신이 제게 베푸신 은혜와 자비를 죄 지은 다른 사람들에게도 베
풀 수 있게 도와주옵소서."

154

- 하나님께 "제 삶의 어떤 어두운 부분이 아직도 동굴 속에 숨겨져 있습니까?"라고 기도해 보라. 독서 파트너와 당신이 부담 없이 속마음을 나눌 수 있는 관계라면 기도 중에 떠오른 생각들을 함께 이야기해 보라.

- 당신 삶의 어두운 부분에 대해 은혜롭고 자비한 하나님이 뭐라고 말씀하신다고 생각하는가? 생각나는 것을 종이에 적고 그것을 하나님이 직접 하신 말씀이라 가정하면서 당신 자신에게 소리 내어 읽어 보라.

- 다음의 홈페이지 www.kaywarren.com을 방문하여 케이 워렌의 "흘러넘치는 은혜"Overflowing Grace라는 설교를 들어 보라.

Chapter 7

가장 소중한 선물

*
"보라 처녀가 잉태하여 아들을 낳을 것이요
그의 이름은 임마누엘이라 하리라 하셨으니
이를 번역한즉 하나님이 우리와 함께 계시다 함이라"
_ 마태복음 1:23

*
"언제 어디서든 고통받는 사람들과 함께 하면서
약자의 편에 설 줄 아는 긍휼의 마음이야말로
정의와 평화를 이루는 하나님의 방법이다."
_ 헨리 나우웬, 「여기 지금 우리와 함께 하시는 하나님」
Here and Now, 은성, 2002

위험한 순종을 택한 믿음의 영웅을 생각할 때마다 나는 마더 테레사를 떠올린다. 20세기 어느 누구보다 하나님께 헌신된 삶을 보여 준 사람이 마더 테레사라고 생각하기 때문이다. 어렸을 때부터 오직 하나님의 나라를 위해 자신이 가진 재능과 은사와 열정을 사용하겠다고 다짐한 마더 테레사는 그 작은 체구로 놀라운 업적을 이루었다.

'가장 작은 자들'을 위한 그 헌신적 봉사에 늘 감탄했던 나에게 2004년 10월, 마침내 인도의 캘커타로 가서 마더 테레사가 운영했던 '죽음을 기다리는 사람들을 위한 집'*Kalighat*을 방문하여 섬길 수 있는 기회가 생겼다. 가톨릭 신자가 아닌 신분으로 '사랑의선교회'에서 자원 봉사를 하는 사람들이 많지 않기 때문에 내가 하려는 일은 아주 뜻 깊고 대단한 일이 될 것 같았다. 보람도 있을 것이고 상당한 사건(?)이 되지 않을까 하는 기대감마저 들었다.

칼리가트에서는 자원봉사자들이 오전과 오후로 나뉘어 일을 한다.

나와 일행은 오전에 일하기로 되어 있었다. 하루 일과를 시작하기 전에 모든 자원 봉사자들은 수녀들과 함께 미사에 참석한다. 우리는 '마더 하우스' Mother House의 딱딱한 마룻바닥에 무릎을 꿇고 흰색 사리를 입은 수녀들과 같이 기도하고 찬송 부르고 그날을 위한 설교를 경청했다. 그런 후에 차와 빵으로 간단한 아침식사를 하고 칼리가트로 향했다. 이번에도 나는 그곳에서 보고 겪을 것에 전혀 마음의 준비가 되어 있지 않았다.

칼리가트에 도착하니 수녀들은 사람들을 돌보느라 눈코 뜰 새가 없었다. 수녀 오십 명은 남자들을 돌보고 나머지 오십 명은 여자들을 돌보는데, 얼마나 바쁜지 새로 온 자원 봉사자들과 간단한 이야기를 나눌 시간조차 없었다. 나는 걸음을 재촉하는 한 수녀에게 무엇을 해야 되느냐고 물었다. 수녀는 나를 거의 쳐다보지도 않은 채 "사람들이 하는 대로 따라하세요"라고 대꾸하고는 총총히 사라졌다. 서운한 마음이 들었다. 그 수녀가 발걸음을 멈추고 내 얼굴을 쳐다보면서 봉사하러 온 걸 환영한다고 말해 주길 은근히 기대해서였을까? 예상외 반응에 도저히 적응이 되지 않았다! 다른 봉사자들은 어느 틈에 양동이 속에서 장갑과 수술용 마스크를 꺼내 끼고 있었다. 하지만 내가 양동이 앞으로 갔을 때는 대형 마스크만 남아서 도저히 그것을 얼굴에 착용할 수가 없었다. 그럼 장갑은 어디 있단 말인가? 아무리 둘러보아도 장갑은 보이지 않았다. 함께 간 메리, 주디, 시스코, 스티브와 나는 멀뚱히 서로 얼굴만 쳐다보다가 할 수 없다는 듯 어깨를 으쓱하고는 그곳에 수용된 사람들의 시중을 들기 시작했다.

스티브와 시스코는 남자들이 있는 곳으로 갔고 메리와 주디와 나는 복도를 지나 여자들이 있는 곳으로 갔다. 방 안에 들어서니 50여 개의 간이침대가 몇 줄로 나란히 놓여 있는데 그 사이를 자원 봉사자와 수녀들이 바쁘게 돌아다니고 있었다. 언뜻 보기에 그들이 하는 일은 몇 가지로 나뉘어져 있었다. 환자들에게 아침식사를 먹여 주거나 목욕을 시켜 주거나 깨끗한 옷으로 갈아입혀 주거나 침대보를 갈아 주거나 간단한 치료를 해주거나 환자가 누워 있는 침대 곁에 앉아 있는 일이었다.

우리도 일단의 자원 봉사자들과 합류했다. 자원 봉사자들 중에는 몇 주, 혹은 몇 달씩 그곳에서 봉사하는 사람들이 있어서 몇 명의 베테랑들은 갈팡질팡하는 우리가 안쓰러운지 구체적으로 할 일을 지시해 주었다.

"저기에 있는 여자분에게 음식을 먹여 주세요. 조심하셔야 돼요. 구토 증세가 있어서 음식을 자꾸 토하니까요." "제가 이분을 목욕탕으로 옮기려고 하는데 도와주세요. 이분은 혼자 걸을 수가 없어요." "아, 미안해요. 여기는 손을 씻을 만한 더운물이 없어요. 그냥 저 통에 있는 물을 사용하시고 물 묻은 손은 바지에 쓱쓱 닦아서 말리세요." "약품이요? 어떤 분이 기증해 준 아스피린하고 피부병 연고가 있어요. 지금 수녀님들이 나눠 줄 거예요." "이 여자분이 왜 이러냐고요? 머리에 난 상처에 구더기가 끓고 있어서 그래요. 저 상처는 보기는 흉하지만 그런대로 낫고 있는 중이에요." "침대 좀 닦아 주세요. 아뇨, 남는 장갑이 없어요. 주방에서 살균제를 가져다가 저기 있는 양동이의 찬물에 타세요. 헝겊 조각이 있으니까 그것을 가져다가 매트리스에 묻어 있는 설사 똥을 닦으시면 돼요." "얼굴에 마스크를 쓰셔야 해요. 지금 안고 있는 여자분은 분명히 결핵에 걸려 있을 거예요."

그곳에서 일한 지 반 시간 만에 '가난한 자를 섬긴다'는 나의 낭만적 생각은 설사 똥과 살균제에서 풍기는 악취와 상처에 우글거리는 구더기 때문에 아프다고 소리 지르는 남자들의 절규로 산산조각 나고 말았다. 보기에도 끔찍한 상처들로 속이 울렁거렸고, 이 세상에서 마지막 순간을 맞이하는 여인들의 담담한 표정도 나를 놀라게 했다. 속으로 '내가 정말 바보였구나!' 라는 생각이 들었다. '왜 이런 끔찍한 장소에 오고 싶어 했을까?' '오늘 일은 언제 끝나나?' '빨리 여기를 나갔으면 좋겠다.' '이런 일은 도저히 못하겠다.' 아무리 생각해도 내 자신이 정말 한심스러워 보였다.

언어 장벽을 초월한 사랑

우리가 했던 오전 봉사도 마침내 끝이 났다. 여인들에게 음식을 먹였고 목욕을 시키고 깨끗한 면옷으로 갈아입혔고 침대보를 갈아 주었고 간단한 약품으로 치료를 해주었다. 이제 남은 일은 기다리는 일이었다. 그들이 죽기를…. 그것이 '죽음을 기다리는 사람들을 위한 집'에서 하는 일이었다.

일이 끝나자마자 마음도 가라앉히고 그때껏 보고 듣고 냄새 맡은 걸로 울렁이는 속도 진정시킬 겸 혼자 후미진 구석을 찾아 들어갔다. 내가 숨는 모습을 본 수녀 한 명이 나를 부르더니 기부된 신문들을 접어서 더러운 붕대들을 담는 종이 상자를 만들라고 했다. 나는 손재주가 도통 없는 사람이라 수녀가 서둘러 가르쳐 준 대로 신문 접기를 하려니 생각처럼 잘 되지가 않았다. 그래도 죽어 가는 여인들 옆에 붙어 있지 않고 딴 일을 할 수 있어 다행이었다.

바로 그때, 난 그녀를 보았다.

그냥 주변을 둘러보던 내 눈이 맞은 편 큰 방의 간이침대 위에 앉아 있는 그녀의 눈과 정면으로 마주쳤다. 나는 속으로 피식 웃음이 나왔다. '케이, 넌 이미 오전에 '훌륭한 봉사자' 계급장을 붙이지 않았니?' 나의 '훌륭한 봉사'는 그것으로 충분했다. 더는 다른 환자를 만나고 싶지 않았다. 하지만 그녀는 아주 다급한 듯이 내게 가까이 오라는 손짓을 했다. 할 수 없이 자리에서 몸을 일으킨 나는 천천히 그녀가 있는 간이침대로 걸어가서 그녀 옆에 앉았다.

내가 앉자마자 그녀는 눈물을 주르륵 흘리더니 속사포 같은 벵갈어로 뭔가를 한참 동안 이야기했다. 처음에는 '무슨 말을 하는 건지 하나도 알아들을 수가 없네'라고 생각했지만 신기하게도 이내 그녀가 무슨 말을 하는지 정확하게 감이 잡혔다! 그녀는 내게 자신이 왜 병이 들어 칼리가트에 와서 혼자 죽어 가야 하는지를 낱낱이 이야기하고 있었던 것이다. 아마도 가정이 너무 가난해서 가족들이 병든 자신을 돌볼 수 없었다는 이야기거나 오래 전에 가족을 잃었다는 이야기일 것이다. 자신이 가졌던 모든 꿈과 희망이 각박한 처지로 인해 수포가 되었다는 이야기일지도 몰랐다. 말을 하는 동안 그녀는 점점 더 감정이 복받치는지 마냥 서럽게 울었다. 우리 두 사람은 그 작은 간이침대에 나란히 앉아 있었다. 죽음을 앞둔 인도 여인과 무엇을 어떻게 도와야 할지 알지 못하는 미국 여인은 그렇게 나란히 앉아 있었다.

갑자기 그 여인이 불쌍해 견딜 수가 없었다.

나는 팔을 벌려 그 여인을 꽉 끌어안았다. 얼굴이 맞닿을 정도로 그 여인을 내 쪽으로 바짝 끌어안았다. 그녀가 벵갈어로 이야기하는 동안 나는 영어로 그녀에게 말했다. 어떻게든 하나님이 내 말의 뜻을 그녀에게 전해 주시든지, 말이 아니라면 최소한 나의 사랑을 그녀에게 전해 달라 빌면서 나는 이렇게 이야기했다.

"정말 마음이 아프네요. 이렇게 여기에 와서 혼자 죽어 가야 하다니…, 이 세상에서의 마지막 순간인데 가족 한 명조차 곁에 없다니…. 하지만 당신은 혼자가 아니에요! 하나님이 당신과 함께 계세요! 하나님이 당신을 사랑하고 나도 당신을 사랑해요. 내가 당신을 안고 있는 팔은 하나님의 팔이고, 당신의 눈물을 닦아 주는 내 손은 하나님의 손이에요. 당신의 얼굴을 만지는 이 손, 이건 하나님에게 당신이 소중한 존재라는 것을 알려 주려는 그분의 사랑의 손길이에요. 하나님은 당신을 지극히 사랑하셔서 그분의 아들 예수님을 보내 주셨어요. 당신이 영원히 하나님과 함께 살 수 있도록 말이에요. 오늘은 당신을 안아 주라고, 당신이 얼마나 특별한 사람인지를 한 번 더 말해 주라고 나를 보내신 거예요."

나는 그녀에게 건강을 되찾고 '죽음을 기다리는 사람들의 집'을 나갈 거라고 얘기해 줄 수 없었다. 곧 가족이 와서 집으로 데려갈 거라고 말해 줄 수도 없었다. 적절한 진통제가 있어서 편안히 죽을 수 있을 것이라고 말해 줄 수도 없었다. 내가 그녀에게 줄 수 있는 건 오로지 그자리에 있는 '나'라는 존재뿐이었다. 나는 그녀에게 누구라도 줄 수 있는 흔한 선물을 주었다. 그 선물은 돈이나 그 무엇으로 대체할 수 없는, 바로 그녀의 곁에 '있어 주는' 것이었다.

하나님의 질그릇

우리는 대부분 '일중독'에 걸려 있다. 할 일이 보이면 해야 하고 늘 뭔가 하지 않으면 불안하다. 울타리를 고치고, 집에 페인트를 칠하고, 정원을 손질하고, 아이들을 가르치고, 병원에 다녀오고…, 할 일이 끝도 없다. 서양에 사는 사람들이 그런 면에서 좀 심한 편이다. 서양의 악명 높은(?) 자립심이란 게 발동하면 문제를 해결하고 고치고 개선해야 직성이 풀린다. 물론 문제를 해결한다는 그 자체가 잘못일 리는 없다. 다만 그것 하나에만 집착하면 안 된다는 것이다. 하나님은 인간의 영적인 문제를 보셨고, 그 문제를 해결하는 데 있어 우리가 따라야 할 본보기가 되어 주셨다.

하나님과 인간 사이의 단절된 관계를 회복하기 위해 인류에게는 구세주가 필요했다. 하나님은 역사의 수레바퀴를 돌리시면서 가장 적절한 때에 예수님을 세상에 보내 주셨다. 계획이나 전략을 세워 주신 게 아니라 직접 주님을 보내 주신 것이다. 천사도 보냈지만 나중에는 주님이 직접 오셨다.

"여호와께서 '그들은 내 백성이며 거짓말을 하지 않는 자녀'라 하시고 그들의 구원자가 되셨으며 그들의 모든 환난에 동참하셔서 그들을 직접 구원하셨다." 이사야 63:8-9상, 현대인의성경

"말씀이 육신이 되어 우리 가운데 거하시매" 요한복음 1:14

164

구약에 보면 하나님은 자신이 이스라엘 백성들과 함께 계시다는 사실을 거듭거듭 상기시켜 주신다. 하나님이 함께하시기 때문에 그들은 아무것도 두려워할 필요가 없었다. 하지만 이스라엘 백성은 말귀를 제대로 알아듣지 못했다. 볼 수도, 들을 수도, 만질 수도 없는 하나님과 어떻게 인격적 관계를 맺을 수 있다는 말인가? 하나님은 자신이 어떤 분인지를 알려 주시기 위해 우리에게 예수님을 보내 주셨다.

"그는 보이지 아니하는 하나님의 형상이시요 모든 피조물보다 먼저 나신 이시니"골로새서 1:15

"이는 하나님의 영광의 광채시요 그 본체의 형상이시라"히브리서 1:3

하나님은 인간에게 주실 수 있는 모든 선물 중에서 최고의 선물을 보내 주셨다. 바로 자기 자신을 주신 것이다. 이제 하나님은 우리도 남을 위해 그렇게 하기를 기대하신다. 예수님을 따르는 제자로서 우리는 하나님을 대표하는 자들이다. 육신이라는 연약한 질그릇 안에는 그분이 계시다. 사도 바울은 우리 안에 있는 하나님의 빛에 대해 이렇게 말했다.

"어두운 데서 빛이 비치라 말씀하셨던 그 하나님께서 예수 그리스도의 얼굴에 있는 하나님의 영광을 아는 빛을 우리 마음에 비추셨느니라 우리가 이 보배를 질그릇에 가졌으니 이는 심히 큰 능력은 하나님께 있고 우리에게 있지 아니함을 알게 하려 함이라"고린도후서 4:6-7

예수 그리스도를 구주로 인정한다는 것은 다시 말해 예수님이 우리 안에 들어와 사신다는 의미다. 그러므로 나를 남에게 줄 때에도 새롭고 향상된 '나'를 주는 게 아니라 '주님'을 주게 된다. 내가 어느 방이나 어느 상황 속에 들어가게 되면 내 속에 계시는 주님이 그곳에 함께 들어가시는 셈이 된다. 나 자신만이 아니라 우주의 하나님이 함께 들어가신다는 얘기다! 사실 나 자신은 다른 사람에게 줄 게 별로 없는 사람이다. 그러나 하나님이 함께하시면 다른 사람에게 가장 필요한 것을 줄 수 있게 된다. 칼리가트에서 만난 인도 여인에게는 보이지 않는 하나님을 봐야 할 필요가 있었다.

그럼, 하나님이 어떻게 그녀 눈에 보일 수 있을까? 눈부신 빛이 내리비친 것도 아니고, 고막 터지는 나팔소리가 들린 것도 아니고, 천둥 같은 목소리가 말을 한 것도 아니었다. 단지 그 여인을 감싸 안은 내 팔과 흐르는 눈물을 닦아 준 내 손과 잠잠히 쳐다봐 준 내 눈과 같이 울어 준 내 눈물과 예수님의 사랑을 들려준 내 목소리가 그 여인에게 하나님을 보여 준 것이다. 그분의 손과 발이 되고 그분처럼 행동하고 그분처럼 사랑하고 그분의 자비와 긍휼을 보여 주고 내 안에 계신 예수 그리스도를 드러냄으로써 나는 하나님을 실제적인 분으로 만들어 주었다.

출애굽기에 보면 하나님은 이스라엘 백성들과 함께 계셨다. 시내 광야를 인도했던 불기둥과 구름기둥은 하나님의 임재를 알려 주는 상징물이었다. 그러나 때가 이르자 하나님은 인간과 함께 계시기 위해 인간의 형상으로 이 세상에 내려오셨다. 누구도 예기치 못한 방법으로 하나님은 예수님을 이 땅에 보내 인간과 함께 있도록 하셨다. 예수님은 어린아이들의 재롱에 웃으셨고, 사랑하는 친구의 무덤 앞에서 눈물을 흘리셨고, 허리를 굽혀 나병 환자를 만지셨고, 소외된 여인을 온화하게 가르치셨고, 인간의 죄를 위해 자신의 생명을 바치셨다. 인간이 되신 하나님은 진리를 생생하고도 실감나는 것으로 만들어 주셨다. 하나님이 인간을 사랑하신다는 예수님의 말씀이 피부에 와 닿는 말씀이 되었다. 예수님의 삶은 하나님에 대한 설명이었다. 그리스도를 따르는 우리에게는 바로 그것이 최대의 사명인 셈이다. 보이지 않는 하나님을 볼 수 있게 해주는 것, 하나님을 인식하지 못하는 사람들에게 하나님을 알게 해주는 것, 바로 그것이 관건이다. 어려움 속에 있는 사람들과 '함께함'으로써 우리에게는 하나님을 '설명'할 수 있는 기회가 생기는 것이다. 그러므로 성육신은 우리를 통해 이루어져야 한다. 우리와 함께 계시고 우리 안에 계신 하나님을 통해서…. 그리고 이렇게 하는 것이 믿음대로 사는 삶의 참모습이다.

'우리 안에 계신 하나님'이라는 단순하면서도 심오한 개념을 이해하고 나니 누군가를 만날 때마다 예수님이 하신 대로 그 사람을 대접할 수 있는 기회라고 여겨졌다. 그 순간은 보이지 않는 하나님을 보여 줄 절호의 기회인 셈이다.

나병과 에이즈

2004년 10월, 생전 처음으로 필리핀 땅을 밟은 나는 그곳에서 나병 환자 진료소를 방문하게 되었다. 내가 왜 나병 환자들에게 관심을 가졌는지 궁금하지 않은가? 우선은 예수님이 그들에게 관심을 보이셨기 때문이었다. 둘째로는 나병이 사람의 신체적, 정서적, 사회적인 면에 영향을 준다는 점에서 에이즈 환자들과 나병 환자가 처하게 되는 상황이 상당히 비슷하기 때문이었다. 육신적인 면만 놓고 본다면 에이즈와 나병은 전혀 다른 신체 부위에 손상을 입지만, 둘 다 건강을 해치고 치명적인 점에서는 같다고 볼 수 있다. 나병은 잔혹한 병이다. 한번 감염되면 신경에 영구 손상을 입게 된다. 감염된 부위의 감각을 잃어버려 다치거나 상처를 입어도 아무 느낌이 없다. 화상, 찰과상, 타박상, 심지어 골절상을 당해도 전혀 고통을 느끼지 못한다. 나병의 징조는 신체의 일부조직이 썩어서 생리적 기능을 잃는 것이다. 그래서 손가락이나 발가락, 코 등이 떨어져 나간다. 상처가 나면 비정상적으로 낫거나 전혀 낫지를 않으며 비정상적으로 나은 상처자리에는 보기 흉한 흉터가 남는다.

몇 천 년간 그래왔듯이 지금도 나병 환자들은 사회에서 격리되어 가족이나 친구들과 떨어져 지내는 경우가 흔하다. 대부분 마을 밖의 나환자촌에 살면서 그저 죽기만을 기다린다. 요행히 나병 환자 진료소에 들어가 치료를 받는 사람들도 있다. 에이즈에 걸린 사람들 역시 나병 환자와 마찬가지로 사회적 냉대는 물론 학대와 심지어 박해도 받는다. 그로 인해 그들은 자기 증오와 수치심에 휩싸인다. 어떤 나라에서는 남편이 에이즈에 걸린 아내를 구타하기도 하고, 부모들은 에이즈 환자가 있는 집의 아이들과 놀지도 못하게 한다. 에이즈에 걸린 사실이 알려져 직장에서 쫓겨나고 심지어 다니던 교회에서도 쫓겨난다.

우리가 마닐라에 있는 나병 환자 진료소를 찾았을 때 제일 처음 들어간 곳은 남자 환자들이 꽉 들어차 있는 병실이었다. 병실에 들어선 나는 문 가까운 침대에 앉아 있는 작은 체구의 깡마른 남자를 향해 무의식적으로 손을 뻗어 악수를 청했다. 내가 손을 내미는 것을 본 남자가 천천히 자신의 오른팔을 들어올렸다. 그 순간, 나는 보았다. 그 남자의 손을! 손가락이 전부 떨어져나가 뭉툭한 손이 나를 향해 다가오고 있었다. 부끄러운 얘기지만 그 순간 너무 놀라서 내 손을 당장 거두고 싶었다. 비록 1, 2초밖에 안 되는 짧은 순간이었지만 머릿속에서 여러 가지 생각이 스치고 지나갔다. '저 손을 잡지 마! 너무 징그러워! 그래, 징그러워. 하지만 그게 뭐 어떻다는 거야? 단지 저런 모습을 처음 봐서 그럴 뿐이야. 그냥 손을 잡고 악수해.' 결국 나는 거부감을 극복하고 그와 반갑게 악수를 나누었다.

나는 통역하는 사람과 함께 그곳에 있는 환자들과 일일이 인사를 하며 이야기를 나누었다. 알고 보니 그들은 모두 치료를 받아 나병이 깨끗이 나았지만 흉하게 일그러진 몸 때문에 가족에게 돌아가지 못하고 있는 사람들이었다. 어떤 사람들은 20년이나 진료소에서 살아서 그곳이 집이나 다름없다고 이야기했다. 그들은 앞으로도 가족이나 살던 동네로 돌아가지 못할 것이다. 치아가 모조리 빠져서 얼굴이 함몰된 사람들도 많았고 손가락이나 발가락, 코, 귀, 팔, 다리 등이 없거나 등이 굽은 사람들이 대부분이었다. 우리는 그들에게 기도제목을 물었고 우리가 그들을 위해 기도하는 동안 우리처럼 그들도 손가락 없는 뭉툭한 손을 들어 기도에 동참했다.

얼마 후에 할머니 몇 분이 오더니 우리의 통역자를 불러서 우리가 왜 그곳에 왔는지를 물었다. 그중 키 작은 백발의 할머니 한 분이 그곳에 있는 환자들을 대변해서 우리와 이야기를 나누었다. 우리가 그곳을 방문했다는 사실, 특히 미국인인 우리가 그곳에 온 사실에 대해 그 할머니는 매우 놀라워하고 있었다. 질문도 상당히 직선적이었다. "왜 이곳에 왔수? 왜 우리와 악수하는 거지? 징그럽지도 않은가?" 그 말을 들으니 성경에 나오는 나병 환자들이 생각났다. 성경 시대에는 누군가 나병 환자 가까이에 오면 "부정하다!"라고 소리를 쳐서 일반인들에게 자신이 나병이라는 끔찍한 전염병에 걸린 사실을 경고해야만 했다. 그 할머니 역시 자신과 그곳의 모든 환자들이 부정하다고 생각하고 있었다.

가슴이 찌르르 저려왔다. 그 자리에서 나는 이제껏 누구에게도 해보지 못했던 정말 심금을 울리는 위로의 말을 해주었다. "징그럽지 않아요, 할머니! 하나님은 여러분 모두를 소중히 여기시고 저희도 여러분들이 소중해요." 할머니는 내 말을 믿지 못하는 눈치였다. '왜 이 미국인들은 여기까지 와서 천하디 천한 우리를 찾아온 걸까?' '왜 사람들이 거들떠보지 않고 푸대접하는 우리를 신경 쓰는 걸까?' 나는 할머니를 향해 계속 말을 이었다. "하나님은 여기에 계신 여러분 모두를 잊지 않으셨어요. 그래서 우리를 이곳으로 보내 하나님이 여러분 모두를 얼마나 사랑하는지 알려 주시는 거예요!" 내 말에 반신반의 하면서도 할머니는 환하게 미소를 지었고 우리가 안아 주자 좋아했다. 하지만 처음에는 솔직히 나도 그들을 징그럽다고 생각했다. 악수하고 싶지 않았던 마음이 나의 진짜 속마음이었다. 그러나 하나님은 악수라는 단순한 신체 접촉을 통해 그들이 인간으로서 얼마나 가치 있는 존재이고 하나님이 그들을 얼마나 사랑하시는지 보여 줄 수 있는 기회를 허락하셨다.

병자, 약자, 소외 계층, 신체적이나 정신적으로 결함이 있는 사람들에게는 손을 잡거나 안아 주는 단순한 행위가 그들이 갖고 있는 인간으로서의 존엄성을 확인해 주는 행위이다. 두려움이나 거부감 등의 감정을 누르고 진심으로 다가간다면 그들에게 하나님의 생생한 존재감을 보여 줄 수 있다. 보이지 않는 하나님을 그들에게 보여 주는 것이다. 사도 요한은 이렇게 말했다. "사랑하는 가이오여, 그대는 순회전도자들을 위해 정말 신실하게 일하고 있습니다. 그들이 교회에서 그대의 사랑을 증거하였습니다. 그대가 하나님께서 기뻐하시도록 그들을 잘 대접해 보내는 것은 잘하는 일입니다."요한삼서 5절, 현대인의성경

나는 두 해가 지난 후에 다시 그 나병 환자 진료소에 들러 전에 만났던 사람들과 반갑게 해후했다. 그리고 이번에는 잡지, 막대사탕, 건성 피부에 좋은 로션 등도 챙겨서 갖다 주었다. 진료소 소장과 만나 우리가 가져온 물건들에 대해 이야기했을 때 그가 한 답변이 무척이나 인상적이었다. "그런 선물을 갖고 오셔서 정말 감사합니다. 여기 계신 분들도 아주 고마워하실 겁니다. 하지만 무엇보다 큰 선물은 여기까지 와 주신 바로 여러분들입니다." 내가 깨달은 사실을 그분은 말로 옮겨준 것이다. 외로운 나병 환자들과 날마다 고락을 같이하는 소장의 입에서 정확하게 내가 깨달은 사실을 듣고 확인받으니 더 반갑고 놀라웠다.

곁에 있어 주기

유방암에 걸려 고생하고 있을 때 내게 가장 위로가 되었던 것은 사람들이 적어 보낸 성경구절이나 교인들이 준비해 준 맛있는 요리나 암 체험기가 담긴 책들이 아니었다. 가장 큰 위로는 내 곁에 있어 준 가족과 지인들이었다. 때로 그들은 내 옆에 앉아 아무 말도 하지 않았다. 하지만

누군가 내 곁에 있다는 사실 하나만으로도 내게는 성령의 초자연적 위로하심이 흘러넘쳤다.

화학요법을 받기 위해 병원에 입원해 있을 때는 사람들에게 말을 하기조차 힘이 들었다. 내 몸의 감각이란 모든 감각이 너무 예민해져서 말할 수 없이 고통스러웠다. 냄새를 맡으면 구역질이 났고, 불빛을 보면 너무 환해 눈이 부셨고, 소리를 들으면 귀청이 찢어질 듯하고 머릿속이 윙윙거렸다. 침대보가 피부를 스쳐도 따갑게 느껴질 정도였다. 내게는 두 마음이 들었다. 혼자 그 고통을 참아 내고 싶기도 하고, 혼자 있고 싶지 않기도 했다. 남편은 몇 시간이고 내 침대 옆에 있었지만 별 말은 하지 않았다. 혼자 책을 읽기도 하고, 컴퓨터로 일을 하기도 하고, 낮잠을 자기도 했다. 하지만 그는 언제나 내 곁에 있었다. 아내 곁에 있겠다는 결심을 확증하기라도 하듯 그해 남편은 성탄전야에 있는 13부 예배새들백교회는 매년 성탄 전 3일 동안 열세 번의 예배를 드린다.-역주 설교를 하지 않고 집에 있기로 했다. 목사가 아닌 사람은 그것이 왜 그토록 대단한 일인지 이해하지 못할 것이다. 남편은 성탄전야와 부활절을 위해 사는 사람이라고 해도 과언이 아니다. 기독교에 관심을 가진 불신자들이 가장 많이 찾아오는 때가 바로 그날이기 때문이다! 그가 일년 내내 고대하는 두 번의 설교 기회를 물리친 것이야말로 그에게는 대단한 희생이 아닐 수 없었다. 사역보다 나를 우선으로 해준 그의 마음이 참으로 고마울 뿐이다. 그는 기꺼이 나와 함께 있기를 선택한 것이다.

욥은 엄청난 고난을 당했던 사람이다. 한 순간에 자식들과 재산과 건강을 잃었다. 상심한 욥의 아내는 위로는커녕 "하나님을 욕하고 죽으라"욥기2:9며 한술 더 떠서 그를 괴롭혔다. 그나마 욥을 찾아온 세 명의 친구들로 인해 어느 정도 마음의 위안을 얻을 수 있었다. "밤낮 칠일 동안 그와 함께 땅에 앉았으나 욥의 고통이 심함을 보므로 그에게 한마디도 말하는 자가 없었더라"욥기 2:13.

욥의 친구들이 한 일은 옳았다. 고통과 슬픔이 극에 달한 친구를 보면서 세 사람은 위로의 말을 단 한마디도 하지 않았다. 그저 조용히 옆에 앉아서 같이 있어 줄 뿐이었다. 욥과 함께 땅에 앉아 있는 행동 자체가 백 마디 위로의 말보다 더 깊은 사랑과 연민의 마음을 전해 주는 것이었다. 사실은 그들이 입을 연 순간부터 일이 꼬이기 시작했다. 욥이 고통당하는 이유를 분석하려 했고 욥이 뭔가 숨기고 고백하지 않은 죄가 있다고 의심했다. 그들의 오해가 욥에게는 더 큰 괴로움이었다. 조용히 곁에 있을 때에는 위안이 되었지만, 오해에 찬 말은 고통만 가중시켰다.

이 책에서 당신은 지구상에서 행해지는 온갖 잔혹한 일에 관해 읽으면서 사람들이 당하는 고통이 너무 심해 절망감이 들거나 당신의 힘으로 아무것도 할 수 없다는 무력감이 들지도 모른다. 자, 그렇다면 당신에게 좋은 소식을 전해 주겠다. 세상을 변화시키기 위해 당신이 나서서 범세계적 빈곤 퇴치, 에이즈 근절, 문맹 타파, 불평등 해소, 부정부패 추방, 고통 경감 등의 거창한 전략을 세우지 않아도 된다. 당신은 예수 그리스도를 믿는 사람이기에 당신 안에는 만나는 사람마다 희망과 치유와 위로를 줄 수 있는 자원을 이미 갖고 있다. 당신 안에 예수님이 계시기에 당신 자신을 주는 것은 곧 예수님을 주는 것이다.

그러면 이런 생각이 들 수 있다. '나는 마더 테레사도 아니고 성인도 아닌데….' 세간의 평가와 달리 나는 마더 테레사를 성인이라고 생각하지 않는다. 만약 성인이라는 의미가 일반 사람들과는 차원이 다른 특별한 사람이라고 한다면, 마더 테레사는 그런 특별한 사람이 절대 아니라고 주장하고 싶다. 인간은 모두가 동일하게 악행의 가능성을 지니고 있고 동일하게 선행의 가능성을 지니고 있다. 악에게 지배당하면 괴한이 되어 수치스런 짓을 하는 것이고, 하나님의 영이 주관하도록 하면 자신의 한계를 벗어난 희생정신으로 남을 사랑할 수 있는 것이다.

헨리 나우웬은 이렇게 말했다. "모든 인간은 남을 불쌍히 여기고, 도와주고 들어주고 베풀고 챙겨 줄 수 있는 훌륭한 은사를 갖고 있다. 그런데 이런 은사를 잘 모르는 경우가 많다. 만일 그 은사가 전부 활용된다면 엄청난 기적이 일어날 것이다. … 누군가의 곁에 조용히 앉아 있어 주는 사람, 무슨 말을 할지는 몰라도 자신이 그곳에 있어야 한다는 사실을 알고 있는 사람들이 죽어 가는 마음에 새로운 생명을 불어넣을 수 있다."주 10)

우리 교회에서 단기 선교 여행을 떠나는 교인들이 내게 이렇게 물어 올 때가 있다. "그 나라에 가면 무엇을 해야 하나요?" 그러면 나는 이렇게 대답한다. "제일 중요한 것은 무엇보다 여러분이 그 나라에 간다는 것입니다." 이런 말은 그들이 기대했던 대답도 아닐 테고 어찌 보면 얼토당토않은 얘기처럼 들리기도 할 것이다. 사람들은 선교지에 가서 할 사역이나 일에 대해 말해 주기를 기대한다. 다른 나라에 갔으니 뭔가 뜻 깊고 의미 있는 일을 했다는 일종의 눈에 보이는 '공적'을 남기고 싶어 한다. 물론 그 마음은 이해한다. 자신이 투자한 돈과 시간과 에너지가 낭비되지 않고 가치 있게 사용되기를 바라는 마음은 누구나 한결같을 것이다. 다만 내 말은 무언가를 해야 한다는 생각 때문에 자칫 그곳에서 만나는 사람들을 소홀히 하면 안 된다는 것이다. 선교지마다 할 일이 많고, 심각한 문제를 보면 당장 해결을 보고 싶은 법이다. 그러나 주님을 따르는 사람은 늘 사람들과 함께해야 한다. 그들의 눈을 바라보고, 그들이 하는 말에 귀를 기울여 주고, 좋은 일이든 슬픈 일이든 잠깐이라도 그들의 삶을 체험하는 것이 중요하다. 그것이 바로 보이지 않는 하나님을 보여 주는 일이다.

순종

당신이 갖고 있는 가장 귀한 선물,
즉 당신 안에 있는 하나님을 사람들에게 전해 줄 것인가?

"위로의 하나님 아버지, 당신의 아들을 이 세상에 보내 주셔서 인생은 홀로 가는 길이 아님을 알게 하시니 감사합니다. 주님이 저와 함께 걸어 가신다는 사실도 놀랍고 당신이 만나게 하신 사람들 또한 저와 함께 걸어가게 하시니 감사합니다. 주님, 천국의 영광을 뒤로 하고 이 땅에 오셔서 당신이 줄 수 있는 가장 귀한 선물, 즉 저와 함께하심을 감사드립니다. 어려운 사람을 도와주는 데 조금이라도 주저했던 점을 고백합니다. 특히 몸과 마음이 온전치 않은 사람들을 가까이하지 못했지만 지금부터는 그들에게 가까이 다가가려고 노력하겠습니다. 조용히 그들 곁에 앉아서 이야기를 들어주고 무엇을 고치라고 다그치거나 해결책을 제시하기보다 제 자신을 그들에게 주겠습니다. 저를 통해 주님이 드러나게 도와주옵소서."

- 잠시 시간을 내어 과거를 되돌아보라. 힘든 시기에 누군가 곁에 있어 줌으로써 한결 견디기 수월했던 적이 있었는가? 독서 파트너와 함께 그때의 일에 대해 이야기해 보라.

- 이번 주 가족이나 동료들과 이야기할 때는 다른 생각을 하지 말고 그들이 하는 말을 주의 깊게 듣겠다고 결심하라. 하나님이 만나게 하시는 사람들과 의도적으로 함께 있어 주려고 노력해 보라.

- 홈페이지 www.kaywarren.com을 방문하여 "스트라톤의 이야기"Straton's Story라는 동영상을 보라. 동영상을 다운로드해서 다른 사람들에게도 보여 주라.

Chapter 8

자유로운 선택

*
"즐거워하는 자들과 함께 즐거워하고 우는 자들과 함께 울라"
_ 로마서 12:15

*
"죽어 가는 사람은 사랑을 받을 때 마음이 움직입니다.
그리하여 하나님은 그 사람보다 더 친절하고 더 관대하다고 믿게 되고
자신의 영혼을 하나님께 올려드릴 수 있게 됩니다."
_ 돌로레스 수녀, '사랑의수녀회'

또 다시 가슴이 울렁거리면서 바짝바짝 진땀이 나기 시작했다. 함께 온 에이즈 사역자 청년을 힐끗 쳐다보니 '빨리 하세요'라고 말하는 듯 내게 고갯짓을 했다. 이번에는 눈을 돌려 나를 뚫어지게 바라보고 있는 주변의 환자들을 둘러보았다. 청년은 내게 더 크게 고갯짓을 하더니 입술만 달싹이며 '빨리 하세요'라고 재촉했다.

'아니, 뭘 빨리 하라는 거야?' 미간을 찌푸리며 나는 속으로 생각했다. '이럴 줄은 몰랐는데… 아무런 준비도 안 했는데 어떻게 이 사람들에게 설교하라는 거지? 왜 하나님은 준비도 안한 상황에서 자꾸만 나에게 뭔가를 하게 하시는 걸까?'

에이즈 사역에 뛰어든 이후 나는 언제나 더 많은 것을 배우기 위해 노력했다. 세계 여러 나라를 방문하여 인류를 위협하고 있는 에이즈의 실태를 정확히 파악하고 내가 아는 것을 사람들에게 전해 주는 '에이즈 전도사' 역할을 잘하기 위해서다. 대부분의 미국인들은 내가 다녀온 지역을 다닐 기회가 거의 없을 것이다. 그러므로 내가 해야 할 일 중의 하나는 아프리카, 인도, 아시아, 남미, 동유럽의 실태가 어느 정도인지를 그들에게 제대로 설명해 주는 일이다. 나는 사진작가나 화가가 아니므로 그곳에서 고통 받는 사람들의 삶을 말로써 생생하게 표현해 주어야 한다.

이번에 나는 마닐라를 방문했고 에이즈 요양소에 막 도착한 터였다. 요양소에 가면 각각의 침상을 돌아다니며 환자들을 위로하고 기도해 줄 생각이었다. 우리 일행은 도착과 함께 작은 거실로 인도되었다. 잠시 후에 우리를 향해 다가오는 사람들의 발자국 소리가 들렸다. 그리고 우리가 있는 거실로 열한 명의 남녀와 두 명의 어린 소년들이 조용히 들어왔다. 정맥주사를 맞은 채 주사통이 걸려 있는 막대를 끌고 들어온 사람들도 있었다. 그들은 우리 주위에 둥글게 앉아 무언가를 기대하는 눈으로 우리를 쳐다보았다. 무엇을 원하는 걸까? 나는 설교를 준비하지도 않았고 그저 한사람씩 만나 기도나 해줄 생각이었다. 더욱이 환자 중에 어린 소년 두 명이 있을 줄은 전혀 예상치 못했다. 어린이 환자를 돌보는 것은 성인 환자들을 대하는 것보다 훨씬 세심하게 신경을 써야 하는 일이다. 아이들은 가장 취약한 대상이기 때문이다. 마닐라 요양소에서 만난 두 명의 소년은 정말 여리고 체구가 작았으며 팔과 다리는 온통 종기투성이였다. 에이즈로 인해 면역 체계가 파괴된 증거가 몸 곳곳에 드러나고 있었다. 그 모습을 보니 안쓰럽기 그지없었다. 그 애들의 얼굴에는 웃음기가 없었고 우리가 아무리 웃기려고 재미있는 몸짓을 해도 그저 무표정하니 부모 옆에만 착 달라붙어 있을 뿐이었다.

열세 명의 눈길이 일제히 나를 향해 있는 그 당혹스런 상황에서 나는 그 순간에 할 수 있는 유일한 일을 생각해 냈다. 기도를 해도 되겠냐고 물어본 것이다. 그들은 통역을 통해 내 말을 알아듣고 기도를 하기 위해 옆 사람의 손을 잡았다. 기도하기 전에 나는 슬쩍 "오늘 무엇을 위해 기도해 드릴까요?"라고 물었다. 한 남자가(내 추측에는 아무래도 여자인 것 같았음) 목소리를 높여 영어로 이렇게 말했다. "너무 아파요, 너무 아파! 아파서 죽을 지경이에요!" 그는 손으로 허벅지를 세차게 비벼대며 다시 말을 이었다. "그냥 죽고 싶어요! 천국을 가든 지옥을 가든 상관없어요. 그냥 이 아픈 것 좀 멈추면 좋겠어요!" 절규에 가까운 그의 호소에 나는 더 이상 할 말이 없었다. 하려던 말도 목구멍에 걸려 나오지를 않았다. 나는 살짝 고개를 들어 다른 환자들의 표정을 살폈다. 방금 전 그 사람의 호소에 어떻게 반응하고 있을까? 두 명의 소년만 여전히 무표정할 뿐 나머지 환자들은 하나같이 흐르는 눈물을 주체하지 못하고 있었다.

나는 고통을 호소했던 그 남자의 어깨를 한 팔로 감싸 안고 한 손으로는 다른 환자의 손을 꽉 부여잡은 채 그들을 위해 하나님께 기도하기 시작했다.

"하나님, 우리가 오늘 이곳에 온 것은 이분들에게 당신의 사랑을 상기시켜 주기 위해서입니다. 당신은 이분들을 잊지 않으셨고 무슨 일이 있어도 이분들을 저버리는 일이 없을 것입니다. 저희가 이 세상에서는 두 번다시 이분들을 못 만날지도 모르지만 오늘만큼은 이분들의 고통과 아픔과 슬픔을 나눠 지고 싶습니다. 우리는 이분들의 고통을 지고 함께 눈물흘립니다. 불쌍히 여겨 주시옵소서. 이분들의 견디기 힘든 아픔과 고통을 주님이 덜어 주시길 간절히 기도합니다. 이분들이 사용하는 약이 효과를 발휘하게 도와주시옵소서. 주님, 당신은 이분들이 당하는 고통을 잘 아십니다. 몸의 어디가 어떻게 아픈지, 몸의 어느 부분이 상하고 어느 부분이 약한지를 아십니다. 주님이 이분들의 고통을 덜어 주셔서 밤에 편안하게 잠들 수 있도록 도와주시옵소서. 자신들이 쓸모없는 존재처럼 느껴질 때마다 저희들이 생각나게 하시고 오늘 이분들의 고통을 나누기 위해 이곳에 찾아온 일이 기억나게 하시고 주님은 이분들의 짐을 날마다 져 주신다는 사실도 잊지 않게 하소서. 주님, 이생에서의 삶이 끝이 아니고 우리가 또 다른 세상에 가서 질병도 고통도 아픔도 근심도 슬픔도 없이 살게 하심을 감사드립니다."

나지막한 목소리로 드린 그 기도가 그곳에 모여 있던 모든 사람들의 마음 문을 활짝 열어 주었다. 기도가 끝나자마자 우리 일행은 제각각 시기만 다를 뿐 죽음의 문턱에 서 있는 그들을 주저 없이 안아 주기 시작했다. 기도하기 전만 해도 환자들은 무뚝뚝했고 우리에게 거리를 두는 것 같았다. 그러나 이제는 그들의 눈물 속에 우리의 눈물이 섞여 들었고 팔과 팔이 하나 되어 서로를 부둥켜안았으며 우리가 주는 위로를 마음껏 누리고 있었다.

사람은 몸이 아프면 다른 사람과의 신체적 접촉을 한층 더 그리워한다고 한다. 그들의 어깨를 감싸 안고, 뺨에 입을 맞추어 주고, 따뜻하게 악수를 나눈 행동은 모두가 그들이 여전히 사랑스럽고 존귀하고 소중한 존재라는 사실을 확신시켜 주기 위함이다. 예수님이 손수 우리에게 그와 같은 본을 보여 주셨다. 어린 아이들을 안아서 자신의 곁에 가까이 오게 하셨고 나병에 걸린 남자를 어루만져 낫게 하셨으며 간음한 여인의 눈을 바라보시며 비록 부정한 여인으로 손가락질 받아도 여전히 소중한 존재임을 인식시켜 주셨다. 신체적 접촉은 용납과 사랑을 전달하는 통로다. 무언중에 "나는 너를 깊이 마음속에 두고 있다"라는 점을 전하는 것이다.

그날 우리는 난생 처음 보는, 그리고 앞으로 두 번 다시 만날 가능성이 없는 그 사람들의 고통을 스스럼없이 우리 어깨에 짊어졌다. 그들이 겪는 처절한 아픔을 우리도 느끼고 싶었다. 긍휼이란 다른 사람의 고통을 자기 것으로 만드는 것이다. 그렇게 하기 위해서는 고통을 회피하려는 우리의 자연스런 성향과 정반대로 나가야 한다. 주님에 대한 순종과 희생정신이 뒤따르지 않는다면 그건 어림없는 얘기다. 우리는 주님이 우리에게 하신 그대로 다른 사람에게 베풀어 주어야 한다.

자발적 고통

하나님은 예수님을 이 세상에 보내셔서 우리와 같은 인간이 되게 하시고, 인간과 같이 살게 하시고, 인간의 눈으로 삶을 보게 하시고, 인간의 고통과 어려움을 곁에서 위로하게 하실 수도 있었을 것이다. 그것만 해도 인간이 하나님에게 바랄 수 있는 최상의 섬김이 아닌가? 그러나 하나님은 거기에서 그치지 않으셨다. 한 걸음 더 나아가 예수님에게 인간의 고통을 직접 경험하도록 하셨다. 예수님은 우리의 고통을 몸소 겪으셨다. 우리가 죄로 죽어 갈 때 안타까워하는 것에서 그치지 않으셨고 우리가 울 때 동정의 눈물을 흘리는 것으로 만족하지 않으셨다. 주님은 우리의 고통을 보신 후에 그분의 어깨에 그 고통을 짊어지고 가슴으로 느끼셨으며 심지어 우리의 죄를 대신해 죽기까지 하셨다. 우리의 상처가 그분을 상하게 했다. 이것이 바로 '함께 고통 받는다'는 의미다. 남의 고통을 스스로 껴안는 것이다. 베드로는 다음과 같이 말했다. "친히 나무에 달려 그 몸으로 우리 죄를 담당하셨으니 이는 우리로 죄에 대하여 죽고 의에 대하여 살게 하려 하심이라 그가 채찍에 맞음으로 너희는 나음을 얻었나니"베드로전서 2:24.

이사야 선지자도 감격에 차서 이렇게 부르짖었다.

"그는 실로 우리의 질고를 지고 우리의 슬픔을 당하였거늘 우리는 생각하기를 그는 징벌을 받아 하나님께 맞으며 고난을 당한다 하였노라 그가 찔림은 우리의 허물 때문이요 그가 상함은 우리의 죄악 때문이라 그가 징계를 받으므로 우리는 평화를 누리고 그가 채찍에 맞으므로 우리는 나음을 받았도다 우리는 다 양 같아서 그릇 행하여 각기 제 길로 갔거늘 여호와께서는 우리 모두의 죄악을 그에게 담당시키셨도다…그러므로 내가 그에게 존귀한 자와 함께 몫을 받게 하며 강한 자와 함께 탈취한 것을 나누게 하리니 이는 그가 자기 영혼을 버려 사망에 이르게 하며 범죄자 중 하나로 헤아림을 받았음이니라 그러나 그가 많은 사람의 죄를 담당하며 범죄자를 위하여 기도하였느니라"이사야 53:4-6, 12

예수님은 보이지 않는 하나님을 우리에게 보여 주신 분이다. 예수님의 바로 그런 모습은 우리가 다른 사람의 고통에 어떻게 반응해야 할지를 알려 준다. 이사야는 말했다. "예수님이 우리를 위해 고난을 받았고 우리가 겪는 고통을 겪으셨다. 우리는 그분이 고난당하는 것을 보면서 하나님이 그분을 벌하신다고 생각했다. 그러나 그분은 우리의 잘못을 대신해서 맞았을 뿐이다." 피로 흥건히 물든 십자가만 생각하느라 예수님이 우리를 위해 하신 아름답고 눈물겨운 은혜를 잊어버리면 안 된다. 주님은 당신을 끔찍이 사랑한 나머지 당신의 고통까지 대신 당해 주셨다. 그분은 당신을 짓밟은 것에 자신도 짓밟히기를 마다하지 않으셨다. 우리는 주님의 종이다. 의무가 아니라 사랑으로 주님을 섬기는 사람들이다. 그렇기 때문에 우리도 고통 받고 짓밟히는 이웃과 사람들을 찾아가서 함께 고통을 나누어야 한다.

미국의 저술가 루이스 스미디스Lewis Smedes는 말하길 모든 인간은 이 세상에 사는 동안 어려움을 겪는데 그중의 일부는 자신의 탓이고 나머지는 다른 사람 탓이라고 했다. 다른 사람 탓이란 결국 상황 때문에 어려움이 온다는 말이다. 스미디스는 우리가 좀 더 과감해질 필요가 있다고 역설한다. 즉 다른 사람과 함께 고통 받기를 선택함으로써 과감히 고통에 참여하라는 말이다.

"많은 사람들이 고통의 희생자가 된다. 이제는 고통을 다른 차원으로 승격시킬 필요가 있다. 바로 자발적인 고통 참여다. 다른 사람의 아픔이 나를 아픔이 되게 하면 그것이 바로 고통에 참여하는 것이다. 희생자가 된다는 생각은 잊어버려라. 이제는 당신 스스로 고통을 받을지 안 받을지를 결정하는 위치에 있다. 이건 자유로운 선택이다. 고통으로부터 도망가도 되고 받아들여도 된다. 얼마든지 거절할 수도 있고 얼마든지 승

낙할 수도 있다. 자신의 본성에 눌려 고통 당하는 게 아니라 다른 사람이 본성에 눌려 받는 고통을 함께 당하기로 선택하는 것이다. 즉 당신 스스로 고통을 짊어진다. 주체는 당신 자신이다. 의도적으로 고통 받는 사람 곁에 다가가 그들의 고통이 당신의 마음에 스며들게 해서 당신 자신의 고통으로 만들라. 여기에 아이러니가 숨어 있다. 당하고 싶지 않은 고통을 자발적으로 당하고 느끼고 싶지 않은 아픔을 자발적으로 느끼고 절대 지고 싶지 않은 짐을 자발적으로 짊어지는 것, 이것이 자발적인 고통 분담이다. 이것이 바로 이웃에게 다가서는 사랑의 결정판이다. 이웃으로부터 기쁨을 얻는 게 아니라 이웃과 함께 고통을 겪는 것이다. 누군가와 함께 고통 받음으로써 우리는 스스로 고통을 자초한다. 그럴 필요가 없는데도 불구하고, 혹은 그러고 싶지 않은 데도 불구하고 눈을 크게 뜨고 다른 사람의 고통 속으로 걸어 들어가 그 고통이 자신의 것이라고 주장한다." 주11)

마지막 문장을 눈여겨보았는가? '눈을 크게 뜨고 다른 사람의 고통 속으로 걸어 들어가 그 고통이 자신의 것이라고 주장한다.

"홀로 죽고 싶지 않아요"

에이즈 감염자로 밝혀진 폴이라는 동성연애자는 오렌지카운티 시에서 운영하는 에이즈 치료 센터에 다니고 있었다. 우리 새들백교회의 에이즈 봉사대는 그곳의 환자들을 도울 길을 모색하는 중이었다. 폴은 우리에게 새들백교회를 한번 가보고 싶다고 얘기했다. 나는 폴을 교회 앞에서 만나 약 한 시간 동안 교회 이곳저곳을 구경시켜 준 후에 잠시 차를 대접할 겸 내가 일하는 사무실로 데려갔다. 내가 만난 에이즈 환자들 중 일부가 그러했듯이 폴도 공손하기는 했지만 처음에는 약간 무뚝뚝했다. 그 동안 우리 교회 교인들을 비롯해 개신교 성도들은 대체로 에이즈 환자들에게 무관심한 편이었다. 지난 25년간을 무관심했던 기독교인들이 갑자기 에이즈 환자들을 위해 봉사하겠다고 나서니 그들이 의심의 눈초리로 보는 것도 어쩌면 당연한 일이었다. 나는 그 점을 이해했기에 그들이 냉랭한 태도를 보여도 그다지 기분이 상하지는 않았다. 사람들의 냉대와 혐오의 대상이 되었던 에이즈 환자들…. 폴 역시 그런 아픔에서 나온 태도를 내게 그대로 보여 주고 있었다.

폴은 내가 어떻게 에이즈 환자들을 위해 일하게 되었는지 물었고 나는 유방암에 걸렸던 사실을 포함해 그 동안의 사연을 이야기해 주었다. 나는 그를 정면으로 바라보면서 이렇게 말했다. "나는 에이즈 환자가 아니라서 폴 청년이 겪는 고통을 전부 다 알 수는 없지만 나 역시 죽을 병에 걸려 보았던 사람이에요. 제때 치료를 받지 못했다면 결국은 유방암으로 세상을 떠났겠죠. 죽음이 그렇게 가깝게 느껴진 적은 처음이었어요. 지금은 예전만큼 죽는 게 두렵지 않아요." 그는 책상 위에 놓인 내 손을 가만히 잡더니 이렇게 말했다. "저도 죽는 것은 두렵지 않아요. 다만 혼자 쓸쓸히 죽어야 하는 게 두려워요." 인간이라면 누구나 느끼는 두려움, 그 두려움의 실체는 폴의 말처럼 바로 홀로 맞는 죽음이었다.

그날 폴은 자신의 감정이나 약한 모습에 대해 하나도 숨김없이 솔직

186

하게 나에게 이야기했다. 처음 만나는 청년과 내가 그토록 짧은 시간에 그렇게 깊이 마음이 통할 수 있다는 게 신기할 정도였다. 그건 아마도 우리 두 사람 모두 죽음에 직면한 사람의 심정을 누구보다 잘 알고 있었기 때문일 것이다. 폴에게 하고 싶은 말이 입에서 뱅뱅 돌았지만 초면에 그런 말까지 하기가 좀 쑥스러웠다. 하지만 하나님이 내게 폴 청년의 특별한 친구가 되라고 하시는 것 같았다.

결국 그 자리에서는 아무 말도 하지 않았으나 그날 저녁, 나는 그에게 이메일을 보내어 내 생각을 그대로 전해 주었다. 내가 보낸 이메일의 일부를 소개하겠다.

"나와 그리 친한 사이가 아닌데도 오늘 그렇게 솔직하게 이야기해 주는 것을 보고 가슴이 찡했어요. 한 가지 폴에게 꼭 약속해 주고 싶은 게 있답니다. 내 힘이 닿는 한 절대로 폴이 혼자 죽게 하지 않겠어요. 가족과 친구들이 폴 곁에 있겠지만 저 역시 폴이 가는 자리를 지켜 줄게요."

얼마나 황당한 약속인가! 누가 죽어 가는 사람의 머리맡을 지키겠다고 미리 약속을 하겠는가? 그것도 생전 처음 만난 사람에게…. 난 터무니없고 어이없는 행동은 별로 하지 않고 살아온 사람이다. 그러나 하나님께서 폴에게 그런 약속을 하라고 시키신다는 확신이 들었다. 폴이 내 약속을 어떻게 생각할지는 알 수 없었다. 얼마 후에 폴은 자신을 그렇게 생각해 주어 고맙다며 긴 감사의 이메일을 보내왔다.

우리는 곧 절친한 사이가 되었다. 폴은 친구 한 명과 함께 어머니날에 우리 새들백교회를 찾아왔다. 그 자리에서 우리는 곧바로 다시 만날 약속을 정했다. 그러나 폴은 재빠르게 내 인생에 나타난 것처럼 재빠르게 내 인생에서 사라졌다. 병세가 급격히 악화되어 다니던 직장을 그만두었고 그 지역을 떠나 다른 곳으로 이사를 간다고 했다. 폴은 내게 새로운 이메일 주소와 연락처를 주고 갔지만 더 이상 내게 이메일을 보내지 않았고 결국 연락이 끊겨 버렸다. 나로서는 상당히 당혹스런 일이었다. 나는 하나님께 기도하기 시작했다. "하나님, 분명히 당신이 폴을 만나게 해주신 것이라 믿습니다. 그는 내게 어떻게 다른 사람에게 정을 주어야 하는지, 어떻게 신앙의 차이를 극복하고 친해질 수 있는지를 보여 주었습니다. 저는 당신이 폴과 오랜 시간 함께해 주라고 하시는 줄 알았습니다. 그와 친해지고, 그를 사랑하는 법을 배우고, 그가 죽을 때까지 친구가 되어 주라고 하시는 줄 알았습니다. 그런데 이제 그는 가버렸고 저는 연락할 길도 없습니다. 제가 당신의 뜻을 잘못 알고 있는 건가요?"

하나님은 내 질문에 대답하지 않으셨다. 그러나 내 마음만은 진심이었다. 다른 사람의 고통을 대신 짊어지고 끝까지 그 짐을 지고 가고 싶었다. 그 '끝'이 폴의 죽음이라 하더라도 나는 고통의 짐을 지고 갈 용의가 있었다. 함께 고통 받기로 굳게 작정을 했으니까.

사람을 사랑하는 것이 예수님을 사랑하는 것

어느 날 예수님은 칭찬어린 말에 마냥 기분이 들떠 있는 제자들을 둘러보셨다. 예수님이 앞에 하신 말씀은 분명히 칭찬이었다. 그런데 그 뒤에 따라오는 말은 도통 무슨 말인지 제자들도 이해하기 힘들었다. "내가 주릴 때에 너희가 먹을 것을 주었고 목마를 때에 마시게 하였고 나그네 되었을 때에 영접하였고 헐벗었을 때에 옷을 입혔고 병들었을 때에 돌보았고 옥에 갇혔을 때에 와서 보았느니라"마태복음 25:35-36.

아리송한 표정으로 이렇게 예수님께 질문하는 제자들의 표정이 눈에 선하다. "예수님, 지금 저희보고 하시는 말씀이신가요? 언제 저희가 예수님이 주리셨을 때 먹을 것을 드렸고 감옥에 갇히셨을 때 찾아갔었나요? 예수님이 헐벗으셨을 때 옷을 입혀 드린 기억도 없는데요. 예수님이 병드신 적이 있었나요? 일찍 일어나셔서 호숫가 맞은편으로 가셨던 기억만 나는데요." 그때 했던 예수님의 대답은 명언 중의 명언이었다. "너희가 여기 내 형제 중에 지극히 작은 자 하나에게 한 것이 곧 내게 한 것이니라"마태복음 25:40.

우리는 대부분 그 대목에서 읽기를 중단한다. 예수님의 말씀은 그 정도로도 우리의 가슴을 뜨끔하게 찌르기 때문이다. 병들고 가난하고 감옥에 갇히고 집이 없는 사람들에게 우리는 과연 무엇을 해주었는가? 그러나 예수님의 말씀은 여기에서 그치지 않고 한 발짝 더 나아간다.

"또 왼편에 있는 자들에게 이르시되 저주를 받은 자들아 나를 떠나 마귀와 그 사자들을 위하여 예비된 영원한 불에 들어가라 내가 주릴 때에 너희가 먹을 것을 주지 아니하였고 목마를 때에 마시게 하지 아니하였고 나그네 되었을 때에 영접하지 아니하였고 헐벗었을 때에 옷 입히지 아니하였고 병들었을 때와 옥에 갇혔을 때에 돌보지 아니하였느니라 하시니 그들도 대답하여 이르되 주여 우리가 어느 때에 주께서 주리신 것이나 목마르신 것이나 나그네 되신 것이나 헐벗으신 것이나 병드신 것이나 옥에 갇히신 것을 보고 공양하지 아니하더이까 이에 임금이 대답하여 이르시되 내가 진실로 너희에게 이르노니 이 지극히 작은 자 하나에게 하지 아니한 것이 곧 내게 하지 아니한 것이니라 하시리니 그들은 영벌에, 의인들은 영생에 들어가리라 하시니라" 마태복음 25:41-46

이제 알겠는가? 예수님은 제자들에게 두 가지 큰 잘못을 저질렀다고 말씀하시는 것이다. 도움이 필요한 사람을 도와주지 않았고 그럼으로써 예수님을 돕지 않았다는 것이다.

예수님을 사랑한다는 결정적 증거자료는 상당히 의외의 출처에서 나온다. 인간이 신앙의 성숙도를 측정하는 전형적인 방법과는 거리가 멀다. 예수님에 대한 사랑이 단순히 교회 출석, 성경 읽기, 찬양, 성가대 봉사, 주일학교 봉사, 교직자나 안내위원으로 섬기는 데서 발견되지 않는다. 물론 이와 같은 활동도 신앙 성숙에 중요한 요소가 되는 것은 분명하다. 하지만 병든 자를 돌보고 가난하고 소외된 사람들을 도와주는 데에서 그 사랑은 보다 분명히 증명된다.

그렇다고 예수님을 직접 집에 맞아들이고, 식사를 차려 드리고, 깨끗한 옷을 입혀 드리고, 감옥에 계실 때 찾아가고, 물 한잔을 떠다 드리지는 못한다. 그러나 우리가 다른 사람들에게 이렇게 해줄 때 그것은 곧 주님께 해 드린 것이 된다. 만일 사람들에게 이렇게 하지 않는다면 그것은 곧 주님께 하지 않은 것이다.

어이쿠!

이 말씀이 구구절절 내 마음에 와 닿은 순간은 캘커타에서 마더 테레사 수녀님이 운영하는 '죽음을 기다리는 사람들을 위한 집'을 방문했을 때였다. 나는 그곳에서 '사랑의수녀회' 소속 수녀들이 기거하며 예배를 드리는 '마더하우스'와 '죽음을 기다리는 사람들을 위한 집'을 둘러보았는데 가는 곳마다 십자가에 못 박힌 예수상이 벽에 붙어 있었다. 그 십자가 예수상들 위에는 테레사 수녀님이 붙여 놓았다는 "내가 목마르다"라는 문구의 장식판이 달려 있었는데 수녀와 자원 봉사자들에게 가난한 사람들을 섬겨야 하는 이유를 상기시키기 위해서였다고 한다. 우리가 2천 년 전으로 돌아가서 십자가 위에서 목마르다고 하신 예수님께 물을 떠 드릴 수는 없다. 하지만 날마다 만나는 '작은 자들'의 마른 목을 축여 줄 수는 있다. 대못이 예수님의 살을 뚫고 들어갔을 때의 고통을 멈추게 할 수는 없지만 괴로워하는 여인 곁에서 이마에 흐르는 땀을 닦아 줄 수는 있다. 군인들의 조롱거리가 된 예수님의 벌거벗은 몸을 덮어 드릴 수는 없지만 누더기가 된 어린 아이의 옷을 갈아입혀 줄 수는 있다. 테레사 수녀의 명언대로 예수님이 가난한 사람의 '가장 비참한 모습'으로 가장하고 나타나신다면 우리는 가난한 사람을 도와줌으로써 구세주 예수님께 사랑을 표현하는 셈이 된다. 반대로 그들을 모른 척한다면 결국 우리는 예수님을 모른 척하는 것이다.

다른 사람의 고통에 자발적으로 참여하는 것은 하나님이 들어오실 수 있는 무대를 마련하는 일이다. '사랑의수녀회'의 돌로레스 수녀는 말했다. "죽어 가는 사람들은 사랑을 받을 때 감동합니다. … 그 사랑으로 인해 하나님은 그보다 더 좋으신 분이고, 더 은혜로운 분일 거라고 믿게 되고 자신의 영혼을 하나님께 맡길 수 있게 됩니다." [주12] 다른 사람과 함께 고통 받기로 자원함으로써 우리 주님 역시 가장 작고 천하고 믿지 않는 사람들을 사랑하신다는 사실을 증명하는 것이다.

　나는 겪지 못했지만 에이즈로 아이를 잃은 수많은 아버지와 어머니들의 고통을 이해할 것 같다. 나는 겪지 못했지만 남편을 먼저 보낸 수많은 여인들의 아픔을 이해할 것 같다. 나는 겪지 못했지만 질병에 걸려 집과 마을에서 쫓겨난 수많은 사람들의 고초를 이해할 것 같다. 나는 겪지 못했지만 아기에게 모유를 수유해서 에이즈 바이러스를 옮겨야 하는지, 분유를 먹여서 에이즈만큼 위험한 세균 침입에 무방비 상태가 되게 해야 하는지 진퇴양난에 빠진 수많은 어머니들의 고뇌를 이해할 것 같다. 나는 겪지 못했지만 먹을 게 없어 자녀들이 썩은 쓰레기 더미를 뒤지는 모습을 봐야 하는 수많은 어머니들의 비애를 이해할 것 같다. 나는 겪지 못했지만 아들과 딸을 전쟁터에 내보내야 하는 수많은 부모들의 심정을 이해할 것 같다. 나는 겪지 못했지만 길에서 새우잠을 자며 몇 개 안 되는 소지품을 행여 도둑맞을까 봐 노심초사하는 수많은 노숙자들의 고생을 이해할 것 같다. 내가 그와 같은 사람들의 아픔과 괴로움과 절망을 느낄 때마다 나는 그들의 짐을 함께 져 주는 것이다. 자원해서 고통을 짊어지는 것이야말로 그리스도의 제자라는 가장 강력한 입증이다. 예수님은 우리를 위해 자원해서 고통을 당해 주셨다. 이제 우리도 예수님을 위해 다른 사람의 고통을 함께 나누어야 한다.

　연민과 긍휼을 느끼는 것은 결심하기에 달렸다는 사실을 알고 있는가? 누군가를 불쌍히 여기는 마음은 느닷없이 찾아오는 감정이 아니라 의지적인 선택이다. 다른 사람의 고통을 외면하지 말고 세상의 악과 만행을 부인하지 않는다면 우리는 새로운 습관을 형성할 수 있다. 그리스도를 닮은 새로운 감정의 양상을 체득할 수 있다. 작은 자, 소외된 자,

억울한 자의 고통을 자신 안에 흡수하고 그들과 함께 있겠다고 결심할 때 우리는 가장 예수님다워진다. 당신은 예수님을 찾고 있는가? 당신이 예수님을 만날 수 있는 곳이 바로 그곳이다.

순종

당신과 상관없는 다른 사람의 고통을 기꺼이 짊어질 수 있겠는가?

기도

"하나님 아버지, 예수님을 보내 주셔서 고통 당할 때 저와 함께하실 뿐 아니라 제 고통까지 주님이 져 주시니 감사합니다. 주 예수님, 저의 고통을 대신 감당해 주시고 죄의 대가까지 지불해 주셔서 얼마나 감사한지요. 제가 받을 엄청난 형벌을 당신은 모두 한 몸에 받아 주셨습니다. 제가 다른 사람의 고통도 그렇게 감당할 수 있는 용기를 허락해 주옵소서. 제 자신의 고통만이 아니라 다른 사람의 고통까지 감당할 힘을 주옵소서. 저를 통해 주님의 사랑이 흘러가게 하옵소서. 저로 하여금 다른 사람과 완전히 하나 되게 하셔서 그가 기뻐할 때 저 또한 환하게 웃게 하시고 그가 슬퍼할 때 저 또한 주체할 수 없이 울게 하소서. 저의 웃음과 울음 속에서 그가 당신의 기쁨과 긍휼을 깨닫게 하소서. 저를 통해 그를 사랑해 주소서."

- 아는 사람 중에 어려움을 당하고 있는 사람이 있다면 그를 위해 기도하라. 그가 느끼는 고통을 당신도 느낄 수 있게 해달라고 간구하라. 독서 파트너가 있다면 그의 상황을 위해 함께 기도하라.

- 최근에 사랑하는 사람의 죽음을 경험한 사람이 있다면 그 사람에게 식사를 대접해 보라. 병원에 입원한 사람이 있다면 문병을 가서 힘을 내도록 격려하라. 만성질병을 앓고 있는 자녀를 둔 부부가 있다면 그들이 오랜만에 외출을 해서 둘만의 시간을 가질 수 있도록 아이를 돌보아 주라. 낙심하거나 절망적인 상황에서 괴로워하는 사람이 있다면 이메일이나 편지를 써서 위로해 주라.

- 홈페이지 www.kaywarren.com을 방문해서 릭과 케이 워렌의 "병자를 향한 하나님의 긍휼"God's Compassion for the Sick이라는 설교를 들어 보라.

Chapter 9

예기치 않은 하나됨

*
"너희를 불러 그의 아들 예수 그리스도
우리 주와 더불어 교제하게 하시는 하나님은 미쁘시도다"
_ 고린도전서 1:9

*
"하나님을 위해 하는 모든 공적인 활동의 가치는
하나님과 갖는 개인적 친교의 깊이에 따라 평가된다."
_ 오스왈드 챔버스, 『주님은 나의 최고봉』

어느 무더운 날의 오후, 우리는 인도 캘커타의 칼리 사원 근처에서 사람들로 붐비는 거리를 헤치며 앞으로 걸어가고 있었다. 도로 양쪽에는 작은 통로들이 줄지어 늘어 서 있고 그 통로로 들어가는 입구마다 다양한 연령층의 여인들이 벽에 몸을 기대고 서 있었다. 매우 야한 옷을 입은 여인이 있는가 하면 화려하게 치장한 여인도 있었다. 개중에는 누더기에 가까울 정도로 헤진 옷을 입은 여인들도 눈에 띄었다. 그들은 모두가 창녀들이다. 거리의 창녀…! 몸 파는 여자…! 손가락질 받는 여인들…! '갈보'라 불리는 여인들…! 정부가 붙인 공식 명칭은 '상업적 성매매자'다. 그전까지만 해도 나는 한 번도 창녀를 만난 적이 없었다. 미국에서는 물론이고 내가 다녀 본 다른 나라에서도 그랬다. 하지만 그날만큼은 내가 창녀들에 둘러싸여 있었다.

자, 솔직히 말해 보자. 창녀는 사회 밑바닥 층을 이루는 사람들이다. 그들은 밤늦은 텔레비전 쇼의 농담거리나 할리우드 영화의 소재가 된다. 정치인들과 텔레비전 부흥강사들은 매춘 문제를 언급하면서 우려의 목소리를 높인다. 하지만 어느 누구도 그들을 인간으로 취급하지는 않는다. 나는 여자가 창녀가 되는 이유는 다른 게 없다고 들었다. 한마디로 천박하고 정신머리가 글러서 그렇다는 것이다. 에이즈 사역에 관심을 갖기 전까지는 솔직히 그런 여자들과 가까이하고 싶지 않았다. 그러나 에이즈 사역에 깊이 관여하면서 성매매가 에이즈 확산의 주범 중 하나라는 사실을 알게 되었다. '상업적 성매매자'들이 에이즈 확산에 일조를 하고 있다면 창녀로 살아가는 수많은 여성들을 그대로 두고 볼 수는 없는 노릇이었다. 위험한 순종의 길을 걷다 보니 한 걸음 뗄 때마다 놀라운 사실을 알게 되었고 그 사실은 보통 '가장 작은 자', 즉 사회에서 멸시당하고 소외된 약자들과 연관이 있음도 알게 되었다.

또 한 가지 알게 된 사실이 있다. 이 세상에서 성매매로 살아가는 남녀 매춘자들을 위해 예수님의 이름으로 소망과 치료의 길을 모색하는 헌신된 그리스도인들이 점점 더 많아지고 있다는 사실이다. 예수님도 간음 현장에서 잡혀 온 여인과 창녀로 악명 높던 여인을 대하실 때 인격적으로 대해 주시지 않았는가! 그들의 잘못만 지적하신 게 아니라 부드럽고 온화하게 대해 주셨다.

다시 말해 예수님은 그들을 인간으로 대우해 주셨다.

겉만 보고는 모른다

캘커타 창녀촌에서 사역하는 한 선교사 부부의 안내로 나는 동역자들과 함께 그곳 창녀촌을 찾아갔다. 나와 같이 간 동역자는 주디와 메리였다. 그 부부는 우리에게 자신들과 친하게 지내는 창녀들을 만나게 해주었다. 우리는 모두 창녀들이 가득 메운 거리를 함께 걸어갔다.

골목길을 벗어나 큰길로 나오니 차와 버스와 자전거와 행인들이 한데 어우러져 혼잡하기 이를 데 없었다. 그 붐비는 와중에도 길을 가던 사람들의 시선이 일제히 우리에게로 쏠렸다. 우리가 비록 가난한 일반 여인들처럼 헐렁한 바지와 웃옷을 입고 머리에 천을 둘러쓰기는 했지만 하얀 피부와 서구적인 생김새는 어쩔 수가 없는 모양이었다. 이상하게 생긴 서양 여자들이 창녀들과 이야기하며 걸어가는 모습이 희한했는지 행인들은 서로 부딪치는 줄도 모르고 정신없이 우리를 쳐다보았다. 더는 사람들의 시선을 끌지 않기 위해 함께 온 세 명의 창녀들에게 같이 택시를 타고 다실에 가서 이야기를 하자고 했다. 선교사 부부는 가까운 곳에 다실을 마련해 캘커타의 창녀들이 안심하고 들어와 차를 마시며 이야기를 나누는 장소로 이용하고 있었다.

다실은 깨끗하게 페인트칠이 되어 있었지만 작은 탁자 하나와 의자 몇 개가 전부였다. 세 명의 창녀들은 의자에 앉으라는 권고를 뿌리치고 각자 자유롭게 등을 벽에 기대고서 바닥에 앉았다. 그들은 바닥에 앉아 있는데 나 혼자만 의자에 앉아 있기가 어색해서 나도 그들 곁에 주저앉았다. 그러자 세 명 중 한 명이 즉시 내게로 다가오더니 팔짱을 끼면서 내 손을 꼭 부여잡았다. 가녀린 몸을 내 몸에 바짝 기댄 채 머리를 내 어깨에 얹었다. 내가 자세를 바꾸면 그녀도 나를 따라 자세를 바꿨다. 내가 얘기하는 동안 그녀는 내 얼굴을 들여다보았고 끊임없이 미소를 지으며 뭐라고 이야기를 했다. 우리의 언어가 다르다는 사실도 전혀 안

198

중에 없는 듯했다. 그렇게 앉아서 얘기하다 보니 허리가 아프고 발과 다리가 저려 왔다. 일어나서 몸을 좀 펴고 싶었지만 우리 사이에 뭔가 성스러운 공감대가 형성되는 게 느껴졌고 그런 영적인 교류를 방해하고 싶지 않았다.

처음에 그녀들은 자기들끼리 뭔가 농담을 주고받는지 연상 깔깔거렸다. 아마 우리의 수수하고 볼품없는 인도 옷과 그들이 입고 있는 화려한 금박 비단 사리를 비교하며 웃고 있었을 것이다. 그들은 자신의 몸매를 드러냈지만 우리는 완전히 가리고 있었다. 그들은 사람들의 주목을 끌려했지만 우리는 가급적 눈에 띄지 않으려 했다. 통역하는 사람을 통해 이런저런 말이 오가던 끝에 그들은 우리에게 자신의 자녀, 고향, 캘커타에서의 삶, 에이즈 발병 여부, 창녀가 된 경위 등을 이야기했다.

어느 순간부터 그들의 얼굴은 자못 진지해졌다. 한 여인은 남편이 자신을 창녀로 팔았다고 했고 한 여인은 이모에 의해 팔려 왔으며 나머지 한 여인은 이웃사람이 팔았다고 했다. 그런 상황에서도 어떻게 그렇게 밝게 웃고 있느냐고 묻자 그들의 얼굴에서 웃음기가 가셨고 장난스런 표정은 완전히 사라져 버렸다. 다만 두 줄기 눈물만이 그들의 고운 뺨을 타고 흘러내렸다. "밝다고요? 제 기쁨은 고향에서 이곳으로 오는 순간에 끝났어요. 좋을 일이 어디 있겠어요." 우리는 한동안 말이 없었다. 생의 비애가 절절이 가슴을 파고들었다. 나는 궁금증을 억제하지 못하고 그들에게 물었다. "그냥 떠나면 되잖아요? 창녀 일을 그만두면 안 되나요?" 내 질문에 그들은 똑같은 대답을 내놓았다. "그럼 우린 어떻게 살라고요? 기술도 없는데 무얼 하면서 살아요? 가족들은 우리가 벌어오는 돈만 바라보는데 우리가 어떻게 하겠어요?"

나는 속으로 조용히 기도를 드렸다.

"주님, 제가 이 여인들의 겉모습만 본 것을 용서해 주십시오. 밝고 만족스러워 보인다고, 외모가 아름답다고, 이들이 자진해서 이 길을 선택했다고 생각했으니 저는 얼마나 바보입니까? 이들에게는 숨겨진 고통이 있었습니다. 신뢰했던 사람에게 배신당하고 골동품처럼 팔려서 인간이 아닌 상품 취급을 받고 있습니다. 주님, 당신은 이들의 아픔을 알고 계십니다. 당신도 사랑하는 제자에게 배신당하고 팔려 가셨습니다. 사람들에게 버림 받고 이용당하는 뼈저린 아픔을 체험하셨습니다. 이 여인들은 막다른 골목에 몰려 있습니다. 빠져나갈 구멍이 없습니다. 고향에 돌아가 순수한 동네 처녀로 살 수도 없고 지금의 처지에서 달리 생계를 꾸려 갈 방법도 없습니다. 이 순간 저희를 통해 주님의 사랑이 이들에게 전달될 수 있도록 도와주십시오. 비록 언어는 달라도 당신이 이들을 사랑하시고 이들을 위해 돌아가셨다는 사실을 이해하게 해주십시오."

사회의 음지에서 살아가는 그 여인들과의 만남은 심오한 영적 진리 하나를 내게 가르쳐 주었다. 당시 나는 그들을 향한 하나님의 깊은 사랑을 느낄 수 있었다. 그러나 그들이 오히려 나를 하나님께 가까이 인도해 주었고 주님과의 친교를 한층 더 강화했다는 사실을 그때에는 깨닫지 못했다. 마음이 우울해지고 다른 사람의 고통을 돌아보는 시간을 통해서 실제로는 우리 자신이 하나님의 마음에 더욱 가까이 다가서게 된다.

고통이 가져다준 선물

2004년 여름과 가을에 걸쳐 나는 태국, 캄보디아, 필리핀, 인도를 방문했다. 1년 전, 처음으로 모잠비크와 말라위, 남아공을 방문했을 때는 가슴앓이를 하며 헌신을 다짐했다면 이번에 찾아간 아시아와 남동 아시아 나라들에서는 심각한 우울증에 빠져 헤어나지를 못했다. 우울증의 원인은 아마도 투병 생활, 항암 치료, 2002년 봄에 읽었던 그 운명의 잡지 기사 이후 겪은 다양한 체험에 기인한 게 아닌가 싶었다.

필리핀과 인도를 다녀온 뒤부터는 툭하면 울음이 터져 나왔다. 밤에는 잠도 오지 않았다. 무엇을 봐도 재미가 없고 관심이 가지 않았다. 아시아에서 만났던 남자와 여자와 어린아이들의 얼굴들이 눈앞에 어른거렸고 그들이 당하는 고통에 내가 잠식당할 것만 같았다. 찢어지는 가난, 에이즈, 무지, 대량 학살, 고아, 과부, 불의와 증오심이 나 개인의 고통과 더해져 삶의 기쁨과 즐거움을 송두리째 앗아가 버렸다. 슬픔과 침울함은 곧 냉담과 무기력으로 변했고 나의 무력감은 마침내 절망으로 바뀌었다. 유방암과 투병하는 동안 나는 하나님께 화가 났다. 세상 자체가 그토록 병들고 죄악투성이라는 사실에 화가 났다.

그러나 이제는 화가 난 게 아니라 맥도 못 출 정도로 삶의 기력을 잃어버렸다.

나와 함께 아시아 나라들을 다녀온 사람들도 비슷한 증세를 경험하고 있었다. 우리는 같이 대화를 나누고 서로의 상태를 파악하면서 회복의 조짐이 보이는지 주의를 기울였다. 빨리 예전의 내 모습을 되찾고 싶었다. 그러나 6주가 지나도 전혀 회복의 기미가 보이지 않자 나는 우리 교회 선교 담당 콘스탄츠 목사에게 전화를 걸어 상담을 요청했다. 그는 우리 세 사람을 만나서 기도를 해주겠다고 말했고 선교 여행을 다녀온 다른 목사들도 참석해 같이 기도해 주겠다고 했다. 무엇보다 그들은 이 세상의 만행과 고통을 목격했을 때의 정신적 충격이 얼마나 심각한지를 아는 사람들이었다. 특히 우리처럼 고통을 모르고 살아온 사람들의 충격은 더 심했다.

우리 세 사람은 성경책과 일기장을 들고서 커다란 탁자 주변에 둘러앉아 동석한 목사님들의 조언에 귀를 기울였다. 그분들이 우리 문제에 해결책을 제시해 주길 간절히 바라는 마음이었다. 콘스탄츠 목사가 먼저 다음의 성경 구절을 찾아서 읽었다. "내가 그리스도와 그 부활의 권능과 그 고난에 참여함을 알고자 하여 그의 죽으심을 본받아 어떻게 해서든지 죽은 자 가운데서 부활에 이르려 하노니"빌립보서 3:10-11.

그 후에 콘스탄츠 목사는 단호하면서도 부드러운 음성으로 다음과 같이 얘기했다. "고아가 된 아이를 보거나 에이즈 환자를 대하거나 그런 일로 가슴이 무너질 때마다 하나님의 가슴도 똑같이 무너진다는 사실을 잊지 마십시오. 여러분이 죽어 가는 사람들 보면서 울 때 하나님의 얼굴에도 눈물이 흘러내린다는 사실을 잊지 마십시오. 어떤 만행이나 고통도 더 이상 보고 싶지 않고 이 세상의 악한 인간들을 모조리 없애 버리고 싶다는 생각이 들 때 하나님의 심정은 그보다 더 절실하다는 사실을 잊지 마십시오. 여러분은 지금 하나님이 이 악한 세상에 대해 느끼시는 아픔의 일부분만을 맛보고 있을 뿐입니다. 여러분이 그런 아픔을 그대로 받아들인다면 하나님과 더 친밀한 관계로 나아갈 것이며 그리스도의 고난에 동참하게 될 겁니다. 주님은 이 세상을 위해 묵묵히 고난을 당하셨습니다. 이제 여러분도 주님의 고통과 아픔에 동참하는 특권을 누리게 된 겁니다. 그러니까 여러분과 주님이 함께 울고 있는 것이죠."

콘스탄츠 목사의 조언은 내게 새로운 이해와 사고에 눈을 뜨게 해주었다. 나는 그때까지도 예수님의 고난에 참여함으로써 친교가 이루어진다는 성경말씀을 이해하지 못했다. 솔직히 신비가(?)인 내게도 그 말씀은 너무 신비적으로만 들렸다. 그러나 나의 우울증과 무력감 속에서 깨달은 것은 고통을 망각하려는 노력이 우울증 치료 방법은 아니라는 사실이었다. 하나님께는 더 나은 방법이 있었다. 나의 정신적 고뇌를 통해 하나님은 나를 그분의 마음 가까이 부르고 계셨다. 다시 말해 그분의 세계로 나를 초대하신 것이다. 그분이 느끼는 감정을 나도 느낌으로써 나는 그분과 더욱 가까워지고 있었던 것이다.

혹시 당신은 하나님이 어떻게 느끼실지 궁금했던 적이 있는가? 하나님이 살인, 성폭행, 근친상간, 간음, 고문, 빈곤, 모욕, 질병, 불의 등에 대해 어떤 감정을 느끼실지 한 번이라도 생각해 본 적이 있는가? 성경을 대강만 훑어보아도 하나님이 그 모든 악행을 얼마나 싫어하시는지는 짐작하고도 남을 것이다 잠언 6:16 참조. 죄악이 이 세상을 파괴하는 것에 대해 하나님은 심히 분노하신다 역대하 19:7, 이사야 61:8 참조. 신약에는 예수님이 예루살렘 사람들과 그들의 박해를 보면서 우셨다고 기록했다 마태복음 23:37 참조. 친했던 나사로가 죽었다는 소식을 듣고서도 눈물을 흘리셨고 요한복음 11:35 참조, 성전에서 예배드리는 사람들을 속이던 장사꾼들에게 화를 내셨고 마태복음 21:12 참조, 종교 지도자들이 병든 사람보다 안식일 지키는 데에 더 신경을 쓴다고 진노하셨고 누가복음 13:15-16

^{참조}, 어른이 나약한 아이들에게 어떤 식으로든 상처를 주는 데에 노여움을 터뜨리셨다^{누가복음 17:2 참조}.

우리의 하나님은 마음 깊이 감정을 느끼시는 하나님이다.

내가 하나님을 깊이 열정적으로 사랑하게 되면 자동적으로 하나님의 아픈 마음을 느끼게 된다. 하나님을 사랑하는 사람이 세상을 향한 하나님의 쓰린 가슴을 느끼지 못한다면 사실은 그게 더 이상한 일이다. 예수님을 따르는 제자가 될 때 우리 심령에 큰 변화가 일어난다. 그리고 그 내면의 변화는 결국 일상의 삶 속에서 외적인 변화로 나타난다. 주님의 십자가와 부활을 몸소 체험하면 이 땅에서의 짧은 생애를 어떻게 살아야 하는지를 다시 생각하게 된다. "무엇을 하고 어디에 갈 것인가?" "돈과 시간과 재능과 힘을 어디에 사용할 것인가?" "도움이 필요한 사람들을 어떻게 도울 것인가?" 등의 문제는 우리가 주님의 고난에 얼마나 깊이 참여하는가에 따라 결정된다.

이것은 모두가 매우 바람직한 일이다! 절대 회피할 일이 아니다. 주님이 관심을 가지는 대상에 우리도 관심을 가지면 그것은 곧 그분의 열정을 공유하는 것임과 아울러 주님과의 영적 관계를 공고히 다지는 일이기도 하다. 예수님의 고통이 내 고통이 되고, 그분의 눈물이 내 눈물이 되고, 그분의 상처가 내 상처가 되고, 그분의 십자가가 내 십자가가 되고, 그분의 위로가 나의 위로로 승화된다.

프랑소와 페늘롱의 말처럼 우리가 주님과 함께 고난을 받을 때 그곳에는 아름다운 마음의 일체가 생겨난다. "당신이 하나님을 사랑하면 그분을 위해 어떤 고난을 당해도 상관하지 않게 된다. 당신이 진 십자가가 당신을 사랑하는 주님의 형상으로 만들어 줄 것이다. 주님과의 사

랑의 유대감, 그것이 바로 당신이 받게 되는 진정한 위안이다."주 13)

우울증이 심각해지자 나 역시 구제 사역자들이 흔히 걸려드는 유혹에 빠져 버렸다. 그 유혹을 한마디로 요약하자면 "네가 세상을 책임져야 해!"이다. 에이즈에 걸린 사람들 때문에 마음이 아플 때마다 "자, 뭔가 수를 써야겠어" 식의 조급함이 앞섰고 내 손으로 이 세상을 그 몹쓸 병으로부터 구해 내겠다며 이를 악물었다. 어떤 때에는 정말 모든 게 내 뜻과 노력 여하에 달려 있는 듯한 착각이 들기도 했다. 물론 그런 생각을 내 입으로는 절대 말하지 않았다. 하지만 내가 아무리 '구세주 콤플렉스'를 의식적으로 떨쳐 버리려고 해도 그런 강박관념이 불쑥불쑥 삶 속에서 튀어나왔다.

나의 한심한 모습을 보고 있자면 "브루스 올마이티"Bruce Almighty라는 영화에 나오는 더 우습고 한심한 장면들이 생각났다. 브루스라는 주인공은 자기가 하나님이 될 자격이 있다고 생각했고 하나님은 그럼 한 이틀간만 하나님이 되어 보라고 허락한다. 어느 날 브루스는 수많은 사람들이 동시에 자기에게 기도하는 것을 알게 된다. 그들의 기도에 일일이 응답하려고 시도해 보지만 결국은 두 손 두 발 다 들고 포기한다. 그건 도저히 자기 힘으로 할 수 있는 일이 아니었다. 나도 하나님과 동역한다고 했지만(이것만큼은 성경적임) 동역자로서 내가 해야 할 역할을 확대해석했고 그 결과 내 어깨는 세상 짐을 질만큼 넓지 못하다는 사실을 깨달았다. 내 능력의 한계를 벗어나 너무 무거운 짐을 지려고 허우적대다가 완전히 녹초가 되고 말았다. 내가 다른 사람의 고통을 보며 느끼는 고통이 사실은 내 마음이 아니라 하나님의 마음에서 비롯된 것임을 망각하고 있었다. 그러다보니 주님의 고난에 동참한다는 명분을 내세워 결과적으로는 내 자신을 속이고 있는 셈이 되어 버린 것이다.

내 손으로 세상을 구하겠다는 욕심을 하나님 앞에 내려놓아야 했다.

콘스탄츠 목사의 사무실에서 나는 그 동안의 일들을 되새기며 캘커타에서 보낸 시간이 얼마나 의미 있는 시간이었는지를 새삼 깨달았다. 만났던 창녀들에게 각별한 애정을 느꼈고 내가 보여 준 사랑을 통해 그들도 예수님을 알게 되기를 간절히 기도했다. 캘커타의 다실 바닥에 앉아 있던 그 순간에는 내가 그들의 심정을 이해함으로써 주님의 고난에 동참한다는 생각은 미처 하지 못했다. 예수님은 내게 그들의 고통을 몽땅 지워 주려고 의도하신 게 아니었다. 비록 나는 그렇게 하려고 했지만 그건 주님의 뜻이 아니었다. 나는 그 세 명의 여인들을 향한 하나님의 깊은 사랑을 느꼈다. 그들이 갖고 있는 상처와 고통도 느껴졌다. 지금은 그들을 생각할 때마다 마음이 아프고 그건 주님도 마찬가지다. 주님과 나는 그들을 향한 사랑에 있어 하나가 된 것이다. 주님의 고난에 동참함으로 그분과 하나가 되었음을 새롭게 인식하니 영광스럽기까지 했다.

생각지 못했던 주님과의 '한마음' 이었다.

몇 달이 지난 후 케냐의 한 고아원에 가서 에이즈 양성반응을 보이는 어린이들을 만났다. 그 고아원은 다그 신부님이 운영하고 있었는데 다그 신부님은 연세가 많은 매우 헌신적인 분이었다. 그곳에서 나는 주님의 고통에 참여하는 유대감을 다시 한 번 확인할 수 있었다.

엘리자베스와 함께 오두막 사이로 난 샛길을 걸어가고 있는데 한 어린아이의 청아한 목소리가 들려왔다. 누군가 아름다운 목소리로 영어 노래를 부르고 있었다. 영어 발음이 상당히 딱딱했지만 우리 두 사람은 그 목소리에 끌려 그토록 아름다운 목소리의 주인공이 누구인지 알아보기 위해 소리가 나는 오두막 쪽으로 발걸음을 옮겼다. 오두막에 이르니 문은 활짝 열려 있었고 그 안에는 열 살 정도 되어 보이는 여자아이 한 명이 바닥에 앉아서 신발을 신고 있었다. 처음에는 우리를 보지 못했기에 여자아이는 계속해서 노래를 흥얼거렸다. 한 순간, 그 노래의 가사와 가락이 무엇인지 알아차린 우리는 깜짝 놀라 서로의 얼굴을 쳐다보았다. 가사 내용이 우리의 가슴을 찡하게 했다.

"어딘가 저 무지개 너머에는
푸른 하늘이 있을 거예요.
당신이 꾸는 꿈도 언젠가는
정말로 이루어질 거랍니다."*
– E. Y. 하버그

우리는 잠시 그 소녀의 노랫소리에 정신이 팔려 같이 노래를 따라 부르려다가 "행복한 파랑새들이 무지개 너머로 날아가는데 왜 나는 날아갈 수 없지요?"라는 대목에서는 목이 메어 더 이상 노래가 나오지 않았다. 눈물이 핑 돌았다. 마침내 문 앞에 서 있는 우리를 보게 된 소녀가 쑥스러운 표정을 지었다. 하지만 신발을 다 신고 나자 환히 웃으며 우리를 껴안았다. 나는 결코 그 아이를 잊을 수가 없다. 그 오래된

---

* E. Y. 하버그Harburg가 노랫말을 쓴 "무지개 너머"Over the Rainbow라는 곡의 일부분임.

미국 노래를 어디에서 배웠는지 모르지만 이 세상 모든 곳에 있는 고아들의 가장 큰 소망을 그대로 대변해 주는 노래가 아닐까 싶다. 그들은 언제나 "구름이 저 멀리 있는 곳", "걱정이 레몬사탕처럼 녹아 버리는 곳", "하늘이 푸르고 꿈이 이루어지는" 그런 곳에서 잠이 깨기를 희망한다. '우리 집'이라고 부를 수 있는, '우리 가족'이 있는 그런 곳에서….

엘리자베스와 나는 오두막들이 옹기종기 모여 있는 곳을 지나 손질이 잘 된 공동묘지 쪽으로 걸어갔다. 어머니에 의해 에이즈에 감염되어 죽은 고아들의 무덤이었다. 무덤마다 자그마한 봉분이 솟아 있고 앞에는 흰색의 작은 십자가가 꽂혀 있었다. 대부분의 아이들은 자신이 병에 걸린 줄도 모른 채 죽었으리라…. 나는 복받치는 울음을 참을 수가 없었다. "하나님, 정말 너무합니다. 이 어린아이들은 뛰고 웃고 놀고 장난치고 자라고 배워야 할 아이들이지 이렇게 무덤에 누워 있어야 할 아이들이 아닙니다." 에이즈로 짧은 생애를 마감한 어린아이들, 아름다운 목소리로 노래를 부르지만 결코 가정의 일원이 되지 못할 고아 소녀를 생각하며 내 가슴은 마냥 미어졌다. 예수님이 주시는 위안을 억지로라도 상기하는 수밖에 없었다. 그들이 당하는 부당한 고통과 어이없는 죽음에 가슴이 아픈 것은 나만이 아니었다. 예수님도 울고 계셨다. 예수님과 엘리자베스와 나는 모두가 한마음이었다.

예수님과 친교를 누릴 수 있는 길은 우리 모두에게 열려 있다. 주님은 우리와 함께, 그리고 우리를 위해 고통 당하셨다. 이제 우리에게는 그분과 함께, 그분을 위해 고통 당하고 그와 더불어 그분이 사랑하는 사람들과 함께 고통 당할 수 있는 특권이 주어져 있다. 그런데 불행히도 우리 모두는 '주의력 결핍장애'ADD라는 영적 장애를 안고 있다. 쉽게 한눈을 팔고, 쉽게 잊어버리고, 쉽게 착각에 빠진다는 얘기다. 그래서 예수님은 자신의 고통을 상기시킬 만한 가시적 증거를 주시어 우리가 그분과 하나가 되도록 하셨다.

주님이 우리에게 제공하신 것은 바로 그분의 살과 피다.

쪼개진 떡과 부어진 포도주

어린 시절 우리 교회에서는 매년 두세 달에 한 번씩 성찬식을 실시했다. 성찬식은 항상 엄숙하게 진행되는 의식이었기 때문에 아이들은 마른 과자 조각과 작은 플라스틱 잔의 포도주스를 언제 어떻게 먹고 마셔야 하는지 부모로부터 단단한 가르침을 받았다. 나는 포도주 잔을 든 손이 부들부들 떨려서 행여 잔을 떨어뜨리는 게 아닌지 가슴이 콩닥거렸고 무교병 조각을 엉뚱한 때에 먹을까 봐 조바심이 나기도 했다. 무엇보다 예수님의 죽음을 생각해야 할 성찬식 시간에 거룩하지 못한 생각을 할까 봐 그게 가장 두렵고 걱정이었다. 언젠가 성찬식 시간에 누가 간지럼을 태워 낄낄거렸던 순간이 있었다. 터져 나오는 웃음을 참으려고 애를 썼지만 그러면 그럴수록 더 웃음이 나왔다. 그때 내 안에 두 가지 생각이 교차했다. '이런 거룩한 시간에 심각해져야지. 하지만 너무 웃겨서 도저히 못 참겠다. 그런데 이러다가 하나님이 한 방에 나를 죽이시는 게 아닐까?' 어른이 된 지금도 예수님이 내 죄를 위해 돌아가셨다는 사실을 되새길 때면 은근히 가슴을 졸이곤 한다. 성찬의 빵과 포도주를 먹는 것이 내 영에 깊은 감동이 된 적은 거의 없었던 것 같다.

그러나 주님과의 하나됨을 깨닫고 난 이후에는 달라졌다. 성경에 보면 예수님이 내 죄를 대신해 십자가에서 죽으셨기 때문에 우리가 주님과 하나 되었다고 하지만 실생활에서 그 하나됨의 능력을 체험한 적은 별로 없었다. 그러나 내가 다른 사람을 섬김으로써 주님에 대한 사랑을 입증하게 되자 주님을 보고 듣고 만지고 맛보고 냄새 맡을 수 있는 실현 가능성이 보이기 시작했다. 다른 사람을 섬김으로써 예수님께 물 한 잔을 떠 드릴 수 있고, 옷을 입혀 드릴 수 있고, 먹을 것을 드릴 수 있고, 외로움을 덜어 드릴 수 있고, 십자가 곁에서 헌신을 맹세할 수도 있다는 사실이 내 영이 갈구하던 친밀감의 문을 열어 주었다. 모든 게 현실이 된 것이다. 주님의 살과 피를 상징하는 성찬 예식도 내게는 전능한 하나님과의 깊은 친교와 더불어, 함께 살아가는 성도들 간의 친교를 의미하게 되었다. 성경에서 친교를 뜻하는 '코이노니아'라는 단어는 내가 개인적으로 좋아하는 말이다. 이 단어는 친교와 더불어 성찬을 의미하기도 한다. 코이노니아가 뜻하는 친교는 주님과의 친교는 물론 믿는 사람들끼리의 친교도 포함한다.

사도 바울의 이야기를 들어 보라.

"우리가 축복하는 바 축복의 잔은 그리스도의 피에 참여함이 아니며 우리가 떼는 떡은 그리스도의 몸에 참여함이 아니냐 떡이 하나요 많은 우리가 한 몸이니 이는 우리가 다 한 떡에 참여함이라" 고린도전서 10:16-17

떡과 잔을 통해 주님과 친교를 나누는 것은 그분의 고통을 나누는 것이자 신앙생활의 가장 큰 특권이다. 오스왈드 챔버스는 우리가 "주님과 개인적으로 깊이 친교를 나눌" 수 있게 되었다고 말했다. 주 14) 신앙생활에서 두 번째로 큰 특권은 성도들 간에 나누는 깊은 친교다. 헨리 나우웬은 이렇게 말했다.

"공동체보다 더 따스하고 정겨운 곳은 없습니다. 공동체란 기쁨과 슬픔을 숨기지 않으면서도 그 기쁨과 슬픔을 소망이라는 몸짓으로 표현하는 사람들이 모여 친교를 나누는 곳입니다. 공동체 안에서는 이렇게 말할 수 있습니다. 인생은 얻을 때도 있고 잃을 때도 있고, 기쁠 때도 있고 슬플 때도 있고, 좋을 때도 있고 나쁠 때도 있지만 우리는 결코 혼자가 아닙니다. 혼자라고 느껴질 때에는 함께 잔을 듭시다. 견디기 힘든 상처를 서로 보듬으면 사랑 안에서 치료가 된다는 진리를 기억하며 우리 함께 축배를 듭시다." 주 15)

서로 돌보는 관계, 함께 나누는 관계야말로 두 번 다시 혼자가 되지 않을 거라는 깊은 안도감을 준다. 즉 다시는 혼자 고통을 당하거나, 혼자 기뻐하거나, 혼자 수치를 겪거나, 혼자 성공하거나, 혼자 실패하거나, 혼자 슬퍼하거나, 혼자 축하하지 않아도 된다는 안도감이다. 공동체에 속해 있기 때문이다!

공동체 속에 있으면 자기 힘으로 세상을 구원하겠다는 시도가 제재를 당한다. 공동체 속에 있으면 동료들의 따스한 이해심 속에서 속마음과 동기가 밖으로 드러난다. 공동체 속에 있으면 세상의 무거운 짐을 다른 헌신된 그리스도인과 나눠 질 수 있다. 공동체 속에 있으면 인류를 위한 예수님의 희생을 다함께 기념할 수 있다. 공동체 속에 있으면 위험한 순종을 택한 사람에게 비난과 조롱 대신 격려와 힘을 불어넣을 수 있다. 예수 그리스도와 함께 모두가 하나가 되기 때문이다.

예수님은 하나님과 우리가 '개인적으로 깊은 친교'를 맺게 하기 위해 돌아가셨다. 하나님과 깊은 친교를 나누는 사람만이 자신의 고통을 비롯해 다른 사람의 고통까지도 견딜 수 있다. 하나님과의, 그리고 서로간의 친밀함을 통해 하나님이 맡기신 사명을 감당할 새 힘과 능력을 얻는다. 그러나 하나님이 맡긴 사명을 감당하기 전에 주님의 고난에 동참하고 주님과 하나 되는 체험이 선행되어야 한다.

당신 자신의 고통만이 아니라 다른 사람을 위해 짊어진 고통을 통해 주님 곁에 더 가까이 나아가기를 원하는가?

"하나님 아버지, 저는 당신을 알고 싶을 뿐 아니라 당신도 저를 잘 아셨으면 좋겠습니다. 신앙생활을 무슨 의무처럼, 그날의 해야 할 과제 중 하나처럼 여겼던 저를 용서해 주십시오. 아침마다 정신 나간 사람처럼 허둥대기 일쑤였습니다. 주님의 뜻을 수행한다고 하면서도 먼저는 내 상식 수준에서 주님의 뜻을 받드는 게 고작이었습니다. 다른 성도들과 깊이 있는 교제를 나누는 것도 일부러 피하고 싫어할 때가 많았습니다. 제가 주님의 고난에 동참할 수 있게 하셔서 주님은 물론 신앙 공동체와도 고락을 나눌 수 있게 하옵소서. 주의 성찬에 감사드리고 성찬의 비밀과 능력에도 감사드립니다. 예수 그리스도를 통해 하나님과 하나 되었다는 사실이 오늘 하루 저의 삶을 인도하게 하옵소서."

- 잠시 다음의 질문을 생각해 보라. "나는 언제 세상의 짐을 내 어깨에 지고 가려고 했는가?" 독서 파트너에게 당신이 느낀 점을 이야기해 보라. 고통의 순간에 당신이 어떻게 반응하는지를 생각하면서 마태복음에 나오는 예수님의 말씀을 묵상해 보라.

  "수고하고 무거운 짐 진 사람들아, 다 나에게 오너라. 내가 너희를 쉬게 하겠다. 나는 마음이 온유하고 겸손하다. 내 멍에를 메고 내게 배워라. 그러면 너희 영혼이 쉼을 얻을 것이다. 내 멍에는 메기 쉽고 내 짐은 가볍다." 마태복음 11:28-30, 현대인의성경

- 다음에 당신의 교회에서 성찬식을 거행하면 주님과의 친교만이 아니라 형제자매된 성도들과의 친교가 이루어진다는 점을 염두에 두고 기쁨으로 참여해 보라.

- 리랜드Leeland가 부른 "성찬의 자리로 인도함 받다"Carried to the Table를 들어 보라. 시간이 없다면 홈페이지 www.kaywarren.com을 방문해서 이 곡을 들어 보기 바란다.

214

Chapter 10

지상 최대의 네트워크

*
"또 만물을 그의 발 아래에 복종하게 하시고
그를 만물 위에 교회의 머리로 삼으셨느니라
교회는 그의 몸이니 만물 안에서 만물을 충만하게 하시는 이의 충만함이니라"
_ 에베소서 1:22–23

*
"교회는 인류를 위해 존재할 때에만 본연의 모습을 찾는다."
_ 디트리히 본회퍼, 「옥중서간」
Letters and Papers from Prison, 대한기독교서회, 2000

"저는 새들백교회에서 하는 에이즈 사역 모임에서 예수님을 영접했습니다. 이 세상의 희망은 오직 교회뿐이라는 것을 그때 깨달았거든요. 교회랑 상관없는 사람들이 에이즈 환자를 돕는 것도 봤는데요, 교회만큼 그렇게 일을 못하더라고요." 청년은 피자를 우적우적 씹으며 이야기했다.

나는 그 청년을 비롯해 새들백교회 사역자들과 함께 점심을 먹던 중이었다. 청년은 우리가 해마다 여는 '에이즈와 교회를 위한 글로벌 회담'에 참석했던 사람이었다. 영화 산업에 종사한다고 하는데 우리 교회에서 하는 가난, 불의, 에이즈, 고아 문제를 해결하려는 진지한 노력을 보고 감동을 받았던 것 같다. 첫날 모임을 마치고 호텔방으로 돌아간 그는 곧장 예수님을 믿기로 결정했다고 한다. 나는 그가 어떻게 그런 모임에서 예수님을 믿게 되었는지가 무척이나 궁금했다. 우리가 예수 믿으라고 전도한 것도 아니었는데 말이다.

그는 계속 이렇게 말을 이었다. "강의실을 가득 채운 사람들 속에 앉아서 이 사람들이야말로 뭔가를 해낼 수 있겠구나라는 생각이 들었죠. 예수님의 교회, 바로 여기야말로 제가 속하고 싶은 곳이었습니다. 그래서 그날 예수님을 영접한 거죠."

그 말에 가슴이 뭉클했다. 교회의 매력에 끌려서 자기도 교인이 되기로 결심했다는 사람을 본 게 언제였던가? 교회에 적개심과 분노를 느낀다는 얘기는 많이 들었어도 교회의 진정한 가치를 보았다는 얘기는 실로 오랜만에 듣는 얘기였다. 그야말로 감동 그 자체였다. 그는 교회 다니는 사람들의 결점과 실수와 어리석음 너머에 있는, 하나님이 주신 가능성을 본 것이다. 즉, 소망을 본 것이다.

나는 지난 2년간 고통 받는 사람들을 보며 가슴이 쓰리고 아팠지만 그들을 위한 소망을 보지는 못했다. 새롭게 접하게 된 현실을 이해하고 거르고 소화하고 받아들이는 게 무척이나 어렵고 힘들었다. 마침내 주님의 고통에 동참하는 법을 배우기는 했으나 이 세상 문제들이 크게 개선되리라는 기대는 별로 들지 않았다.

나는 천성이 염세적인 사람이다. '곰돌이 푸 성격 테스트'를 해 보면 나는 전형적인 이요르 <small>만화영화 '곰돌이 푸'에 등장하는 염세적 당나귀-역주</small> 형이다. 평생 침울한 성격과 싸웠고 반 잔의 물을 보면 빈 부분만 눈에 들어오는 사람이다. 그런 내가 희망이 있다고 말하기는 보통 어려운 일이 아니다. 내가 그렇게 말할 수 있다면 그건 신앙이 성숙했다는 증거이고, 희망의 근원인 교회를 정말 사랑하고 이해한다는 증거일 것이다.

태어난 지 일주일 만에 크레이들롤 교회에 신자 등록이 되었을 정도로 나는 어린 시절부터 신앙생활을 해온 사람이었지만 내가 교회에 대해 갖는 애정은 어느 면에서 의무감 정도밖에 되지 않았다. 하나님은 태초부터 교회를 계획하셨고 예수님은 교회를 위해 돌아가셨으며 성령님은 교회에 능력을 부여하셨다. 성경을 읽으며 머리로는 그런 사실을 이해했으나 그것이 마음 깊이 와 닿지는 않았다.

나는 한 사람의 교인으로서, 그리고 목사 사모로서 갖가지 산전수전을 다 겪어 본 사람이다. 교인들끼리 분열하고 편을 갈라 다투는 모습에 깊은 좌절을 느꼈고, 교회 간의 교파주의도 주 안에서 함께 일하는 데에 큰 걸림돌이 되는 걸 보았다. 밖에서 일부 그리스도인들이 보이는 "내 행동은 따라하지 말고 말만 따라해" 식의 태도에 창피해서 얼굴이 화끈거리기도 했다. 불우한 교인의 처지를 못 본 척 외면하는 모습에 화가 날 때도 많았다. 나 역시 많은 그리스도인들처럼 그냥 포기하고 교회가 아닌 다른 곳에서 하나님의 일을 하고픈 생각도 없지 않았다.

그런데 하나님은 한 사람의 생생한 증언을 통해 내 생각을 완전히 바꾸어 버리셨다.

잃어버린 희망, 되찾은 희망

2004년 봄, 유방암 치료가 모두 끝나자 나는 다시 해외로 나갈 날만을 손꼽아 기다렸다. 에이즈 환자들의 권익을 위해 일하라는 사명에 다시금 매진해야 할 때였다. 2년에 한 번씩 개최되는 '국제 에이즈 컨퍼런스'International AIDS Conference가 2004년 6월, 태국 방콕에서 열렸다. 엘리자베스, 나, 십대인 엘리자베스의 아들, 십대인 내 아들, 우리 교회에

218

다니는 젊은 부부 한 쌍, 이렇게 6명은 전 세계에서 모인 수많은 참석자들과 함께 일주일간 열리는 컨퍼런스에 참석하기 위해 방콕으로 날아갔다.

집회 장소에 들어서자마자 우리는 눈을 의심하지 않을 수 없었다. 소위 '상업적 성매매자', 즉 창녀의 하루를 시간별로 분류해 전시해 놓은 사진과 글들이 있었는데 그것은 전혀 부정적인 시각이 아니라 매춘이 좋은 일이고 사회에 필요한 일이라는 시각에서 아주 보란 듯이 해놓은 전시였다. 놀랄 거리는 그 뿐만이 아니었다. 미국 대통령 사진이 있는 커다란 포스터에는 붉은 페인트칠이 되어 있고 강단에 올라오는 강사들마다 반미 감정을 노골적으로 드러냈다. 강사들이 입을 모아 하는 얘기는 결국 "우리는 동성연애자, 양성연애자, 성전환자, 성매매자, 마약 복용자들의 권리를 생각해야 합니다!"라는 것이었다.

컨퍼런스 전시장에 들어갔더니 원격조종장치로 움직이는 커다란 콘돔 모형이 공중에 둥둥 떠다니고 여러 형태의 콘돔에 갖가지 색을 물들여서 만든 화려한 야회복도 전시되어 있었다. 순결이나 정조관념은 그곳에서 우스갯거리밖에 되지 않았고 에이즈 예방에 전혀 도움이 안 되는 행위로 간주되었다. 지금까지 내가 가졌던 모든 가치관과 신념이 그곳에서는 한낱 조롱거리에 지나지 않았다. 좋은 것은 나쁜 것으로 나쁜 것은 좋은 것으로, 맞는 것은 틀린 것으로 틀린 것은 맞는 것으로, 빛은 어둠으로 어둠은 빛으로 모든 게 완전히 뒤집혀 있었다.

그곳의 관점은 그 집회에 모인 수많은 사람들의 세계관을 대변하고 있었으나 내게는 생소하다 못해 이해조차 되지 않아서 그들이 무슨 말을 하는지 알아듣는 데에도 한참 시간이 걸렸다. 둥그런 모양의 집회

장소를 둘러보는 내내 나의 가치관을 여지없이 뭉개 버리는 내용들을 바라보며 충격과 의구심에 입을 다물 수가 없었다. 동성결혼 증명서라든지 반미 감정도 그곳에서 생전 처음 접하는 것들이었다. 의학 용어와 과학 전문 용어, 연구 결과 등을 해독(?)하느라 머리가 빙빙 도는 와중에 마음은 한없이 무겁게 가라앉았다. 에이즈라는 치명적 질병으로 죽어 가는 수많은 남자와 여자와 아이들을 생각하면 정말 억장이 무너지는 느낌이었다.

컨퍼런스가 하루하루 진행될수록 내 안에는 점점 더 짙은 절망의 그림자가 드리웠다. '내가 지금 뭐하는 거지? 대체 내가 이 에이즈 문제에 대해 뭘 할 수 있다는 거야? 이건 보통 문제가 아니야. 너무 많은 사람들이 앓고 있어. 지금 당장 치료가 필요한 사람들에게 우리가 어떻게 의료 혜택을 줄 수 있겠어? 나라 전체를 초토화하는 이 무시무시한 유행병을 우리가 무슨 수로 막는다는 거야? 부모를 잃고 고아가 된 그 모든 어린아이들은 어떻게 되는 거지? 에이즈 환자들이 당하는 사회적 냉대와 소외감은 어떻게 하고? 에이즈 예방책 하나만 해도 전문가들마다 중구난방으로 이야기하는데 그 속에 뛰어들어 내가 무슨 말을 할 수 있겠어?'

컨퍼런스 마지막 날, 나는 날개 꺾인 새 마냥 풀 죽은 모습으로 호텔방에 혼자 앉아 있었다. 이런 세계적인 문제에 뭔가 해보겠다고 나선 내 자신이 한없이 바보 같고 멍청해 보였다. '에이즈를 종식시킬 가망성은 없다…. 나 아니라 어느 누구도 에이즈 문제를 해결할 수는 없을 것이다….' 한숨을 내쉬며 나는 옆에 놓인 친구의 성경책을 집어 들고 무작정 아무 곳이나 펼쳤다. 내 눈에 들어온 것은 사도 바울이 아그립

바 왕에게 자신의 개종 사건에 대해 이야기하는 사도행전 26장 내용이었다. 하나님은 이번에도 성경말씀을 통해 내가 받은 사명이 무엇인지 재확인시켜 주셨다.

"이런 일로 나는 대제사장들에게서 권한과 임무를 부여받아 다마스커스로 가게 되었습니다. 왕이시여, 정오쯤 되었을 때 내가 길에서 보니 해보다 더 밝은 빛이 나와 내 일행을 비추었습니다. 우리가 모두 땅에 엎드리자 히브리 말로 '사울아, 사울아, 네가 왜 나를 괴롭히느냐? 가시채찍을 뒷발질해 봐야 너만 다칠 것이다'라는 음성이 내게 들려왔습니다. 그래서 내가 '당신은 누구십니까?' 하고 묻자 주님께서 이렇게 말씀하셨습니다. '나는 네가 핍박하는 예수이다. 일어서라, 나는 이제 너를 일꾼으로 삼아 네가 오늘 본 것과 앞으로 내가 보여 줄 일을 증거하게 하려고 너에게 나타났다. 내가 네 백성과 이방인들에게서 너를 구출하여 그들에게로 보내겠다. 이제 너는 그들의 눈을 뜨게 하여 어두움에서 빛으로, 사탄의 세력에서 하나님에게로 돌아오게 하고 나를 믿어 죄에서 용서받고 성도들이 받는 하늘 나라의 축복을 받게 하라.' 아그립바 왕이시여, 그래서 나는 하늘의 그 환상에 거역하지 않고 먼저 다마스커스에서, 그 다음에 예루살렘과 온 유대에서, 그리고 이방인들에게까지 가서 회개하고 하나님께 돌아와 회개한 것을 행동으로 보이라고 외쳤습니다. 그러자 유대인들이 성전에서 나를 붙잡아 죽이려고 했습니다. 그러나 나는 하나님의 도우심을 받아 오늘도 여기 서서 높고 낮은 모든 사람들에게 예언자들과 모세가 예언한 한 가지 사실을 증거하게 되었습니다. 그것은 그리스도께서 고난을 당하시고 죽은 사람들 가운데서 맨 먼저 부활하셔서 이스라엘 백성과 이방인들에게 구원의 빛을 선포하시리라는 것입니다." 사도행전 26:12-23, 현대인의성경

아그립바 왕에게 토로한 얘기를 놓고 볼 때 사도 바울은 하나님이 주신 사명을 그냥 무시해 버리지 않고 기쁘게 받아들였음이 분명했다. 나는 그 호텔방에서 흥분을 감추지 못하고 펄쩍 뛰다가 얼굴을 땅에 대고 엎드려 손을 위로 든 채 울먹이는 소리로 이렇게 기도했다.

"하나님, 저는 당신의 것입니다! 언제든 당신이 허락하시는 때에 저를 사용하셔서 주님의 교회가 에이즈에 걸린 사람들을 위해 회개하고 행동을 취할 수 있게 하소서. 주님의 교회가 소외된 자를 대변하는 목소리가 되어 주고, 힘없는 자들을 위해 힘 있는 자들에게 이야기하고, 부모의 죽음으로 고아가 된 수천만의 어린이들에게 희망과 용기를 주게 하소서."

하나님의 말씀은 내가 무엇을 하며 살아야 하는가에 대한 모든 의구심을 단번에 날려 버렸다. 이제 더 이상의 의심도 재고도 주저함도 없을 것이다! 하나님은 나를 사용하셔서 사람들에게 빛과 어두움의 차이를 보게 하고 많은 사람들이 빛을 선택하도록 만들겠다고 재차 확인시켜 주셨다. 하나님은 사람들이 사단과 하나님의 차이를 보고 하나님을 선택하기 원하신다. 그분은 내가 만나는 사람들에게 그들의 죄가 사해졌고 '가정'과 가족을 찾는 방황이 끝났다는 점을 말해 주라고 하셨다. 하나님은 그들이 그분의 '가정'과 가족에 속했으며 진정한 삶은 신앙을 통해서만 가능하다는 것을 알리고 싶어 하셨다.

하나님이 내 사명에 대해 재확인해 주신 말씀은 지금까지도 나의 뇌

리에 깊이 새겨져 있다. 이제는 하나님이 주신 목표를 최대한 이루어 놓기 위해 열심히 살고 있다. 땀과 노력과 열정을 다해 살고 있다. 내가 사는 목적은 단 한 가지다. 에이즈를 종식시키는 것!

다만 문제는 그게 불가능하다는 것이다.

대규모의 지원, 협력, 노력이 투자되면 에이즈 확산을 어느 정도 지연시킬 수는 있다. 하지만 완전한 종식? 꿈 같은 얘기다. 각국 정부는 에이즈 퇴치를 위해 노력 중이고 앞으로도 노력할 것이다. 회사와 사업체와 자선단체들도 계속 힘을 쓸 것이다. 의료계에서도 에이즈를 종식시키기 위해 연구와 노력을 기울이고 있지만 아직 완벽한 치료약을 개발하지 못했다.

자, 상황이 이런데 나는 왜 여기에 뛰어든 걸까? 그 이유는 예수 그리스도의 교회가 잠에서 깨어나 에이즈의 막대한 파괴력에 눈을 뜨고, 그 동안 미미한 노력을 기울인(적어도 서양에서는) 죄를 회개하고, 하나님이 사랑하시는 자들을 외면한 잘못을 뉘우치고, 가능한 모든 노력과 지원을 집중하면 하나님이 이 세상을 일깨우는 병으로 에이즈를 사용하실 수 있다는 사실 때문이다.

국제 에이즈 컨퍼런스가 나를 절망으로 몰아넣고 그저 속수무책일 뿐이라고 체념하게 만들었다면, 하나님의 말씀은 나를 기쁨과 흥분으로 몰아넣었다. 2004년 7월에는 어깨를 축 늘어뜨리고 방콕의 집회장소를 걸어다녔지만 2006년 8월에는 고개를 꼿꼿이 쳐들고 입가에는 웃음을 머금은 채 토론토를 걸어다녔다. 왜 그랬는지 아는가? 그렇다고 이 세상이 크게 달라진 것도 아니다. 아직도 수천만 명이 에이즈 바이러스에 감염되어 있고, 수많은 사람들이 죽어 가며 수많은 어린이들이 고아가 되고, 새로운 전염병들이 증가하고 있고, 효험 있는 치료약은 개발되지 못했고, 전염병을 막을 백신도 없다. 그런데 무엇 때문에 기쁘다는 얘기인가?

그건 내가 교회와 사랑에 빠졌기 때문이다!

유일한 소망

어이없는 얘기라고 할 사람도 있겠지만, 교회는 이 세상에서 가장 유리한 위치에 서 있는 조직이다. 물론 교회에 흠과 약점이 없는 것은 아니다. 그러나 20억이 넘는 사람들이 예수 그리스도를 믿는 신자들이다. 바꿔 말하면 이 세상에서 교회보다 큰 조직은 없다는 말이다. 이 세상의 어느 정부도, 어느 단체도 교회보다 크지 못하다. 심지어 이 세상 교인 수를 능가하는 국민을 가진 나라도 없다. 교회는 거의 모든 나라에 흩어져 있고 맥도날드, 월마트, 스타벅스, 메이시를 전부 합쳐 놓은 것보다 방대하다. 병원, 대학, 도서관이 없는 지역이라도 교회는 있다! 그 증거로 르완다라는 나라를 예로 들어 보자.

르완다의 서부 지역에는 총 3개의 종합병원이 있다.

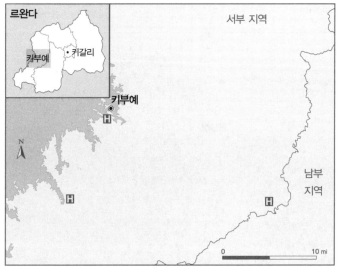

〈지도 1〉 르완다 서부 지역: 병원 (3)

서부 지역에는 약 20여 개의 보건소가 분포되어 있다.

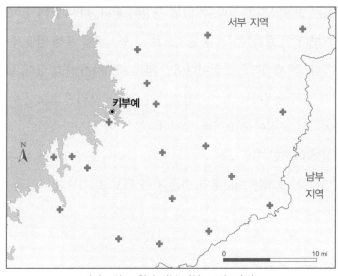

〈지도 2〉 르완다 서부 지역: 보건소 (19)

자, 그렇다면 7백 개가 넘은 교회가 서부 지역에 밀집되어 있는 모습을 보라.

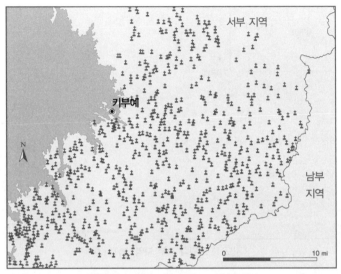

〈지도 3〉 르완다 서부 지역: 교회 (728) *

교회는 연계망을 형성할 수 있는 근간이 된다. 다시 말해서 어느 정부 조직보다 더 효과적이고 능률적으로 그 연계망을 통해 일할 수 있다는 얘기다. 전 세계적으로 날마다 6만 명의 새신자가 늘고 있다. 날마다 1만 4천 명씩 늘어나는 에이즈 감염자의 수를 막으려면 그보다 더 빠르게 증가하는 조직이 필요한데 교회야말로 그에 안성맞춤이다. 교회가 이 세상에 존재한 지도 2천 년이 넘었다. 그러니 하루아침에 무너질 조직이 아니다. 교회는 예로부터 병든 자를 돌보고, 가난한 자들을 돕고,

---

* 르완다 키부예. 새들백교회. 2006년 12월. 르완다 국립 통계청 자료에서 발췌.

예수님의 말씀을 사람들에게 전해 왔다. 예수님 자신도 세상에 나가서 그분의 일을 하라고 말씀하셨다 마태복음 28:19-20, 요한복음 17:18 참조. 이보다 더 권위 있고 명예로운 위임은 없다. 교회가 하는 모든 일의 동기는 사랑이다. 성도들에게 주어진 가장 위대한 사명은 예수님이 사랑한 것 같이 사랑하는 것이다 요한복음 15:12-13 참조. 정부나 사조직은 절대 예수님의 이름으로 사랑할 수 없다. 오직 그리스도인들만이 그렇게 사랑할 수 있다.

지난 5년간 에이즈 사역자라는 감투를 쓰고서 여러 나라를 방문했고 많은 지도자들을 만나 보았다. 좋은 정부 지도자들도 많긴 했지만 정부에게 희망을 걸기는 다소 불안했다. 또한 영향력 있는 대기업 사업가들을 만날 기회도 있었다. 그들 중에는 명석하고 유능한 사람들도 있었으나 역시 사조직에서 희망을 찾기는 힘들었다. 지속적이고 영구적인 사회 변화를 꿈꾼다면 그런 소망은 근본적으로 예수 그리스도의 교회에서만 찾을 수 있다. 정부, 정치인, 정책들은 있다가 없어진다. 장기적으로 볼 때 어느 것도 오래 지속되지 않는다. 사업이란 성장했다가 위축되기도 하고, 번성했다가 망하기도 한다. 사업의 방향과 목표가 달라질 때도 있다. 오랜 기간 의존할 만한 안정성이 희박하다. 그러나 교회는 다르다. 개인은 물론 사회의 변화를 영구적으로 주도해 나갈 수 있는 곳이 교회다.

나는 내가 한 말의 신빙성을 의식하고 있다. 지난 2천 년간 교회 안에서 행해진 셀 수 없는 죄악은 가슴 아프지만 인정하지 않을 수 없다. 하나님의 이름으로 불의, 범죄, 강간, 전쟁, 강탈, 거짓말, 탄압이 버젓이 자행되어 왔다. 지난 몇 년간 나 같은 개신교도들이 저지른 죄와 실수에 대해 내가 들은 이야기만 옮기는 데도 몇 날 며칠이 걸릴 것이다. 그리스도의 종이라고 자처하는 나 자신의 실수와 죄에 대해서는 더 깊이 인식하고 있다. 지난 20년간 에이즈에 대해 완전히 무지했던 것을 어떻게 설명할 수 있겠는가? 솔직히 나는 그 점이 매우 송구스럽다. 실험 삼아 한 무리의 교인들을 놓고 그 중에서 완벽한 사람을 골라 보라. 힘들 것이다. 그러면 그토록 한심하고 딱한 무리에게 신뢰를 갖는 이유는 무엇인가?

하나님이 신뢰하시기 때문이다.

이상하게 들리겠지만 하나님은 교회에 모든 걸 거신다. 다른 곳은 없다. 하나님의 전략은 언제나 그분의 백성을 통해 일하시는 것이다. 먼저는 이스라엘 백성들을 택하셔서 그들에게 말씀하시길 다른 백성에게 축복이 되기 위해 그들이 축복을 받았다고 하셨다. 그러고는 가난하고 병들고 억눌린 사람들을 어떻게 돌보아야 하는지 자세한 지침을 내려 주셨다출애굽기 22:22; 23:11, 레위기 19:15, 신명기 24:17-19 참조. 예수님은 자신을 따르는 사람들에게 그분이 한 일을 해야 한다고 말씀하셨다. 이를테면 전도, 가르침, 병고침 등이다마태복음 10:8; 25:36-44, 누가복음 9:2; 12:33 참조. 바울과 야고보 사도가 쓴 서신에는 교회의 존립 목적과 의무에 대해 더욱 명확하게 정의하고 있다.

"성도들의 쓸 것을 공급하며 손 대접하기를 힘쓰라"로마서 12:13

"선을 행하고 선한 사업을 많이 하고 나누어 주기를 좋아하며 너그러운 자가 되게 하라"디모데전서 6:18

"하나님 아버지 앞에서 정결하고 더러움이 없는 경건은 곧 고아와 과부를 그 환난중에 돌보고 또 자기를 지켜 세속에 물들지 아니하는 그것이니라" 야고보서 1:27

지난 2천 년간 교회는 영육간 다방면에서 사람들을 돌보고 도왔다. 우리 부부는 몇 년 전에 영국 노팅엄에 갔다가 노팅엄 성을 들른 적이 있다. 그 거대하고 장엄한 성에서 우리는 중세 사람들의 생활상을 축소 모형으로 전시해 놓은 전시관을 구경했다. 그중 한 곳에 이르니 아주 반가운 장면이 묘사되어 있었다. 마을 중심에 대성당이 있고 성당 안으로 절름발이와 가난한 사람들이 들어가는 것이었다. 옆에 붙은 설명서에는 이런 글이 적혀 있었다.

"교회는 요람에서 무덤까지 영향을 미쳤다. 대부분의 명절은 기독교의 축제일이었고 교구 교회는 자연히 그 마을의 중심 역할을 했다. 교회 건물의 크기는 공적인 모임으로 교회가 사용되었음을 알려 준다. 아울러 교회는 가난한 사람들을 돕고 교육과 의술을 제공하는 장소로도 사용되었다."

자, 보라. 앞서 내가 한 말은 전혀 근거 없는 얘기가 아니다! 이미 천 년 전에 교회는 그와 같은 일을 하고 있었고 오늘날에도 교회는 동일한 일을 해야 한다. 하나님은 믿는 자들에게 부탁하셨다. 이 세상에서 자신의 손과 발이 되라고, 자신의 사랑이 담긴 음성이 되라고, 진리를 말하라고, 의롭게 행동하라고, 악과 싸우라고, 선을 행하라고…. 우리가 할 일은 잠입하는 어둠을 밀어내고 세상에서 하나님의 빛이 되는 것이다. 우리의 사명은 병든 자와 고아와 과부를 돌보고 예수님의 이름으로 치유하는 것이다. 우리는 구원의 복음을 전파하고 열방을 제자로 삼고, 주님과의 친교만이 아니라 믿는 자들끼리도 친교를 나누게 해야 한다. 만유의 주님은 우리가 사랑과 자비와 은혜의 삶을 살도록 부르셨다. 그렇게 함으로써 보이지 않는 하나님을 세상에 보여 주라는 것이다. 영이냐, 육이냐를 따질 게 아니라 영과 육을 동시에 돌보아야 한다. 우리는 그리스도의 대사다. 우리가 실패하면 그것으로 끝이다. 하나님에게는 다른 대안이 없다.

교회에 속한 우리 모두의 실수와 변덕과 심지어 죄에도 불구하고 나는 여전히 교회를 내 온 맘으로 사랑한다. 사실 교회 말고 내가 갈 곳이 어디 있겠는가? 어떤 가족, 정부, 나라가 영원히 지속되겠는가? 오직 교회밖에 없다. 이 세상 어느 조직과 단체가 전능한 하나님의 능력을 직접 받아서 움직이는가? 하나님의 원대한 계획 외에 어느 계획이 남녀노소를 감동시켜 자신이 가진 모든 것을 희생해서 다른 사람을 치유하고 도와주고 구원의 길로 인도할 힘이 있는가? 아무것도 없다. 그리스도의 몸보다 더 아름다운 공동체는 없다. 모든 성도들이 주님과 서로에게 연결되어 각자 속한 곳에서 그분의 목적을 이루기 위해 최선을 다한다.

J. R. R. 톨킨의 『반지의 제왕』 중 '왕의 귀환' 편을 보면 작은 호빗들이 서로서로 팔짱을 끼고서 운명의 순간을 맞이하는 장면이 나온다. 그들은 전쟁터 한복판에 뿔뿔이 나가지 않았다. 서로에게 의리와 충성을 맹세하며 같은 목적을 추구하는 이런 모습이야말로 우리가 받은 사

명의 성격을 그대로 보여 준다. 우리는 절대 뿔뿔이 일하지 않는다. 하나님은 우리에게 교회라는 영원한 공동체와 가족을 허락하셨다. 그렇기 때문에 홀로 삶에 직면하지 않아도 된다. 불가능한 상황과 홀로 씨름하지 않아도 된다. 하나님의 뜻에 순종했을 때 혹시라도 지원이 끊어질까 걱정하지 않아도 된다. 우리는 물맷돌 하나 들고 이 세상의 골리앗과 맞서 싸우지 않아도 된다. 우리는 한편이요, 같은 전선에서 싸우는 군인이요, 같은 팀에서 활약하는 선수요, 한 악대에서 연주하는 음악가요, 같은 무리에 속한 새요, 한 가족 속의 형제와 자매다.

교회에는 약한 자나 강한 자나 모두 다 필요하다! 무리지어 사는 동물들을 보면 힘과 능력 면에서 전부 제각각이다. 전선에 있는 군인도 전투 능력이 하나같이 다르다. 팀의 선수들은 각자 기량과 기술 면에서 차이가 난다. 오케스트라에서 관현악 각 파트마다 수석이 있는 이유는 음악적 재능과 노련미의 차이 때문이다. 새떼에서는 강한 새가 약한 새들을 인도한다. 어느 가정이나 형제자매들은 재능과 생김새와 은사와 기질과 성격이 저마다 다르다. 보통 막내와 맏이가 해나 위험에 많이 노출된다. 하지만 어느 집단이건 강자에게는 약자를 보호하고 귀하게 여기고 죽지 않도록 지켜 줄 책임이 있다.

히틀러 치하에서 순교한 루터교 목사 디트리히 본회퍼는 다음과 같은 명언을 남겼다.

"기독교 공동체에서는 각각의 개인이 불가결의 고리로 연결되어 있느냐가 모든 것을 좌우한다. 가장 작은 고리까지도 단단하게 맞물려 있으면 그 고리는 절대 끊어지지 않는다. … 약자에게만 강자가 필요한 것이 아니라 강자 역시 약자 없이는 존재할 수 없음을 모든 기독교 공동체는 깨달아야 한다. 약자를 제거하는 것은 곧 친교의 죽음을 뜻한다." 주 16)

하나님과 교회 없이 진정한 변화는 불가능에 가깝다. 하나님과 교회가 있으면 거의 모든 게 가능하다. 당신도 나와 함께, 그리고 약자와 강자를 포함한 수많은 다른 사람들과 함께 손에 손을 맞잡고 현장에서 싸우겠는가? 지역교회를 통해 영적 암흑, 부패한 지도자, 극도의 가난, 치명적 전염병, 문맹을 퇴치하기 위해 싸우겠는가? 본회퍼는 이렇게 말했다. "교회는 인류를 위해 존재할 때에만 본연의 모습을 찾는다." 주 17) 이 세상의 변화를 위해 당신도 그 막강 세력에 합류하겠는가?

순종

그리스도의 몸이며 세상의 소망인 교회의 일부분이 되어 당신에게 주어진 역할을 감당할 각오가 되어 있는가?

"하나님 아버지, 그 동안 당신의 교회를 열성적으로 사랑하지 못했음을 솔직히 인정합니다. 당신을 믿는다는 사람들의 공공연한 잘못과 어리석은 언행에 얼굴이 화끈거린 적이 많았습니다. 지역교회들을 통해 우리 그리스도인들이 손에 손을 맞잡고 이 세상의 골리앗들과 맞서 싸운다면 개인뿐 아니라 이 사회에 어떤 변화가 일어날지 지금까지 제대로 깨닫지 못하고 있었습니다. 당신의 교회는 영원히 존속하는 공동체이건만 일시적인 조직에 변화를 기대했던 것을 고백합니다. 오늘부터는 세상을 변화시키는 일에 저도 제 몫을 감당하고 싶습니다. 당신이 보시기에 합당한 대로 저를 사용해 주옵소서."

- 비록 결점이 보이더라도 당신이 다니는 지역교회에 대해 긍정적인 말을 함으로써 교회에 힘을 주는 사람이 되라. 독서 파트너가 있다면 당신의 교회가 참여할 수 있는 다양한 봉사 활동에 대해 토론해 보라.

- 당신이 다니는 교회에 십일조 하는 습관을 키워 하나님이 당신 인생의 최우선임을 입증하라.

- 홈페이지 www.kaywarren.com을 방문하여 "베품의 원칙"Guidelines for Giving을 다운로드해서 읽어 보라.

Chapter 11

세상은 당신을 기다리고 있다

*
"몸은 죽여도 영혼은 능히 죽이지 못하는 자들을 두려워하지 말고
오직 몸과 영혼을 능히 지옥에 멸하실 수 있는 이를 두려워하라"
_ 마태복음 10:28

*
"영원히 잃어버릴 수 없는 것을 얻기 위해
영원히 간직하지 못하는 것을 버리는 사람은
결코 바보가 아니다."
_ 짐 엘리엇, 『짐 엘리엇의 일기』*The Journals of Jim Elliot*

고요와 정적이 깔린 이른 아침, 갈매기들도 여전히 단잠에 빠져 있는
듯했다. 남편과 나는 휴가를 맞아 오랜만에 느긋이 하루를 맞이하려는
참이었다. 우리는 소파에 나란히 앉아서 노트북 컴퓨터로 뉴스를 검색
했다. 그러다 기사 하나를 보고 나도 모르게 소리를 질렀다. "어머, 여
보! 예멘에서 세 명의 미국인 선교사가 살해당했대요!" 내가 아는 사람
들도 아니었건만 선교사들의 살해 소식에 정신이 번쩍 들면서 도무지
남의 일같이 여겨지지가 않았다. 그때는 나를 향한 하나님의 계획이 하
루하루 더욱 뚜렷해지는 중이었고 아프리카 첫 방문을 계획하던 시점
이기도 했다. 2002년 12월 30일에 살해당한 세 선교사들의 순교소식
을 듣자 내가 하고자 하는 일의 위험성이 더 깊이 실감이 되었다. 나는
예수님을 위해 그 정도로 희생할 각오가 되어 있는가? 나는 일기장을
펼쳤다.

오늘 아침, 세 명의 남침례교 의료 선교사들이 예멘에서 총에 맞아 숨졌다고 한다. 이런저런 생각으로 마음이 심란해진다. 졸지에 사랑하는 사람을 잃어버린 그 가족들의 슬픔이 제일 먼저 전해져 온다. 사실 그들은 한 순간에 생을 마감하는 축복을 받았다. 고문도 학대도 고통도 없이 눈 깜짝할 사이에 하나님의 품으로 옮겨졌다! 그런 면에서는 기뻐해야 할 것이다. 어쨌든 우리 모두가 궁극적으로 원하는 것은 주님을 직접 만나는 그 순간이 아니겠는가? 그래도 놀랍다. 세 명 중 어느 누구도 아침에 일어나 "나는 오늘 죽을 거야"라고 말하지 않았을 것이다. 그러니 이 세상에서의 마지막 순간임을 알았을 때 그들은 얼마나 기가 막혔을까? 하지만 그 의사들은 지극히 위험한 곳에서 섬기고 있었다. 미국인이나 기독교인이라는 이유 하나만으로 증오의 대상이 되는 그런 곳에서…. 그들이 생명의 위험을 몰랐을 리가 없다. 자신이 치러야 할 대가가 무엇인지를 거듭거듭 되새겼을 것이고 그만큼의 대가를 지불하더라도 자신의 사명을 완수하겠다는 각오로 그들은 그곳에서 섬기고 있었을 것이다. 자신의 생명까지 하나님께 바친 고귀한 희생정신을 존경한다. "죽으면 죽으리라"고 했던 에스더처럼 그들은 복음 전파를 위해 자신의 모든 것을 바치기로 각오했고 그 말 그대로 실천했다.

하나님 아버지, 앞으로 저를 사용하시려는 당신의 뜻을 곰곰이 생각해 봅니다. 당신의 잃어버린 자녀들을 돌아오게 할 수만 있다면 저 또한 제 생명을 아낌없이 당신께 바치고 싶습니다. 우상숭배로 혼란에 빠진 사람들이 저의 죽음으로 예수님을 분명히 알 수만 있게 된다면 저의 생명은 당신의 것입니다.

하나님께 순종하기 위해서는 치러야 할 대가가 있다. "예"라는 명료한 대답 속에는 어떤 주저함도 조건도 변명도 들어가서는 안 된다. "분부대로 합죠"라는 말은 위험하기 짝이 없다. 그런 순종은 이기적 욕망이 죽어야 함을 뜻하고 극단적으로는 생명까지 내놓아야 함을 의미한다. 그리스도인이라고 해서 모두가 예수님을 위해 죽어야 하는 것은 아니다. 그러나 하나님의 목적을 성취하기 위해서라면 죽을 수도 있다는 결심이 우리 마음 가운데 자리 잡고 있어야 한다.

이 세상에서 가장 안전한 장소는 하나님이 있으라고 하신 그곳이라는 말을 귀가 따갑게 들어 왔다. 물론 그 말을 이해 못하는 바는 아니다. 독자들도 이해할 것이다. 하지만 하나님이 원하시는 그곳이 가장 위험한 장소가 될 수도 있다는 사실마저 제대로 이해하고 있는지는 의문이다. 가룻 유다에게 배신당해 붙잡히기 전날 예수님이 겟세마네 동산에서 하신 기도를 생각해 보라. 예수님의 고뇌에 찬 "예"는 위험한 순종이 정확하게 무엇을 의미하는지를 보여 주는 대표적인 예다. 하나님이 예수님을 인도하신 장소는 처형장의 십자가 위였다.

그리스도인으로서 '안전한 삶'을 살겠다고 하는 건 개인의 자유다. 예수님을 위해 위험을 불사할 정도의 믿음을 극구 사양하는 교인들…. 하지만 그런 '안전한' 삶은 절대 세상을 변화시키지 못한다. 디트리히 본회퍼는 이렇게 말했다. "예수님이 우리를 부르실 때는 와서 죽으라는 뜻이다."주 18)

2003년 3월로 계획된 나의 첫 아프리카 탐방지는 모잠비크였다. 출발 날짜는 '이라크 전쟁 발발 하루 전. 미국은 온통 전쟁과 병력 배치 이야기로 떠들썩했고 미국인들에 대한 테러 위험은 최고조에 올라와 있

238

었다. 나는 출발 날짜를 뒤로 미뤄야 할지 말아야 할지를 놓고 고민했다. 9·11 테러의 악몽이 아직도 생생한데 그런 상황 속에서 비행기를 타고 먼 나라를 여행한다는 것이 마냥 불안하고 겁이 났다. 남편은 괜찮을 거라고 했지만 다른 가족과 친구들은 내 안전을 염려했다. 결국 내 결심을 굳히게 도와준 것은 에스더가 했던 "죽으면 죽으리이다"에스더 4:16의 각오였다. 에스더가 하나님의 뜻에 전폭적으로 자신을 내맡긴 모습에 용기를 내서 예정된 여행을 감행했다.

모잠비크에 도착한 다음날 아침, 신문에 큼지막하게 난 머리기사는 미국이 전쟁에 돌입했음을 확인시켜 주었다. 어쨌든 불안했다. 미국 역사상 그렇게 불안정한 시기에 가족과 집과 고국을 떠나 이역만리에 있다는 사실이 더욱 불안감을 부채질했다. 하지만 이건 내가 자발적으로 선택한 길이었고 비록 상황은 위험해 보여도 하나님이 나를 지켜 주실 것이라는 믿음은 오히려 더욱 견고해졌다.

위험한 순종이란 그런 것이다. 정말로 위험한 것이다.

희생과 대가

우리는 참 겁쟁이들이다. 안전하고 편안한 선진국에서 살다 보니 미국인들의 성격과 의지가 나약해져 버렸다. 문제가 생기면 쉽사리 빠져나갈 궁리만 하고 심지어는 요령 피우는 걸 자랑삼아 떠들기도 한다. 극기, 희생, 헌신, 이런 말들은 이제 아무 매력도 주지 못한다.

당신은 최근 들어 희생정신을 강조하는 잡지 기사를 읽어 본 적이 있는가? 사람들이 극기하고 희생을 다짐할 때는 뭔가 자신에게 이익이 돌아오거나 자기의 목적이 달성할 수 있을 때뿐이다. 사람들은 그저 공짜라면 사족을 못 쓴다. 예수님을 믿을 때조차 전혀 손해를 안 보려고 한다.

완전한 착각이다.

히브리서에 나오는 믿음의 영웅들을 기억하는가? 그들은 위험한 순종을 했던 대표적인 사람들이었다.

"그 밖에 기드온, 바락, 삼손, 입다, 다윗, 사무엘, 그리고 다른 예언자들에 대하여 하나하나 다 말하자면 끝이 없을 것입니다. 그들은 믿음으로 여러 나라를 정복하였고 옳은 일을 하였으며 약속된 것을 받았고 사자들의 입을 막기도 했습니다. 또 불 가운데서 구원을 받았고 칼날도 피했으며 약한 사람이 강해지고 싸움터에서 용감하게 외국 군대를 무찌르기도 하였습니다. 그리고 어떤 여자들은 죽은 가족을 다시 살아난 상태에서 맞이하기도 하였으며 어떤 사람들은 더 나은 부활을 얻기 위해 고문을 당해도 풀려나기를 거절했습니다. 또 어떤 사람들은 조롱을 받고 채찍으로 맞았으며 사슬에 묶여 갇히기도 했습니다. 또한 돌로 맞기도 하고 시험을 당하며 톱으로 몸이 잘리거나 칼날에 죽음을 당하기도 하였습니다. 그리고 양이나 염소의 가죽으로 옷을 삼아 두르고 다녔으며 가난과 고통에 시달리고 온갖 학대를 받았습니다. 세상은 그들에게 아무 가치가 없었습니다. 그래서 그들은 광야와 산과 동굴과 땅굴을 찾아다니며 지냈습니다. 이 사람들은 모두 믿음으로 여러 가지 증거를 받았지만 약속된 것을 받지는 못하였습니다. 그것은 하나님께서 우리를 위해 더 좋은 것을 마련하시고 우리와 함께 그들이 완전해지도록 하셨기 때문입니다."히브리서 11:32-40, 현대인의성경

여기에 언급된 용감한 사람들은 사자의 공격을 받았고, 고문 받았고, 조롱당했고, 채찍에 맞았고, 손발이 묶인 채 지하 감옥에 갇혔고, 돌에 맞아 죽었고, 톱으로 몸이 잘렸고, 칼에 찔렸고, 굶주렸고, 학대당했고, 가혹한 대우를 받았다. 수많은 사람들이 집도 없이 떠돌아다녔고 동굴이나 땅굴 속에 숨어 지내기도 했다. 지난 2천 년간 예수님을 배신하지 않기 위해 고문과 죽음을 당했던 사람들은 부지기수였다. 그런 사람들은 오늘날에도 존재한다. 최근 터키에서는 세 명의 기독교인이 살해당하기 직전에 사지를 절단당하는 끔찍한 사건이 일어났다. 오로지 예수를 구세주로 믿었다는 죄 때문이었다. 진정한 신앙에는 지불해야 할 가격표가 붙어 있다.

신앙을 지키려다 그렇게 순교 당했다는 이야기를 들으면 대부분의 신자들은 몸서리를 친다. 나도 그렇다. 하지만 실제로는 하나님이 우리 모두에게 그런 대가를 지불하라고 요구하지 않으신다. 대부분의 기독교인들에게는 그보다 훨씬 적은 대가를 치르라고 하신다. 그래도 하나님과 팽팽한 줄다리기를 하는 순간에는 자신이 지불하는 대가가 제일 비싸게 느껴지는 법이다. "아이쿠, 하나님! 제발 그걸 포기하라고 하지 마세요! 할 수 없습니다. 아니, 못합니다! 정말 '그것'만은 안 됩니다!" 하지만 계속 기도하고 주의 뜻을 구하다 보면 하나님과의 친밀한 관계를 위해 바로 '그것'이 내가 포기해야 할 것임을 명확히 깨닫는다.

때로는 우리가 포기해야 할 것이 일상의 평범한 것이거나 가까운 사

람과의 관계일 수도 있다. 내가 터놓고 이야기하겠는데 하나님께 순종한다고 해서 언제나 사람들과의 관계가 좋아지는 것은 아니다. 처음 내가 에이즈 환자들을 위한 사역에 나선다고 했을 때는 아이들도 싫은 내색을 하지 않았다. 이 엄마를 사랑하고 엄마가 하나님 일을 하겠다니까 반대하지 않은 것이다. 내 아이들이지만 착하고 동정심이 많은 아이들이다. 그러나 얼마 가지 못해 나와 아이들은 신경전을 벌이며 툭탁거리는 일이 잦아졌다.

아이들이 성장할 시기에는 가능한 집에 있기 위해 알뜰하게 집안 살림을 꾸렸다. 한동안 집에서 아이 보는 일을 했고 옷을 다림질해 주는 부업도 했는데 모두가 밖이 아닌 집에서 하는 일이었기에 가능했다. 목회자의 아내로서 교회일도 열심히 했지만 아이들을 위해 항상 집에 있어 주었다. 아이들이 성장하고 난 후에도 마찬가지였다. 그런데 이제 갑자기 내 세계를 확장해서 에이즈 사역을 한다고 하니 가족 모두 깜짝 놀랄 수밖에 없었다.

내 생활에도 차츰 변화가 일기 시작했다. 처음에는 그저 에이즈 환자들을 돌봐 주는 정도였으나 사역이 점점 커짐에 따라 집안에 있는 사무실에서 일하다가 외부에 있는 사무실로 옮겨 갔다. 하루에 몇 시간만 일하는 시간제 사역을 하다가 몇 달이 지난 후에는 25년 만에 처음으로 하루 종일 전임으로 일하는 사역자가 되었다. 또한 해외로 출장을 가야 할 일도 잦았고 자연히 교회에서 했던 사역은 점차 줄여야 했다. 전부터 남편은 하나님이 나를 상상치도 못한 방법으로 사용하실 거라고 말해 주었지만 막상 그런 일이 일어나자 우리 가족은 제대로 적응을 하지 못했다. 나는 더 이상 집안에만 있는 가정주부가 아니었다. 어떤

242

때에는 아이들이 내 얼굴도 잊어버리겠다며 투덜거렸다.

우리 가족 모두에게 힘겨운 시간이었다. 함께 모여 몇 시간씩 대화를 나누기도 하고 서로의 걱정과 하소연과 심지어 서글픔까지 토로하기도 했다. 내 딸 에이미는 막 해산을 한 상태였고 엄마가 곁에 있어서 하루하루 아이 키우는 재미를 만끽하기 원했다. 사실 전에는 늘 곁에 있어 주던 엄마가 아니었는가! 어느 날 에이미는 기어이 참았던 말을 꺼내고 말았다. "엄마, 너무 섭섭해요. 다른 할머니들은 매주 손자손녀들을 데리고 공원에도 가고, 딸이 말만 하면 점심 때 외식도 하고, 쇼핑도 같이 가고 그러는데 엄마는 뭐예요. 그런 건 아예 꿈도 꿀 수 없으니…, 진짜 속상해요."

이 글을 쓰고 있는 지금도 그 생각만 하면 눈물이 나온다. 아이들과 손자손녀를 끔찍이 사랑하는 내가 그 말에 가슴이 안 아플 리 없었다. 누군들 자기 아이들, 손자손녀들과 함께 있고 싶지 않겠는가? 특히 애들이 그렇게 원하는데…? 우리 아이들은 내 최고의 친구이고 우리 손자손녀들은 눈에 넣어도 아프지 않을 만큼 사랑스럽다.

하지만….

이 지구상에 엄마와 아빠를 잃은 어린이들의 실상도 똑같이 내 가슴을 아프게 했다. 우리 세 명의 아이들이 부모 없이 자랐다면 어떻게 되었을까? 손녀딸 케일리에게 점심밥을 차려 줄 때마다 행여 먹을 게 있을까 쓰레기 더미를 뒤지고 있는 수많은 아이들의 모습이 눈앞에 어른거렸다. 손녀딸 케시디를 품에 안고 앙증맞게 잠든 모습을 보고 있으면 길가나 밭에 버려진 아기들의 필사적인 울음소리가 귓가에 쟁쟁했다. 세계 각 도시에서 길거리를 배회하며 돌아다녀야 하는 집 없는 고아들의 처량함과 절망이 뼈저리게 다가오기도 했다. 어린이 매춘에서 구조된 소녀들의 처량한 모습을 잊을 수가 없었다. 내 품에 달라붙던 세 살배기 고아소녀 니센데의 따뜻한 체온이 여전히 전해 오는 듯했다. 소원이 있다면 오로지 이 세상의 모든 어린이들이 내 손자손녀가 누리고 있는 것을 누리게 해주고 싶은 것뿐이었다. 그렇기 때문에 나는 이렇게 자문할 수밖에 없다. "내가 그 아이들을 위해 나서지 않는다면 누가 나설 것인가? 내가 그 애들의 엄마가 되어 주지 않는다면 누가 엄마가 되어 줄까?" 하나님은 우리가 자신의 가족뿐 아니라 가족이 없는 사람들도 돌볼 수 있는 능력을 주셨다고 믿는다.

내가 만났던 에이즈 환자들의 모습이 잠자리에 들 때마다 머릿속을 스쳤다. 나무 밑에 살던 조안나의 뼈만 앙상한 모습이 기억났다. "내가 죽으면 우리 애들을 누가 돌봐 주겠어요?"라고 했던 플로라의 애절한 목소리도 기억났다. 캘리포니아의 산타아나에서 만났던 알베르토도 생각났다. 알베르토는 에이즈에 걸려 친척집 뒷마당에서 살고 있었다. 혼자 죽고 싶지 않다던 폴의 간절한 눈빛도 생각났다. '에이즈와 교회에 대한 글로벌 회담'에서 내가 안아 주었던 바바라도 떠올랐다. 에이즈 환자였던 바바라는 기독교인들이 자신을 받아 주었다는 데에 기쁨을 감추지 못하며 흐느껴 울었다. 생전 처음 예수 그리스도의 사랑을 경험한 에이즈 사역자 데이빗의 두 눈은 생기로 충만해 있었다.

이 사람들이야말로 나를 영원히 변화시켜 놓은 장본인들이었다. 안락한 생활을 벗어나 위험한 삶으로 들어설 수 있도록 힘을 실어 준 사람들이다. 나의 새로운 삶에 기쁨과 즐거움이 없는 것은 아니다. 그러나 무엇보다 이제는 '다른 누군가가 그 일을 하겠지…' 하면서 막연히 바라보는 삶이 아니다. 나는 5년 전의 내가 아니다. 내 인생은 '에이즈 사역 전'과 '에이즈 사역 후'로 뚜렷이 구분되어 버렸다.

'에이즈 사역 후'의 인생

'에이즈 사역 전'의 생활은 이제 남아 있는 게 별로 없었다. 집안을 말끔히 정돈하고 남편과 아들을 위해 맛있는 요리를 준비하던 예전의 가정주부가 아니었다. 우리집 냉장고에는 햄버거와 치즈 상자, 바나나만 들어 있거나 식이요법 하는 사람들의 간편 요리들이 잔뜩 들어 있곤 했다. 빨래도 수북이 쌓였다. 하지만 그건 모두 내 빨래였다. 남편과 아들은 제때 자기 옷을 빨아 입었다. 전 같았으면 이런 생활은 턱도 없는 얘기였다. 아이들을 키우는 주부가 밖으로만 돌아다니고 찬장은 텅텅 비고 더러운 속옷이 돌아다닌다는 게 말이 되겠는가! 전처럼 신문을 탐독하지도 않았다. 대신에 여러 가지 잡지 기사를 훑어보고 인터넷 기사들을 검색해서 읽었다. 부부생활에도 변화가 찾아왔다. 서로 바쁘다 보면 관계가 소원해지고(실제로 그럴 때도 있었음) 그러다 보면 부부 사이가 멀어지기 마련이다. 그래서 우리 부부는 일부러 둘만의 시간을 따로 내기로 했다. 남편과의 관계만이 아니라 아이들, 시댁과 친정 식구들, 친구들, 아는 사람들과의 관계도 소홀해지지 않도록 신경을 써야만 했다. 예전에 친구들을 만났던 시간은 이제 사역과 동료들에게로 돌아갔다. 이전처럼 시간을 내지 못하는 내게 친구들은 하나둘 실망하기 시작했다. 누구보다 소중한 친구들이기에 나도 속이 상했다. 내가 속한 소그룹에는 우리 부부를 포함해 모두 네 쌍의 부부가 있었는데 내 신앙에 큰 도움을 주었던 사람들이었고 그들과의 유대감만은 여전히 변함없었다. 만나는 시간은 아무래도 줄어들었지만 소그룹 사람들의 진심어린 충고는 어느 때보다 힘이 되고 나의 신앙 성숙에 밑거름이 되었다.

내가 담당하는 피스 플랜PEACE Plan을 비롯해 에이즈 관련 사역을 전담하기 위해서 우리 교회 교인들과 사역자들은 한 발짝 양보해야 하는 입장에 서게 되었다. 새들백교회는 교인 수가 많이 늘어났고 나는 여전도회 일을 하면서 새신자반, 대학생 사역, 우리 교회 목사 사모들을 위한 사역에 참여해 왔다. 하지만 결국은 그 모든 사역을 다른 사람들에게 위임해야 했다. 이제 나의 초점은 오로지 에이즈를 종식시키는 일에 집중되었다. 마치 레이저 빔을 쏘아 대듯 내 모든 에너지를 에이즈 박멸에만 쏟아 붓게 된 것이다.

참석할 장소와 설교를 선택하는 데에도 이전보다 더욱 신중해졌다. 에이즈 사역과 교회의 역할, 전인적 구제 사역에 대한 주제가 아니면 강의 초청은 여간해서 응하지 않기로 했다.

내 목소리에도 점점 더 힘이 실렸다. 내게 있는 예언의 은사를 사용해서 회개와 변화를 촉구하는 설교도 전보다 과감하게 하게 되었다. 하지만 그로 인해 사람들의 비난과 주목의 대상이 되는 것은 어쩔 수 없었다. 목사의 아내로써 지금까지 외부 사람들에게 비난을 받아 본 일은 거의 없었다. 새들백교회와 남편은 개척 초기부터 사람들의 입에 오르내렸지만 내게는 그래도 한 다리 건너 일이었다. 우리 교회에 대한 비난의 대부분이 나를 속상하게 만들기는 했어도 그렇다고 '내'가 비난을 받은 건 아니었다.

246

하지만 이제 비난의 대상은 바로 나였다. 시간이 갈수록 마음은 너그러워지고 얼굴은 더 두꺼워져야 할 필요성을 느꼈다. 에이즈 사역의 찬반론자 모두 나를 싫어했다. '극우파'에 속하는 이상주의자들은 내가 하는 일이 성경적이지 못하고 잘못되었다고 말했다. 반면에 '극좌파'에 속하는 사람들은 나에게 동성애 혐오자이며 무식꾼이라고 하면서 내가 하는 일을 환영하지 않았다. 어떤 사람은 기분이 많이 상했는지 이메일로 "당신은 유방암으로 죽었어야 했어!"라는 악담까지 서슴지 않았다. 상당히 충격적이긴 했지만 그 동안 "죽어라! 이 호모 새끼야!"라는 말을 들어야 했던(대부분 기독교인들로부터) 동성연애자들의 설움에 비할 바가 되지 못했다. 갑자기 내 자신이 신랄한 비난의 중심에 서 있었다. 누구보다 남의 말에 민감했던 내게는 견디기 힘든 일이었다. 하지만 이제는 마음을 단단히 먹고 강해져야 할 필요가 있었다. 더 이상 누가 뭐라고 하던 크게 신경을 쓰지 않았다. 일일이 신경을 쓰면 내 명대로 못살 것만 같았다.

얻은 게 더 많다

그렇다. 위험한 순종에는 희생이 뒤따른다. 그러나 얻는 것도 있다. 인격과 기술과 신앙을 갈고닦게 해 준다. 예전에는 사람들 앞에서 말하는 것도 두려웠고 내 은사와 남편의 은사를 비교하는 게 거의 습관화 되어 있었다. 하지만 이제는 모든 것에 좀 더 여유를 갖게 되었다. 사전 계획, 세부 사항, 강의 내용, 결과, 그 어느 것에도 전처럼 안달하고 초조해하지 않는다. 사교적인 면에 있어서도 많은 발전이 이루어졌다. 언제나 구석진 곳이나 큰 화분 뒤에 앉아 있기 일쑤였고 모임에서도 저녁내내 한 사람하고만 이야기를 나누던 내가 유명 인사들을 만나 의외로 자연스럽게 대화하는 모습에 나 자신조차 놀랄 지경이었다.

환자들의 손을 잡고 안아 주는 와중에도 질병에 감염될 것이라는 우려는 별로 들지 않았다. 위험한 순종이 내 두려움을 현저히 줄어들게 만들었다. 나는 비행기를 타고 세계 각국을 돌아다닌다. 어떤 경우에는 소형 비행기를 타야 할 때가 있지만 크게 불안하지는 않다. 어떤 종류의 위험도 기꺼이 감수할 용의가 있다. 육신의 안전이든 정신적 공격이든 신앙적 모험이든 어떤 문제든지 더욱 하나님을 신뢰하게 되었다. 하나님이 기적을 일으키실 것이라는 믿음도 강해졌고 내 뜻을 고집하지 않게 되었고 불확실하고 막연한 일에도 조급하지 않게 되었다. 응답이 없고 모호한 상황에서도 크게 동요하지 않고 하나님의 전능하심을 확고히 믿으면서 그 어느 때보다 그분의 능력에 의존하게 되었다. 아울러 내 자신의 능력과 은사에 대해서도 훨씬 자신감이 생겼다. 나와 다른 관점도 받아들이고 인생을 보는 눈도 많이 바뀌었다. 전보다 더욱 열성적이고 적극적인 사람이 되었다. 전능한 하나님과 동역자라는 확신이 생겨났다. 내가 그토록 원했던 하나님과의 친밀감이 형성되었고 이전 어느 때보다 하나님의 심정을 더 깊이 느끼게 되었다. 이 모든 것이 위험한 순종 뒤에 얻은 유익이었다.

그렇다면 지금까지 내가 한 일에 보람을 느끼는가? 또 하라고 하면 할 것인가? 그렇다. 또 할 것이다. 하지만 그만큼의 희생도 치르지 않았는가? 그렇다. 전혀 예상치 못한 희생의 대가가 따랐다. 그럼 그만큼의 대가를 지불할 가치가 있었는가? 그렇다! 생의 마지막에 이르면 단순히 에이즈 환자들만을 위해 일한 게 아니라 예수님을 위해 일했음이 분명해질 것이다. 왜냐하면 그분이 나의 것이고 나는 그분의 것이기 때문이다. 언제든 그분의 뜻에 순종할 준비가 되어 있기 때문이다. 그분의 아픔을 나도 느끼고 이 세상에서 그분의 손과 발이 될 것이다. 나는 오직 고통 받는 사람들을 위해 내 생애를 고스란히 바치고 싶다. 단지 그들만을 위해서가 아니다. 그것이 예수님을 사랑하는 한 가지 방법이기 때문이다. 예수님이 그들을 사랑하시기에 나도 그들을 사랑한다. 예수님이 나의 첫사랑이다.

안락했던 예전 생활을 뒤로 하고 미지의 새로운 세계에 발을 들여놓는 과정에서 하나님은 내게 기적을 일으켜 주셨다. 평범한 보통 여자에 지나지 않는다고 투덜거리던 철부지 소녀가 떨리는 손으로 자신의 조그만 점심 도시락을 주님께 드렸을 때 다른 사람을 배불리 먹게 하는 기적을 목격했다. 하나님은 약속을 이행하셨다. 주님께 순종했을 때 평범은 비범으로 변했고 예사로움은 기적으로 바뀌었다. 하나님은 내 생애를(아울러 이 책에 소개한 모든 사람들의 생애를) '떡과 포도주'로 만드셔서 영적으로 굶주리고 목마른 영혼들에게 소망을 주는 존재가 되게 하셨다.

나는 개인적으로 아무것도 줄 것이 없는 사람이다. 내 안에 계신 그리스도가 주실 뿐이다. 살면서 당한 괴로움, 통제하기 힘들었던 은밀한 죄, 부부 싸움, 두 번의 암 투병, 주님만 아시는 상처 등 그 동안 받았던 모든 아픔을 성찬의 제물이 되게 하셨다. 하나님은 인생의 쓴맛을 보게 함으로써 나를 에이즈 사역자로 준비시키셨다. 할 수 없다고 도리질한 적이 얼마나 많았는지 모른다. 내게 너무 무심하고 무정하다고 하나님을 비난한 적도 많았다. 하지만 그런 아픔이 없었다면 오늘의 내가 되지 못했을 것이다. 하나님의 혹독한 시련이 없었다면 나는 결코 누군가에게 바쳐질 '떡과 포도주'가 되지 못했을 것이다.

이제 더 이상은 못 견딜 것 같다고 생각하는 순간마다 하나님은 내게 힘을 줄 만한 사람들을 허락하시어 분발하게 하셨다. 프랑소와 페늘롱, 짐과 엘리자베스 엘리엇, 에이미 카마이클, 헨리 나우웬, 오스왈드 챔버스, 그 외 많은 위인들이 내 영혼을 살찌우고 새로운 결의를 다지게 만들었다. 오스왈드 챔버스의 글이 우리의 사명을 잘 요약해 주고 있다.

우리는 자기 생각대로 헌신해서 스스로의 사명을 만들어 낸다. 하지만 하나님과 올바른 관계가 형성되면 그런 것들은 털어 내시고 우리를 상상 못한 고통에 못박아 놓으신다. 그러다 어느 순간 하나님이 무엇을 하고 계신지 섬광 같은 깨달음이 스칠 때 비로소 우리는 '내가 여기 있나이다, 나를 보내소서'라고 고백한다.

이러한 사명감은 개인적 성화와 큰 관련이 없다. 단지 쪼개진 떡과 부어진 포도주가 되면 그만이다. 우리를 분쇄하는 하나님의 손가락을 거부하는 한 결단코 하나님은 우리를 포도주로 만들 수 없다. 나를 쪼개진 떡과 부어진 포도주가 되게 하는데 하나님이 손가락만 사용한다면 오죽 좋겠는가! 내가 싫어하는 사람을 사용하시고, 절대 허용 못한다고 이를 갈았던 상황을 사용하시면 우리는 강력히 거부한다. 우리는 자신이 순교당할 방법까지 선택하는 우를 범해서는 절대로 안 된다. 정말로 포도주가 되고 싶다면 반드시 짓이겨져야 한다. 포도를 그냥 마실 수는 없는 노릇이다. 포도는 짓이기고 짜야만 포도주가 된다.

하나님이 당신을 어떤 손가락으로 쥐어짜셨는가? 당신은 어떻게 미꾸라지처럼 빠져 다녔는가? 당신은 아직 설익었다. 그 동안 하나님이 당신을 쥐어짜셨다면 그 포도주는 엄청 시고 썼을 것이다. 성찬이 된다는 것은 하나님을 섬기기 위해 그분의 섭리로 깨어지면서 온전히 바쳐진 삶을 말한다. 하나님의 손에서 쪼개진 떡이 되기 전에 먼저는 하나님 뜻대로 사는 법을 배워야 한다. 하나님과의 올바른 관계 속에서 그분이 원하시는 일을 할 때 우리는 비로소 주의 자녀들을 먹일 떡과 포도주가 되는 것이다.주 19)

얼마나 경이로운가! 내 삶이 하나님의 손가락 안에서 떡과 포도주가 되어 다른 사람의 인생을 풍요롭게 할 수 있다니! 나 역시 오스왈드 챔버스가 묘사한 그런 인간임을 부인할 수 없다. 하나님의 손가락을 피해 요리조리 빠져 다니다가 떡과 포도주가 될 기회를 놓쳐 버릴 때가 많았다. 쌀은 타작을 해야 떡이 되고 포도는 틀에서 짜야 포도주가 된다. 당신도 미꾸라지였던 적이 있는가? 어떻게 하나님의 손을 피해 다녔는가? 당신이 당했던 희생은 정말로 가치 있었다고 생각하는가?

가치 있는 희생

영화 감상에 있어서 나는 다소 소녀 같은 취향을 갖고 있다. 공상과학이나 판타지, 전쟁에 관련된 영화는 사절이다. 그런데 어쩐 일인지 『반지의 제왕』이라는 영화는 마음에 든다. 3부작으로 된 가공의 세계 속에서 펼쳐지는 평범하면서 익살스러운 호빗들의 이야기가 참으로 재미있다. 호빗들은 약속된 왕의 귀환, 그리고 궁극적인 선과 악의 싸움 사이에 끼어든다. 뒤에서는 반지의 악령들이 바짝 추격해 오고 아름다운 엘프 공주 아르웬이 부상당한 프로도를 안고 도망치는 장면에서는 너무도 조마조마해서 가슴이 콩닥콩닥 뛰었다. 메리와 피핀의 익살도 재미있었고 그들이 장난꾸러기에서 용감한 전사로 성장하는 모습은 보기만 해도 흐뭇한 미소가 감돌게 했다. 골룸을 볼 때는 내 안에 끊이지 않고 일어나는 옳고 그름의 갈등이 그의 괴로움과 겹쳐지기도 했다. 샘과 프로도의 우정은 매우 감동적이었다. 프로도를 위해 샘이 희생하는 모습은 나도 그와 같은 우정으로 친구들을 섬겨야겠다는 각오를 다지게 했다.

악의 힘은 점점 더 강성해지고 사루만과 그의 휘하에 있는 흉측한 오르크족이 세상의 선을 위협하기 시작한다. 제3부 '왕의 귀환' 편에 가면 아라곤, 마법사 간달프, 호빗족, 엘프족, 인간들, 난쟁이들과 다른 부족들이 모두 조용히 서서 사루만 군대를 지켜보는 장면이 나온다. 사루만은 인간과 오르크족을 섞어 악한 괴물 우르크하이를 만들어 낸다. 선한 군대가 계속 군대의 수를 늘렸지만 힘이나 무기 면에서 도저히 괴물들을 당해 낼 수가 없었다. 그때 아라곤이 자기와 친한 사람들의 얼굴을 바라다본다. 모두가 이 치열한 전투에서 죽음을 각오하고 있는 듯 비장한 표정이었다. 아라곤은 자신의 검을 높이 쳐들어 큰 소리로 포효한 뒤 거대한 악의 군대를 향해 돌진했고 아라곤을 따르는 군대 역시 그의 뒤를 따라 패색이 짙은 전투 속으로 몸을 내던진다. 전사들이 휘두르는 칼과 도끼에 절단 난 몸뚱이들이 여기저기 나뒹굴면서 전쟁터는 순식간에 죽어 가는 자와 시체들로 가득 차 버렸다.

하지만 신기하게도 전투는 선한 군대의 승리로 돌아간다! 약자가 강자를 누르고 예기치 못한 승리를 거둔 것이다. 호빗족, 엘프족, 인간들은 수적으로 열세였기 때문에 자신들이 승리하리라고는 전혀 예상치 못하고 있었다. 그렇기에 그들의 희생은 더욱 값지고 고귀한 것이었다. 그렇다면 죽음을 각오하면서까지 그들이 전쟁터에서 싸운 이유는 무엇인가? 왜 그들은 엄청난 위험을 감수하려고 했을까? 답은 간단하다. 희생할 만한 가치가 있어서다. 설령 그 자리에서 죽는다 해도 자신의 죽음이 왕을 돌아오게 할 수 있다고 믿었던 까닭이다.

유방암에 걸려 세 번째 화학요법을 받은 후 나는 한없이 무겁고 절망스런 마음으로 병원 문을 나섰다. 혈액의 문제도 있었지만 정신적인 좌절감 역시 우울증을 일으키는 데 한몫을 했다. 당시 내 몸은 면역력이 약해진 상태였기 때문에 다른 사람들과 같이 있으면 쉽게 병균이 감염될 수 있었다. 하지만 고립된 생활이 지긋지긋하고 일상의 삶이 그리웠기 때문에 남편은 관람객이 적게 오는 낮 시간에 영화 구경을 가자고 제안했다. 남편은 『반지의 제왕: 왕의 귀환』을 보자고 했지만 나는 너무도 기분이 우울해서 그런 영화는 보고 싶지도 않았다. 그렇다고 다른 영화를 고르는 것도 귀찮아 그냥 남편을 따라가기로 했다. 그리하여 성탄절을 며칠 앞두고 남편과 함께 영화관을 찾은 나는 좌석에 힘없이 주저앉았다.

하지만 영화가 시작한 지 얼마 지나지 않아서 화면에 펼쳐지는 웅장한 장면에 넋을 잃고 빨려들었다. 운명의 산을 향해 갈 때 기력이 빠진 프로도를 샘이 업고 가겠다고 설득하는 대목에서는 눈물이 왈칵 솟았다. 특히 샘이 했던 대사 중에 "내가 반지는 가져가지 못하지만 주인님은 모시고 갈 수 있습니다"라는 말은 암과 투병하는 동안 나를 여기까지 오게 해 준 우리 가족과 지인들의 수고를 생각나게 했다. 그들이 사악한 군대를 맞이해 사력을 다해 싸울 때에도 하염없이 눈물이 나왔다. 그 어떤 것도 그들의 충천한 사기와 용맹한 기백을 당해 낼 재간이 없었다.

항암 치료를 받고 있을 때 수많은 사람들이 내게 힘을 내고 용기를 잃지 말라고 격려해 주었다. 극장에서 영화를 보는 동안 나는 힘도 용기도 내지 못했다는 생각이 들었다. 솔직히 말하자면 용기는커녕 투병 생활 내내 두려움에 휩싸여 지냈다. 그러나 영화에 나오는 평범한 주인공들이 사악한 군대와 맞서 한결같이 자신을 희생하는 모습을 보니 그 이야기가 내 인생을 향한 교훈처럼 여겨졌다. 하나님으로부터 받은 사명의 의의를 뒤돌아보고 왜 위험한 순종이 필요한지를 새삼스럽게 되새겼다. 영화에 나오는 주인공들은 악과 대항하기 위해 자신의 계획과 삶을 과감히 포기했다. 나도 그러고 싶었다. 그들은 사랑하는 친구들을 위해 자신의 목숨까지 과감히 내던졌다. 나도 그러고 싶었다. 그들은 왕의 귀환을 앞당기기 위해 자신에게 소중한 모든 것을 과감히 내바쳤다. 나도 그러고 싶었다. 언제 예수님이 재림하실는지 모르지만 그분은 나의 왕이시다. 왕 되신 주님의 귀환을 앞당기기 위해서라면 나는 무슨 일이든지 하고 싶다. 그분만이 이 병든 세상을 영단번에영원 가운데 오직 한 번으로, Once for all 고칠 수 있는 유일한 분이다.

순종의 대가는 비싸다. 생각보다 훨씬 비싸다. 그러나 주님께 순종해서 그 대가를 치르겠다고 결심한 사람은 언젠가 정의가 봇물처럼 터지는 순간을 맞이하게 될 것이다. 사람들의 눈에서 눈물이 마르고, 긍휼이 처벌에 우선하고, 고아들에게 가족이 생기고, 나약한 육체가 건강해지고, 사랑이 승리하는 감격의 순간을 맞이하게 될 것이다!

순종의 대가는 비싸지만 그만한 가치는 분명히 있다.

세 명의 그리스도인들이 순교당한 2002년 12월 30일. 그날에 쓴 나의 일기는 존 베일리John Baillie가 쓴 아침기도 중 그 달의 스물일곱 번째 날에 하는 기도로 마무리를 지었다.

"그분이 오신 후 세상 역사 속에서 발휘된
그분 십자가의 능력으로 인해,
자기 십자가를 지고 그분을 따랐던 모든 이들로 인해,
숭고한 순교 군단과 다른 사람을 살리려
자기 목숨을 바쳤던 모든 이들로 인해,
숭고한 목적으로 스스로 선택한 모든 고난,
용감하게 견뎌 낸 모든 고통,
영원한 기쁨을 위해 일시적으로 이용된 모든 슬픔으로 인해,
당신의 거룩한 이름을 송축하며 찬양합니다." 주 20)

당신은 기꺼이 고통 당할 각오가 되어 있는가? 주를 위해 헌신할 각오가 되어 있는가? 위험한 순종을 할 각오가 되어 있는가? 어디에서든 악을 발견하는 대로 폭로하고 대항할 각오가 되어 있는가? 전투에 임

할 각오가 되어 있는가? 이 병든 세상에서 주님의 손과 발이 되어 선행을 하고 그로 인해 사람들에게 보이지 않는 하나님을 보여 줄 각오가 되어 있는가? 나와, 그리고 수많은 사람들과 손에 손을 맞잡고 지역교회를 통해 이 세상의 골리앗을 쓰러뜨릴 각오가 되어 있는가? 당신 자신을 하나님의 손에 맡기고 쪼개진 빵과 부어진 포도주가 되어서 영적으로 죽어 가는 영혼들의 양식이 될 각오가 되어 있는가? 주님을 위해 무엇이든 바치고 희생할 각오가 되어 있는가? 하나님께 "예!"라고 대답할 각오가 되어 있는가?

각오가 되었다면 세상은 당신을 기다리고 있다.

순종

하나님의 나라를 위해 당신이 소중하게 여기는 모든 것과
당신의 목숨까지 버릴 각오가 되어 있는가?

256

"하나님, 당신의 나라가 이 땅에 임하기 위해 필요한 대가를 지불할 정도로 제가 준비가 되었는지, 용기가 있고 강한지 잘 모르겠습니다. 저는 게으른 사람이고 어려움을 정면으로 돌파하기보다는 회피하기를 좋아하는 사람입니다. 오늘 제게 희생의 대가가 얼마나 값어치 있는지를 다시 깨닫게 도와주옵소서. 주님은 당신을 찾는 자에게 보상하시는 분임을 믿습니다. 분명히 제게 소중한 무언가를 포기해야 하겠지만 그로 인해 영원히 가치 있는 것을 얻으리라 믿어 의심치 않습니다. 모든 것을 당신을 위해 기꺼이 포기하겠습니다."

- 이 책을 읽는 중에 하나님이 당신의 생각과 마음과 태도를 바꾸어 주신 부분이 있다면 잠시 그 부분에 대해 묵상해 보라. 독서 파트너와 함께 그 부분에 대해 이야기를 나누라.

- 지금 이 순간 믿음 때문에 핍박받는 하나님의 자녀들을 위해 기도하라.

- 홈페이지 www.kaywarren.com을 방문하여 릭과 케이 워렌이 전한 "글로벌 피스 플랜"The Global PEACE Plan이라는 설교와 케이 워렌이 전한 "당신의 다음 발걸음"Your Next Steps이라는 설교를 들어보라.

부록 1

참고 자료

Chapter 1-3

책

· *The AWAKE Project, Second Edition: Uniting Against the African AIDS Crisis*. Nashville: Nelson, 2002.

· Behrman, Greg. *The Invisible People: How the U.S. Has Slept Through the Global AIDS Pandemic, the Greatest Humanitarian Catastrophe of Our Time*. New York: Free Press, 2004.

· Bourke, Dale Hanson. *The Skeptic's Guide to the Global AIDS Crisis*. 2nd ed. Tyrone, Ga.: Authentic, 2006.

· Claiborne, Shane. *The Irresistible Revolution: Living as an Ordinary Radical*. Grand Rapids: Zondervan, 2006.

· Easterly, William. *The White Man's Burden*. New York: Penguin, 2006.

· Garland, C. Jean. *AIDS Is Real and It's in Our Church*. Bukuru, Nigeria: Africa Textbooks, 2005.

· Hiebert, Paul G. *Anthropological Reflections on Missiological Issues*. Grand Rapids: Baker, 1994. 『선교현장의 문화이해』(죠이선교회, 1997).

· Kidder, Tracy. *Mountains beyond Mountains: The Quest of Dr. Paul Farmer,*

a Man Who Would Cure the World. New York: Random House, 2004. 『작은
변화를 위한 아름다운 선택』(황금부엉이, 2005).

· Lewis, Stephen. *Race against Time: Searching for Hope in AIDS-Ravaged
Africa.* 2nd ed. Toronto: House of Anansi Press, 2006.

· Long, Meredith, and Deborah Dortzbach. *The AIDS Crisis: What We Can Do.*
Downers Grove, Ill.: InterVarsity, 2006.

· Meredith, Martin. *The Fate of Africa: From the Hopes of Freedom to the Heart of
Despair.* New York: Public Affairs, 2005.

· Plass, Adrian, and Bridget Plass. *The Son of God Is Dancing: A Message of Hope.*
Waynesboro, Ga.: STL/Authentic, 2005.

· Shilts, Randy. *And the Band Played On: Politics, People, and the AIDS Epidemic.*
New York: Stonewall Inn Editions, 2000.

· Stott, John R. *Christian Counter-Culture.* Downers Grove, Ill.: InterVarsity,
1978. 『예수님의 산상설교』(생명의말씀사, 1999).

· Warren, Rick. *The Purpose Driven Life.* Grand Rapids: Zondervan, 2002. 『목적
이 이끄는 삶』(디모데, 2003).

· Wooding, Dan. *He Intends Victory.* Irvine, Calif.: Village Books, 1994.
www.heintendsvictory.com을 보라.

영화

· *A Closer Walk* "한걸음 더 가까이". Director Robert Bilheimer. DVD.
Worldwide Documentaries, 2002. www.acloserwalk.org를 보라.

· *Dear Francis.* Directors Brent Gudgel and Jason Djang. DVD. Chronicle
Project, 2004. www.chronicleproject.org를 보라.

홈페이지

· About, Inc. About.com: HIV/AIDS. *www.aids.about.com.* (Accessed July 5,
2007.)

· AIDS Education and Training Centers National Resource Center.
www.aidsetc.org. (Accessed July 5, 2007.)

- AIDS Education Global Information System. *www.aegis.com*. (Accessed July 5, 2007.)

- AIDS: Official Journal of the International AIDS Society. *www.aids.online.com/pt/re/aids/home.htm*. (Accessed July 5, 2007.)

- amfAR: The Foundation for AIDS Research. *www.amfar.org*. (Accessed July 5, 2007.)

- AVERT: AVERTing HIV and AIDS. *www.avert.org*. (Accessed July 5, 2007.)

- Centers for Disease Control and Prevention. *www.cdc.gov*. (Accessed July 5, 2007.)

- Children's AIDS Fund. *www.childrensaidsfund.org*. (Accessed July 5, 2007.)

- Christian Connections for International Health. *www.ccih.org*. (Accessed July 5, 2007.)

- Clinical Care Options. *www.clinicaloptions.com*. (Accessed July 5, 2007.)

- Ecumenical Advocacy Alliance. www.e-alliance.ch. (Accessed July 5, 2007.)

- Elizabeth Glaser Pediatric AIDS Foundation. *www.pedaids.org*. (Accessed July 5, 2007.)

- Global Mapping International. *www.gmi.org*. (Accessed July 5, 2007.)

- HIV Drug Resistance.com. *www.hivdrugresistance.com*. (Accessed July 5, 2007.)

- HIV InSite. *www.hivinsite.ucsf.edu*. (Accessed July 5, 2007.)

- Johns Hopkins AIDS Service. *www.hopkins-aids.edu*. (Accessed July 5, 2007.)

- Henry J. Kaiser Family Foundation. *www.kff.org*. (Accessed July 5, 2007.)

- Medscape. www.medscape.com. (Accessed July 5, 2007.)

- National Institutes of Health. *www.niaid.nih.gov/publications/aids.htm*. (Accessed July 5, 2007.)

- PEPFAR: The President's Emergency Plan for AIDS Relief. *www.pepfar.gov*. (Accessed July 5, 2007.)

- Purpose Driven: HIV/AIDS Caring CommUNITY. *www.purposedriven.com/hiv*. (Accessed July 5, 2007.)

- UNAIDS: United Nations Programme on HIV/AIDS. *www.unaids.org*. (Accessed July 5, 2007.)

- United States Department of Health and Human Services.
  AIDSinfo.www.aidsinfo.nih.gov. (Accessed July 5, 2007.)
- USAID. *www.usaid.gov.* (Accessed July 5, 2007.)
- World Health Organization. *www.who.int.* (Accessed July 5, 2007.)

Chapter 4

책

- Becton, Randy. *Everyday Strength: A Cancer Patient's Guide.* Grand Rapids: Baker, 1989.
- Crabb, Larry. *Shattered Dreams.* Nashville: Nelson, 1999. 『좌절된 꿈』(좋은씨앗, 2003).
- Eib, Lynn. *He Cares: New Testament with Psalms and Proverbs.* Wheaton, Ill.: Tyndale House, 2007.
- Evans, Lois, and Jane Rubietta. *Stones of Remembrance: A Rock-Hard Faith from Rock-Hard Places.* Chicago: Moody, 2006.
- James, Carolyn Custis. *When Life and Beliefs Collide.* Grand Rapids: Zondervan, 2002.
- Nouwen, Henri J. *The Wounded Healer.* London: Darton, Longman & Todd, 1994. 『상처입은 치유자』(두란노, 1999).
- Piper, John, and Justin Taylor, eds. *Suffering and the Sovereignty of God.* Wheaton, Ill.: Crossway, 2006.
- Tada, Joni Eareckson, and Steve Estes. *When God Weeps: Why Our Suffering Matters to the Almighty.* Grand Rapids: Zondervan, 1997.
- Thompson, Janet. *Dear God, They Say It's Cancer.* West Monroe, La.: Howard, 2006.
- Yancey, Philip. *Where Is God When It Hurts?* Grand Rapids: Zondervan, 1997. 『내가 고통 당할 때 하나님은 어디 계십니까?』(생명의말씀사, 2002).

홈페이지

· Breast Cancer Stories. *www.breastcancerstories.com.* (Accessed July 5, 2007.)

· CaringBridge. *www.caringbridge.org.* (Accessed July 5, 2007.)

· FamilyLife. *www.familylife.com.* (Accessed July 5, 2007.)

· Joni and Friends. *www.joniandfriends.org.* (Accessed July 5, 2007.)

· Christianity Today, Inc. *Today's Christian Woman.*
www.christianitytoday.com/tcw. (Accessed July 5, 2007.)

Chapter 5

책

· Beah, Ishmael. *A Long Way Gone: Memoirs of a Boy Soldier.* New York:
Farrar, Straus & Giroux, 2007.

· Borthwick, Paul. *How to Be a World-Class Christian.* Colorado Springs:
Chariot Victor, 1993.

· Brown, Louise. *Sex Slaves: The Trafficking of Women in Asia.* London: Virago,
2000.

· Campolo, Tony. *Speaking My Mind.* Nashville: W, 2004.

· Christian, Jayakumar. *God of the Empty-Handed: Poverty, Power and the
Kingdom of God.* Monrovia, Calif.: MARC, 1999.

· Farmer, Paul. *Infections and Inequalities: The Modern Plagues.* Berkeley:
Univ. of California Press, 2001.

· Gross, Craig. *The Gutter: Where Life Is Meant to Be Lived.* Orlando, Fla.:
Relevant Books, 2005.

· Gourevitch, Philip. *We Wish to Inform You That Tomorrow We Will Be Killed
with Our Families: Stories from Rwanda.* New York: Picador, 1999.

· Guinness, Os. *Unspeakable: Facing Up to the Challenge of Evil.* New York:
HarperSanFrancisco, 2006.

· Haugen, Gary. *Good News about Injustice: A Witness of Courage in a Hurting World*. Downers Grove, Ill.: InterVarsity, 1999.

· _____. *Terrify No More: Young Girls Held Captive and the Daring Undercover Operation to Win Their Freedom*. Nashville: W, 2005.

· Karanja, Daniel Njoroge. *Female Genital Mutilation in Africa: Gender, Religion and Pastoral Care*. Nashville: Xulon, 2003.

· Kiernan, Ben. *The Pol Pot Regime: Race, Power, and Genocide in Cambodia under the Khmer Rouge, 1975 - 79*. New Haven, Conn.: Yale Univ. Press, 2002.

· Melvern, Linda. *Conspiracy to Murder: The Rwanda Genocide and the International Community*. London: Verso, 2004.

· Rucyahana, John. *The Bishop of Rwanda: Finding Forgiveness amidst a Pile of Bones*. Nashville: Nelson, 2007.

· Sider, Ron. *Cry Justice: The Bible on Hunger and Poverty*. New York: Paulist, 1980.

· _____. *Rich Christians in an Age of Hunger: Moving from Affluence to Generosity*. Nashville: Nelson, 2005. 『기아와 빈곤으로부터의 해방』(보이스사, 1990).

· Spitale, Lennie. *Prison Ministry: Understanding Prison Culture Inside and Out*. Nashville: Broadman & Holman, 2002.

· Stafford, Wess. *Too Small to Ignore*. Colorado Springs: WaterBrook, 2005. 『너무 작기에 더욱 소중한』(베이스캠프, 2006).

· Warren, Rick. *God's Answers to Life's Difficult Questions*. Grand Rapids: Zondervan, 2006. 『하나님의 인생 레슨』(디모데, 2008).

· Zacharias, Ravi. *Deliver Us from Evil*. Nashville: W, 1997.

영화

· *Glue Boys*. Director Philip Hamer. Narrator Norman Ellis-Flint. DVD. Reason4Productions, 2007. www.glueboys.com을 보라.

· *Ghosts of Rwanda* "악마와의 악수". Director Greg Barker. DVD. PBS Video, 2004.

· *Sometimes in April*. Director Raoul Peck. DVD. HBO Films, 2002. www.hbo.com/films/sometimesinapril을 보라.

홈페이지

· Compassion International. *www.compassion.com*. (Accessed July 5, 2007.)
· Family Life. Hope for Orphans. *www.hopefororphans.org*. (Accessed July 5, 2007.)
· Firelight Foundation. *www.firelightfoundation.org*. (Accessed July 5, 2007.)
· Global Economic Outreach. *www.teamgeo.org*. (Accessed July 5, 2007.)
· *The Global Fund. www.theglobalfund.org*. (Accessed July 5, 2007.)
· International Justice Mission. *www.ijm.org*. (Accessed July 5, 2007.)
· Jubilee Campaign USA. *www.jubileecampaign.org*. (Accessed July 5, 2007.)
· One: The Campaign to Make Poverty History. *www.one.org*. (Accessed July 5, 2007.)
· Prison Fellowship. *www.pfm.org*. (Accessed July 5, 2007.)
· Samaritan's Purse. *www.samaritanspurse.org*. (Accessed July 5, 2007.)
· Sojourners/Call to Renewal. *www.sojo.net*. (Accessed July 5, 2007.)
· UNICEF. *www.unicef.org*. (Accessed July 5, 2007.)
· United Nations Interregional Crime and Justice Research Institute. *www.unicri.it*. (Accessed July 5, 2007.)
· World Relief. *www.worldrelief.org*. (Accessed July 5, 2007.)
· World Vision. Acting on AIDS. *www.actingonaids.org*. (Accessed July 5, 2007.)
· World Vision. *www.worldvision.org*. (Accessed July 5, 2007.)

Chapter 6

책

· Arterburn, Stephen, Fred Stoeker, and Mike Yorkey. *Every Heart Restored: A*

Wife's Guide to Healing in the Wake of Adultery. Colorado Springs: WaterBrook, 2004.

· Arterburn, Stephen, Kenny Luck, and Mike Yorkey. *Every Man, God's Man: Every Man's Guide to Faith and Daily Integrity*. Colorado Springs: WaterBrook, 2003. 『남자여 네 신을 벗으라』(두란노, 2004).

· Baker, John. *Life's Healing Choices: Freedom from Your Hurts, Hangups, and Habits*. West Monroe, La.: Howard, 2007.

· Cloud, Henry. *Changes That Heal: How to Understand the Past to Ensure a Healthier Future*. Grand Rapids: Zondervan, 1992. 『변화와 치유』(홈, 2003).

· Cloud, Henry, and John Townsend. *How People Grow: What the Bible Reveals about Personal Growth*. Grand Rapids, Zondervan, 2004. 『NO라고 말할 줄 아는 그리스도인의 성장 프로젝트』(좋은씨앗, 2003).

· Crabb, Larry. *Inside Out*. Colorado Springs: NavPress, 1988. 『영적 가면을 벗어라』(나침반, 1997).

· Lucado, Max. *In the Grip of Grace*. Nashville: W, 1996. 『은혜를 만끽하는 비결』(규장, 1997).

· Moore, Beth. *Get Out of That Pit: Straight Talk about God's Deliverance*. Nashville: Nelson, 2007.

· Winner, Lauren. *Real Sex: The Naked Truth about Chastity*. Grand Rapids: Brazos, 2005.

· Yancey, Philip. *What's So Amazing about Grace?* Grand Rapids: Zondervan, 1997. 『놀라운 하나님의 은혜』(IVP, 1999).

홈페이지

· Celebrate Recovery. *www.celebraterecovery.com.* (Accessed July 5, 2007.)

· Every Man Ministries. *www.everymanministries.com.* (Accessed July 5, 2007.)

· Cloud-Townsend Solutions for Life (Dr. Henry Cloud and Dr. John Townsend). *www.cloudtownsend.com.* (Accessed July 5, 2007.)

· New Life Ministries. *www.newlife.com.* (Accessed July 5, 2007.)

· Ransomed Heart Ministries. *www.ransomedheart.com.* (Accessed July 5, 2007.)

Chapter 7

책

· Blanchard, Ken, and Phil Hodges. *The Servant Leader*. Nashville: Nelson, 2003.

· Kilbourn, Phyllis, ed. *Children Affected by HIV/AIDS: Compassionate Care*. Monrovia, Calif.: MARC, 2002.

· Teresa, Mother. *A Simple Path*. Compiled by Lucinda Vardy. New York: Ballantine, 1995. 『마더 데레사의 단순한 길』(사이, 2006).

· Muggeridge, Malcolm. *Something Beautiful for God*. New York: Harper & Row, 1986.

· Nouwen, Henri. *In the Name of Jesus*. New York: Crossroad, 1989. 『예수님의 이름으로』(두란노, 1999).

· _____. *Out of Solitude: Three Meditations on the Christian Life*. Notre Dame, Ind.: Ave Maria, 1984. 『나홀로 주님과 함께』(아침, 2006).

· Perkins, John M. *A Quiet Revolution: The Christian Response to Human Need, a Strategy for Today*. Waco, Tex.: Word, 1976.

· Wright, Josephine J., and Glenn Miles, eds. *Celebrating Children: Equipping People Working with Children and Young People Living in Difficult Circumstances around the World*. Waynesboro, Ga.: STL/Authentic, 2004.

Chapter 8

책

· Green, Terri. *Simple Acts of Kindness: Practical Ways to Help People in Need*. Grand Rapids: Revell, 2004. 『행복한 수고』(해피니언, 2006).

· Grigg, Viv. *Cry of the Urban Poor: Reaching the Slums of Today's Megacities*. Waynesboro, Ga.: STL/Authentic, 2005.

· Myers, Bryant. *Walking with the Poor*. Maryknoll, N.Y.: Orbis, 1999.

- Porterfield, Amada. *Healing in the History of Christianity*. New York: Oxford Univ. Press, 2005.
- Shelley, Judith A., and Arlene B. Miller. *Called to Care: A Christian Theology of Nursing*. Downers Grove, Ill.: InterVarsity, 1999.
- Sjogren, Steve. *Conspiracy of Kindness: A Refreshing New Approach to Sharing the Love of Jesus with Others*. Ann Arbor, Mich.: Servant, 1993. 『자연적 전도』(NCD, 2001).
- Smedes, Lewis, *How Can It Be All Right When Everything Is All Wrong?* Rev. ed. New York: HarperSanFrancisco, 1992.

Chapter 9

책

- Barcena, Jean Francis. *The First to Throw the First Stone: Taking Responsibility for Prostitution: A Policy Paper*. Quezon City, Philippines: Samaritana Transformation Ministries, Inc., 2002.
- Blackaby, Henry T., and Claude V. King. *Experiencing God*. Nashville: Broadman & Holman, 1994. 『하나님을 경험하는 삶』(요단, 2006).
- Chambers, Oswald. *Prayer: A Holy Occupation*. Grand Rapids: Discovery House, 1992. 『기도하려면』(기독교문사, 1994).
- Cloud, Henry, and John Townsend. *Safe People: How to Find Relationships That Are Good for You*. Grand Rapids: Zondervan, 1996. 『나는 안전한 사람인가?』(토기장이, 2000).
- Crabb, Larry. *The Safest Place on Earth*. Nashville: W, 1999. 『지상에서 가장 안전한 곳』(요단, 2005).
- Fénelon, François. *Meditations on the Heart of God*. Translated by Robert J. Edmonson. Brewster, Mass.: Paraclete, 1997. 『쉼: 위로와 평안을 주는 하나님의 마음』(브니엘, 2006).

- Hybels, Bill, Kevin G. Harney, and Sherry Harney. *Community: Building Relationships within God's Family.* Grand Rapids: Zondervan, 1996.
- Nouwen, Henri J. *Here and Now: Living in the Spirit.* New York: Crossroad, 2001. 『여기 지금 우리와 함께 하시는 하나님』(은성, 2006).
- Thomas, Gary. *Seeking the Face of God.* Nashville: Nelson, 1994. 『뿌리 깊은 영성은 흔들리지 않는다』(CUP, 2004).

홈페이지

- Focus on the Family. *www.family.org.* (Accessed July 5, 2007.)
- Pastors.com. *www.pastors.com.* (Accessed July 5, 2007.)
- Samaritana Transformation Ministries, Inc. *www.samaritana.org.* (Accessed July 19, 2007.)

Chapter 10

책

- Bakke, Andrea, and Corean Bakke. *Time to Talk in Church about HIV and AIDS.* Acme, Wash.: Bakken, 2004.
- Blanchard, Ken, and Phil Hodges. *The Servant Leader.* Nashville: Nelson, 2003.
- Borthwick, Paul. *How to Be a World-Class Christian.* Colorado Springs: Chariot Victor, 1993.
- Coleman, Robert. *The Master Plan of Evangelism.* Grand Rapids: Revell, 1993. 『주님의 전도 계획』(생명의말씀사, 2007).
- Dale, Felicity. *An Army of Ordinary People.* Calhan, Colo.: Karis, 2005.
- Dickson, Murray. *Where There Is No Dentist.* Berkeley, Calif.: Hesperian Foundation, 1983.
- Elmer, Duane. *Cross-Cultural Servanthood: Serving the World in Christlike Humility.* Downers Grove, Ill.: InterVarsity, 2003.

· Evans, Tony. *God's Glorious Church: The Mystery and Mission of the Body of Christ.* Chicago: Moody, 2004.

· Garrison, David. *Church Planting Movements: How God Is Redeeming a Lost World.* Midlothian, Va.: WIGTake Resources, 2004.

· Holladay, Tom, and Kay Warren. *Foundations.* Grand Rapids: Zondervan, 2003.

· Jenkins, Philip. *The Next Christendom: The Coming of Global Christianity.* New York: Oxford Univ. Press, 2002.

· Miller, Darrow L., and Stan Guthrie. *Discipling Nations: The Power of Truth to Transform Cultures.* Seattle: YWAM, 1998. 『생각은 결과를 낳는다: 열방을 제자 삼으라』(예수전도단, 1999).

· *Our Children: The Church Cares for Children Affected by AIDS.* Baltimore, Md.: World Relief, 2003.

· Perkins, John M. *Beyond Charity: The Call to Christian Community Development.* Grand Rapids: Baker, 1993.

· Piper, John. *Let the Nations Be Glad.* 2nd ed. Grand Rapids: Baker, 2003.

· Rowland, Stan. *Multiplying Light and Truth through Community Health Evangelism.* Lafayette, La.: Evangel House, 1990.

· Sider, Ron. *Just Generosity: A New Vision for Overcoming Poverty in America.* Grand Rapids: Baker, 1999.

· Stott, John. *What Christ Thinks of the Church: An Exposition of Revelation 1-3.* Wheaton, Ill.: Shaw, 1990. 『그리스도가 보는 교회』(생명의말씀사, 1999).

· _____, ed. *Making Christ Known: Historic Mission Documents from the Lausanne Movement, 1974-1989.* Grand Rapids: Eerdmans, 2006.

· Sylvia, Ron. *Starting New Churches On Purpose.* Lake Forest, Calif.: Purpose Driven, 2006.

· Thompson, Chad. *Loving Homosexuals as Jesus Would: A Fresh Christian Approach.* Grand Rapids: Brazos, 2004.

· Warren, Rick. *The Purpose Driven Church.* Grand Rapids: Zondervan, 1995. 『새들백교회 이야기』(디모데, 1996).

· Weber, Jason, and Paul Pennington. *Launching an Orphans Ministry in Your*

Church. Scituate, Mass.: Family Life, 2007.

· Werner, David, Carol Thuman, and Jane Maxwell. *Where There Is No Doctor*. Berkeley, Calif.: Hesperian Foundation, 1993.

· Yamamori, Tetsunao. *The Hope Factor: Engaging the Church in the HIV/AIDS Crisis.* Waynesboro, Ga.: STL/Authentic, 2004.

영화

· *HIV/AIDS Toolkit: What Your Church Can Do*. Rick and Kay Warren and Elizabeth Styffe. DVD. Saddleback Church, 2006.

홈페이지

· EQUIP. *www.iequip.org*. (Accessed July 5, 2007.)

· Lead Like Jesus. *www.leadlikejesus.org*. (Accessed July 5, 2007.)

· Leadership Network. *www.leadnet.org*. (Accessed July 5, 2007.)

· LifeWind International. *www.lifewind.org*. (Accessed July 5, 2007.)

· Micah Challenge International. *www.micahchallenge.org*. (Accessed July 5, 2007.)

· Purpose Driven. *www.purposedriven.com*. (Accessed July 5, 2007.)

· Serving in Mission (SIM). *www.hopeforaids.org*. (Accessed July 5, 2007.)

Chapter 11

책

· Bonhoeffer, Dietrich. *The Cost of Discipleship*. New York: Touchstone, 1959. 『나를 따르라』(대한기독교서회, 1965).

· Chambers, Oswald. *My Utmost for His Highest*. New York: Dodd, Mead & Co., 1935. 『주님은 나의 최고봉』(두란노, 2002).

· Companjen, Anneke. *Hidden Sorrow, Lasting Joy: The Forgotten Women of the Persecuted Church.* Wheaton, Ill.: Tyndale House, 2001.

· Elliot, Elisabeth. *A Chance to Die: The Life and Legacy of Amy Carmichael.* Grand Rapids: Revell, 1987.

· _____. *Discipline: The Glad Surrender.* Grand Rapids: Revell, 1982.

· _____. *Shadow of the Almighty: The Life and Testament of Jim Elliot.* New York: HarperCollins, 1979. 『전능자의 그늘』(복있는사람, 2002).

· _____. *Through Gates of Splendor.* Wheaton, Ill.: Living Books, 1956. 『영광의 문』(복있는사람, 2003).

· Fénelon, François. *The Seeking Heart.* Beaumont, Tex.: SeedSowers, 1992. 『예수님 마음 찾기』(순전한나드, 2003).

· Murray, Andrew. *Absolute Surrender.* Gainesville, Fla.: Bridge-Logos, 2005. 『성령충만의 길』(빌라델비아, 2002).

· Nouwen, Henri. *Can You Drink the Cup?* Notre Dame, Ind.: Ave Maria, 2006.

· Saint, Steve. *The Great Omission: Fulfilling Christ's Commission Completely.* Seattle: YWAM, 2001.

· Thomas, Gary. *Authentic Faith.* Grand Rapids: Zondervan, 2002.

· _____. *Sacred Pathways.* Grand Rapids: Zondervan, 2000. 『영성에도 색깔이 있다』(CUP, 2003).

홈페이지

· Back to the Bible. *www.backtothebible.org.* (Accessed July 5, 2007.)

· Open Doors USA. *www.opendoorsusa.org.* (Accessed July 5, 2007.)

· The Voice of the Martyrs. *www.persecution.com.* (Accessed July 5, 2007.)

에이즈 문제에 대해 지역교회가 할 일

당신의 교회에서는 에이즈 문제에 대해 어떤 일을 하겠는가? 에이즈 바이러스에 감염된 4천만 명의 남녀노소를 위해 무슨 일을 하겠는가? 4천만이라는 숫자에 기가 죽어 무엇을 해도 소용없다는 생각은 하지 말기 바란다. 우리 새들백교회에서도 처음에는 그저 막막하기만 했다. 그 엄청난 문제와 씨름하기 위해서는 뭔가 특출하고 거창한 계획을 세워야 할 것 같았다. 그러나 몇 년이 지나면서 우리가 깨달은 사실은 어느 교회든 손쉽게 에이즈 문제를 도울 방법이 있다는 것이었다.

그럼 이제부터는 지역교회가 에이즈 근절에 어떤 도움을 줄 수 있을지 실제적이고 효과적인 방법 여섯 가지를 이야기하겠다. 이 방법들은 서구식 해결책이라기보다 성경적 원칙에 기반을 두고 있는 것들이다. 그러므로 세계 어느 나라, 어느 교회에서도 교회 규모나 재정 규모에 상관없이 얼마든지 이 방법들을 활용할 수 있다.

지역교회 중심의 전략을 개발하라 :
효과적인 에이즈 사역을 위한 6가지 방법

에이즈 환자들을 위로하며 돌보아 주라

교회는 사람들을 돌보아야 할 의무가 있다. 그것은 하나님의 명령이다. 또한 사랑하면 당연히 돌보아 주고 싶은 법이다. 세계 어느 지역을 둘러보아도 교회만큼 사람들을 잘 돌보아 주는 단체가 없다. 교인들은 가정이나 병원, 요양소 등에서 환자들을 간호하고 정신적으로 힘이 되어 줄 수 있다.

에이즈 검사와 상담을 주도하라

교회는 그 지역사회에서 가장 신뢰할 만한 기관이기 때문에 사람들이 교회에서 주관하는 에이즈 검사나 상담에 큰 거부감을 나타내지 않을 것이다. 정기적인 검사와 상담만으로도 그 지역 주민의 건전한 생활방식과 건강에 기여할 수 있다. 교인들이 기본적인 의료 훈련과 상담 훈련을 받아 검사에 임하는 사람들을 도와주면 된다.

자원 봉사에 적극 임하라

교회보다 더 자원 봉사 인력이 많은 곳은 없다. 전 세계적으로 약 20억의 자원 봉사자가 지역교회 안에 대기하고 있다. 게다가 이 세상에는 질병의 예방과 치료와 간호에 대해 가르칠 만한 전문 인력이 충분하지 않은 실정이다. 세계 교인의 절반 정도만이라도 그런 필요 인력을 대체할 수 있다면 얼마나 놀라운 성과를 거둘 수 있겠는가! 교회는 어마어마한 재능과 인력이 잠재되어 있는 보고寶庫라고 할 수 있다.

에이즈 환자를 포용하라

교회는 에이즈에 감염된 사람들을 포용해야 한다. 그들이 받는 사회적 냉대와 소외감을 따뜻하게 어루만져 주고 교회 안에서 그들을 냉대하거나 소외시키는 일이 있어서는 절대 안 된다. 교회는 그들에게 이 세상 어느 단체나 정부가 줄 수 없는 믿음과 소망과 사랑과 용납과 은혜를 베풀어 주어야 한다.

건전한 생활양식을 가르치라

에이즈 발병 원인은 다양하지만 얼마든지 그에 대한 예방이 가능하다. 교인들은 인정받을 만한 도덕성을 갖추고서 에이즈 감염 위험이 높은 성문란을 경고하고 가정의 윤리의식을 고취시키고 성적 순결과 정조관념의 중요성을 가르쳐야 한다. 사회 풍토나 집단 심리에 따른 도덕적 타락을 방지하기 위해서는 믿음이 필요하다.

의료 봉사와 무료 급식을 실시하라

교회는 전 세계적으로 가장 큰 규모의 물자 보급 연계망을 형성하고 있다. 이건 이미 입증된 사실이다. 자선단체는 끊임없이 생겨나고 사라지지만 지역 교회는 결코 사라지지 않는다. 이 세상에는 교회 외에 다른 구호단체가 없는 지역들이 수두룩하다. 에이즈 치료가 광범위하게 이루어지기 위해서는 교회가 의학적 치료의 주축이 되어야 한다. 교인들을 훈련하여 에이즈 관련 약품을 나누어 주도록 하고 환자들이 결핍된 영양을 보충할 수 있는 급식도 실시해야 한다. 교회는 에이즈의 예방과 치료, 지원, 직접관찰치료DOT, 가족에 대한 간병 훈련 등을 도와줄 수 있다.

지금까지 언급한 지역교회 중심의 실제 방안들은 큰 예산이 없이도 할 수 있는 일들이다. 개중에는 한 푼도 안 들이고 할 수 있는 일들이 많다. 아픈 사람을 보살피는 데 꼭 돈이 드는 것은 아니다. 에이즈 검사는 보통 무료이거나 아주 소액의 검사비를 받는다. 마을이나 지역 주민들에게 자원 봉사자를 보내어 하나님의 도덕 기준에 대해 가르치고 에이즈 확산을 예방하는 것도 돈 드는 일이 아니다. 사실상 에이즈 환자들을 돕기 위해 지불할 유일한 대가라고 한다면 교인들이 가지고 있던 그 동안의 편견을 버려야 한다는 점이다. 또한 환자들이 적절한 치료를 받도록 도와주기 위해 시간이라는 대가를 지불해야 한다는 점도 명심해야 한다.

고도의 전문 훈련을 받은 교인들만이 아니라 아무런 훈련을 받지 못한 교인들도 자유롭게 참여할 수 있는 일이 많이 있다. 기본적인 훈련과 지침만 받아도 훨씬 능률적으로 일할 수 있지만 정작 문제는 일 자체가 아니다. 에이즈 환자를 돕고 하나님의 나라를 위해 일하겠다는 마음가짐과 정신 자세가 더 중요하다.

당신의 지역교회가 어떻게 에이즈 사역에 동참할 수 있는지에 대해 더 자세한 사항을 알고 싶다면 홈페이지 www.pastors.com을 방문하여 'HIV/AIDS Toolkit: What Your Church Can Do'라는 자료를 주문하기 바란다 19.99 달러, 발송료 별도. 이 자료는 새들백교회의 'HIV/AIDS Initiative' 사역에서 에이즈에 관한 정보와 교육을 담고 있는 동영상과 강의들을 이용하여 만든 자료다. 우리 역시 끊임없이 배우는 과정에 있으므로 이 자료는 계속 업데이트 될 것이다. 자료 중에는 DVD와 CD로 복사 가능한 자료들이 있으므로 교회에서 에이즈 사역을 시작하거나 기존의 사역을 강화하는 데 유용하게 활용하기 바란다.

우리 교회에서 추진하는 'HIV/AIDS Initiative' 사역의 홈페이지 www.purposedrivenchurch.com/hiv를 꼭 방문해서 확인해 보기 바란다. 자료는 한달에 한번씩 업데이트 되며 홈페이지 안에는 에이즈 환자들의 경험담이나 간증, 에이즈 사역을 하는 교회들, 다운로드 가능한 동영상, 에이즈에 관한 최근 소식들이 실려 있다. 머지않아 자유게시판도 개설할 예정이다.

인류 전체를 위험에 몰아넣고 있는 치명적 질병 위기를 더 이상 방관하지 말라. 이건 위급한 사태다! 현재 당신의 손에 있는 것으로 지금 당장 시작하라!

2007년 캘리포니아 새들백교회에서

www.purposedrivenchurch.com/hiv

1. Gary Thomas, *Seeking the Face of God* (Eugene, Ore.: Harvest House, 1994), 95.

2. François Fénelon, *The Seeking Heart* (Beaumont, Tex.: SeedSowers, 1992), 125. 프랑소와 페늘롱, 『예수님 마음 찾기』(순전한 나드, 2005).

3. Thomas, *Seeking the Face of God,* 91.

4. Fénelon, *Seeking Heart,* 79. 『예수님 마음 찾기』.

5. Fénelon, *Seeking Heart,* 99. 『예수님 마음 찾기』.

6. Fénelon, *Seeking Heart,* 3-4. 『예수님 마음 찾기』.

7. Fénelon, *Seeking Heart,* 25. 『예수님 마음 찾기』.

8. Henri J. M. Nouwen, *Out of Solitude* (Notre Dame, Ind.: Ave Maria, 1974), 42-43. 헨리 나우웬, 『나홀로 주님과 함께』(아침, 2006).

9. Nouwen, *Out of Solitude,* 43. 『나홀로 주님과 함께』.

10. Nouwen, *Out of Solitude,* 40-41. 『나홀로 주님과 함께』.

11. Lewis Smedes, *How Can It Be All Right When Everything Is All Wrong?* (rev. ed.; New York: HarperSanFrancisco, 1992), 75.

12. Cited in Mother Teresa, *A Simple Path* (New York: Ballantine, 1995), 88. 『마더 데레사의 단순한 길』(사이, 2006).

13. Fénelon, *Seeking Heart,* 17. 『예수님 마음 찾기』.

14. Oswald Chambers, *My Utmost for His Highest* (New York: Dodd, Mead & Co., 1935), 6 (January 6). 오스왈드 챔버스, 『주님은 나의 최고봉』(두란노, 2002).

15. Henri J. M. Nouwen, *Can You Drink the Cup?* (Notre Dame, Ind.: Ave Maria, 1996), 57.

16. Dietrich Bonhoeffer, *Life Together* (New York: HarperSanFrancisco, 1954), 94.

17. Dietrich Bonhoeffer, *Letters and Papers from Prison,* ed. Eberhard Bethge (New York: Macmillan, 1971), 382.

18. Dietrich Bonhoeffer, *The Cost of Discipleship* (New York: Macmillan, 1959), 99.

19. Chambers, *My Utmost for His Highest,* 274 (September 30). 『주님은 나의 최고봉』.

20. John Baillie, *A Diary of Private Prayer* (New York: Scribner, 1949), 113.

소그룹 토의를 위한 안내서

신디 램버트[*]
Cindy Lambert

Chapter 1: 운명의 그날

1. 하나님이 당신에게 특정한 사람이나 문제에 대해 계속 주의를 끌게 만든다고 느낀 적이 있는가? 그 사실을 깨달은 계기가 무엇이었는가?

2. 이 책의 저자는 에이즈라는 질병이 워낙 범세계적인 문제라서 자기처럼 평범한 사람은 어떻게 해볼 도리가 없을 것 같은 절망감을 느꼈다고 한다. 당신이 관심을 가지고 있는 범세계적 문제 두세 가지를 말해 보라. 당신이 그 문제에 어떤 도움을 줄 수 있다고 생각하는가? 만약 아니라면 왜 그렇게 생각하는가?

3. 최근 어떤 사회문제를 놓고 누군가와 토론해 본 적이 있는가? 왜 사람들은 그런 문제를 거론하기 싫어한다고 생각하는가? 어떤 식의 토론이 건설적이고 어떤 식의 토론이 부정적인 방향으로 흘러간다고 생각하는가?

4. 저자가 전 세계적 기준에서 부유층에 속하는 수준을 이야기했는데 당신은 그 기준에 비추어 볼 때 부자인가? 당신이 부자라면 빈곤층에 대해 무관심한 것에 죄책감을 느껴야 한다는 저자의 주장에 동의하는가? 동의한다면 혹은 동의하지 않는다면 그 이유는 무엇인가?

5. 이 장에서 위험한 순종의 본보기로 소개한 예수님의 어머니 마리아와 맥클렌든 부부를 생각해 보라. 당신이 보기에 순종의 삶을 살고 있는 사람이나, 성경인물 중에서 순종의 본보기가 된다고 생각하는 사람을 들어 보라. 왜 그렇게 생각하는가? 특히 그들의 어떠한 점이 가장 인상 깊은가?

Chapter 2: 보좌에 앉으소서

1. 고통 받고 어려운 처지에 놓인 사람들과 가까이 하지 않으려는 이유들을 종이에 적어 보라. 저자가 질문했던 것처럼 어떻게 하면 자기 자신을 위해 살지 않고 남을 위해 살고픈 마음이 들 수 있을까? 당신이라면 이 질문에 어떻게 대답하겠는가?

2. 저자는 하나님의 어떠한 말씀에 근거하여 우리가 위험한 순종을 선택해야 한다고 이야기하는가? 순종이 제자가 되기 위한 첫걸음인 이유는 무엇인가?

3. 저자는 신앙적으로 성숙하는 방법에 대해 적고 있다. 그 방법을 당신의 말로 옮겨 보라.

4. 저자는 자신을 향한 하나님의 섭리와 뜻을 깨닫고 난 후에 하나님이 언젠가는 자신을 크게 사용하실 거라는 기대를 가졌다고 한다. 하나님은 당신을 위해 어떤 계획을 갖고 계시다고 생각하는가?

5. 저자는 "주님의 뜻을 발견하는 게 우리가 할 일이 아니다. 주님을 따라가는 게 우리가 할 일이다"라고 말했다. 당신이 가장 따르기 힘들었던 하나님의 뜻은 무엇이었는가?

Chapter 3: 가슴앓이

1. 저자는 주님을 위해 가슴앓이를 하면서 엉망이 되었다고 이야기했는데 그 것이 무슨 의미라고 생각하는가? 그 말이 당신에게 어떻게 들리는가? 겁이 나는가, 마음이 끌리는가, 거부감이 드는가, 소망이 생기는가? 그 이유는 무엇인가?

2. 이 장에서 저자는 자신이 '세 개의 세계' 속에서 살아간다고 말했다. 지금 까지 당신은 어떠한 세계들 속에서 살아왔는지 이야기해 보라. 하나님이 당 신에게 새로운 세계의 문을 열어 주시면 그 세계 속에 들어갈 용의가 있는 가? 그 세계가 과연 어떨지 생각해 보라.

3. 저자는 "당신의 계획, 당신의 재정, 당신의 애정을 하나님이 재조정하시도 록 허락해서 하나님이 사랑하시는 사람들과 격의 없이 어울릴 준비가 되어 있는가?"라고 물었다. 이 질문에 당신은 어떻게 대답하겠는가?

4. 3장의 마지막 단락에 보면 저자는 하나님을 위해 가슴앓이를 하고 헌신한 것이 생애 최고의 경험이라는 역설적인 이야기를 하고 있다. 저자는 헌신을 위해 치러야 할 대가가 있다고 했는데 그 대가보다 유익이 더 크다고 말하 는 이유는 무엇이라고 생각하는가? 지금까지 사는 동안 당신이 치렀던 대 가보다 더 큰 보상을 받은 일이 있다면 이야기해 보라.

Chapter 4: 제자리 서!

1. 지금까지 살면서 당신의 생애에 갑작스런 전환점이 찾아온 적이 있었는가? 그 일은 당신의 신앙에 어떤 영향이 미쳤는가?

2. 위기에 처했을 때 그리스도인은 두 가지 선택의 기로에 있다고 저자는 말했다. 하나님에게서 멀어지거나 하나님께로 달려가는 것이다. 1번에서 했던 대답에 이 두 가지 경우를 적용시켜 보라. 하나님에게서 멀어지는 행동과 그 결과를 상상해 보고, 하나님께로 달려가는 행동과 그 결과를 상상해 보라. 그 상상을 통해 어떤 점을 깨닫게 되었는가?

3. 저자는 친구 엘리자베스에게 "대체 하나님은 이런 사태에 대해 어떤 해명을 하실 거지?"라고 좌절감을 토로했다. 그러나 결국은 하나님이야말로 전적으로 신뢰할 수 있는 분이라는 결론에 도달한다. 그 두 가지 상반된 견해를 메우는 다리는 무엇이라고 생각하는가? 하나님에 대한 신뢰와 당면한 고통 사이에서 당신은 어떤 '다리'를 놓아 그 모순을 해결하겠는가?

4. 저자가 이야기하듯 돛대에 당신의 몸을 묶을 용의가 있는지 곰곰이 생각해 보라. 그렇게 하기 위해 당신은 어떤 희생을 각오해야 하겠는가? 만일 그렇게 하지 않는다면 어떤 희생을 치러야 할까?

5. 욥기 23장 8-10절을 읽고 난 후 9절 말씀을 다시 한 번 소리 내어 읽어 보라. 이 구절에서 '하나님이 일하신다'는 말에 주목하라. 당신이 지금 사면 초가의 어려움 속에 있다면 "할 수 있는 일은 하고 할 수 없는 일은 하나님께 맡기자"라는 저자의 좌우명처럼 하기 위해 무엇을 하나님께 맡겨야 하겠는가?

6. 저자는 캄보디아 여인의 대나무집에서 예수님을 만났다고 했다. 그 순간이 저자의 사역에 어떤 영향을 미쳤는가?

Chapter 5: 악을 폭로하라

1. 당신도 이 세상의 악을 회피하기 위해 저자의 표현처럼 채널을 돌렸던 사람인가? 이 장을 읽으면서 당신은 어떤 감정과 생각으로 괴로워했는가?

2. 저자는 하나님을 향해 "저는 그저 평범한 여자일 뿐인데 그런 엄청난 문제에 대해 무엇을 어떻게 할 수 있단 말입니까?"라고 호소했다. 그러나 결국은 악과 대항하기로 결심했다. 악에 대해 철저한 무력감을 느끼던 저자가 적극적으로 악에 대항하는 자세로 돌변한 이유는 무엇이었는가?

3. 어둠과 맞서 싸웠던 사람들의 이야기를 다시 한 번 읽어 보라. 당신이 아는 사람 중에 어둠에 빛을 비치게 한 사람이 있다면 그들의 행동과 삶을 되돌아보라. 당신이 존경하는 사람 두 명을 이야기해 보고 그들이 당신에게 어떤 영향력을 미쳤는지 말해 보라.

4. 우리가 악에 맞서 싸우기 위해 하나님이 주신 병기는 무엇인가? 그중에서 당신이 가장 효과적으로 사용한 병기는 무엇이었으며 그 이유는 무엇인가?

5. 우리가 악과 대면했을 때 취하지 말아야 할 태도에 대해 저자는 이야기한다. 당신은 그 중에서 어떤 태도를 취하려는 경향이 있는가? 그런 태도를 방지하기 위해서는 무엇을 어떻게 해야 한다고 생각하는가?

6. 이 장에서 당신의 마음을 거북하게 하거나 당신이 동의할 수 없었던 부분은 무엇이었는가? 그 중에서 이번 주에 깊이 토론하고 싶은 주제를 골라 이야기해 보라.

Chapter 6: 거울은 거짓말하지 않는다

1. 저자가 "거울은 거짓말을 하지 않는다"라고 한 말의 뜻은 무엇이라고 생각하는가? 우리 안에 의로운 분노를 품을 수 있다는 사실과 아울러 "자신도 악을 행할 가능성에 있어 다른 사람과 하나도 다를 게 없음을 인식해야 한다"는 완전히 상반된 주장을 당신은 수용할 수 있는가?

2. 헨리 나우웬의 말을 인용한 대목을 다시 한 번 읽어 보라. 당신은 그의 말에 찬성하는가 아니면 반대하는가?

3. 칼스베드 동굴의 비유를 생각해 보라. 잠시 홀로 있는 시간을 내어 당신의 마음 깊이 숨어 있는 동굴에는 어떤 최악의 모습이 숨어 있는지를 곰곰이 생각해 보라. 하나님이 그 모습을 보시면 놀라서 떠나실 거라고 우려하는가? 당신은 하나님을 그 깊은 동굴 속으로 모실 준비가 되어 있는가?

4. 저자가 한 진리를 깨달은 후에 그 진리가 '모든 것을 변화시킨다'라고 말했다. 그 진리가 당신도 변화시켰다고 생각하는가?

5. 우리 자신의 타락성과 다른 사람을 섬기는 태도에 관해 이 장이 말하고 있는 내용을 요약해 보라.

6. 이 장의 내용을 되새기면서 당신에게 용기와 희망을 주는 내용들을 생각해 보라. 지금의 토론이 이 장의 내용을 소화하는 데 어떤 도움이 된다고 생각하는가?

Chapter 7: 가장 소중한 선물

1. 이 장에서 저자는 구제 사역의 핵심을 이해한 것이 자신을 변화시켰다고 말했다. 이 장의 처음에서 말하는 저자의 가치관과 마지막 부분에서 말하는 저자의 가치관이 어떻게 다른지 비교해 보라.

2. 다음 세 가지 영역에서 우리가 기여할 수 있는 다양한 측면의 일들을 토론해 보라.

   • 몸으로 섬기는 봉사
   • 진리를 깨우쳐 주기
   • 같은 심정으로 곁에 있어 주기

   당신은 이 세 가지 측면의 중요도에 있어 차이를 두었는가 아니면 세 가지 모두 중요하고 가치 있게 생각했는가? 그 이유는 무엇인가?

3. 당신이 '하나님의 질그릇'이라는 사실을 깨달았다면 고통 받는 세상 사람들을 위해 당신이 무언가 기여할 수 있음을 믿는가?

4. 필리핀의 나병 진료소에 있던 환자들은 나병이 치료되었음에도 불구하고 왜 그곳에 남아 있어야 했는가? 교회에 나오고 싶어도 과거의 잘못이나 질병 때문에 나오지 못하는 사람들을 생각해 보라.

5. 과거의 잘못이나 질병으로 교회에 나오지 못하는 사람들이 안심하고 나올 수 있는 교회 분위기를 조성하려면 교인들이 어떤 점에 주력해야 한다고 생각하는가? 구체적으로 이야기해 보라.

6. 저자는 이렇게 말했다. "세상을 변화시키기 위해 당신이 나서서 범세계적 빈곤 퇴치, 에이즈 근절, 문맹 타파, 불평등 해소, 부정부패 추방, 고통 경감

등의 거창한 전략을 세우지 않아도 된다." 그렇다면 우리는 무엇을 해야 하는가? 고통 받는 세상 사람들을 돕기 위해 당신이 개인적으로 해야 할 일은 무엇이라고 생각하는가?

Chapter 8: 자유로운 선택

1. 루이스 스미디스의 말을 인용한 대목을 다시 한 번 읽어 보라. 스미디스가 말한 것처럼 당신이 어려움에 처했을 때 그 고통을 기꺼이 함께 감당해 준 사람이 있었는가? 다른 사람의 고통을 같이 짊어지는 게 하나님의 뜻이라고 느꼈던 적이 있는가? 자신의 고통을 나누어 가지려는 사람이 있을 때 어떤 일이 일어난다고 생각하는가?

2. 잠시 홀로 있는 시간을 내어 하나님 앞에서 100% 정직한 기도를 드려 보라. 이 장의 내용을 읽는 중에 지금 현재 당신의 삶에 심각하게 문제를 제기해야 할 부분이 있다고 생각했는가?

3. 이 책을 읽으면서 당신은 어떤 반응을 보였는가? 다음의 표현 중에 적절한 것 세 가지를 골라 보라.

   충격적이다/ 화가 난다/ 절망감이 든다/ 죄책감을 느낀다/ 심란하다/ 혼란스럽다/ 역겹다/ 거부감이 든다/ 소망이 생긴다/ 감동적이다/ 사명감을 느낀다/ 뭔가 하고 싶다

4. 저자의 경험담과 주장을 보면서 당신이 에이즈와 빈곤 문제, 사회 정의에 대해 갖고 있던 생각에 변한 것이 있는가?

5. 1장에서 8장까지 각 장의 끝에 나오는 '순종'이라는 질문을 다시 한 번 읽어 보라. 당신이 가장 쉽게 적용할 수 있는 내용은 무엇이었고 가장 고민하게 만든 내용은 무엇이었는가?

6. 당신이 실제적으로 참여할 수 있는 구제 사역은 무엇이 있는지 구체적으로 이야기해 보라.

Chapter 9: 예기치 않은 하나됨

1. 이 장의 첫 부분에서 저자가 매춘부에 대해 갖고 있는 관점에 당신은 동의하는가? 에이즈 환자들에 대해 당신이 갖고 있는 관점과 비교할 때 어떻게 다른가?

2. 이 장에서 저자는 "사회의 음지에서 살아가는 그 여인들과의 만남은 심오한 영적 진리 하나를 내게 가르쳐 주었다"고 말했다. 그 진리가 무엇인지 이야기해 보고 그로 인해 당신이 새롭게 깨달은 것은 무엇인지 말해 보라.

3. 저자가 콘스탄츠 목사를 만나 상담한 이야기를 다시 한 번 읽어 보라. 콘스탄츠 목사가 했던 말 중에서 당신의 소그룹이 토론할 만한 주제를 선정해 이야기해 보라.

4. 다음의 성경 구절들을 읽으면서 예수님이 느끼셨을 감정에 대해 생각해 보라. 마태복음 21장 12절, 23장 37절, 누가복음 13장 15-16절, 17장 2절, 요한복음 11장 35절. 그 장면을 읽을 때 당신이 느꼈던 감정과 예수님의 감정을 비교해 보라.

5. 절망감과 무력감을 예수님과의 하나됨으로 승화시킨 저자의 경험을 당신은 어떻게 설명하고 싶은가?

6. 이 장의 제목은 '예기치 않은 하나됨'이다. 당신이 이 장을 읽으면서 지금까지 몰랐던 진리를 깨달은 것이 있다면 한 가지만 이야기해 보라.

1. 방콕의 국제 에이즈 컨퍼런스에서 저자가 느꼈던 절망감은 무엇이었는가? 당신은 어떤 사회악에 가장 큰 혐오감을 느끼는가?

2. 사도행전 26장 12-23절 말씀을 다시 한 번 읽어 보고 특히 17절과 18절 말씀에 주목하라. 내년 한 해를 내다볼 때 하나님이 내년 안에 당신을 어딘가에 보내실 것이라고 생각하는가? 만일 당신에게 섬길 장소를 고르라고 한다면 당신은 어디를 선택하고 싶은가? 이 질문에 당신은 기대감이 드는가, 불안감이 드는가?

3. '불가능하다는 게 문제'라고 저자는 아이러니하게 이야기했다. 하나님이 불가능해 보이는 일을 이루신 사례를 성경에서 찾아보라. 그 각각의 사례에서 하나님이 능력을 부어 사용한 사람들이 누구였는지 생각해 보라.

4. 교회에 대해 언급하면서 저자는 "그토록 한심하고 딱한 무리들에게 신뢰를 주는 이유는 무엇인가? 하나님이 신뢰하시기 때문이다"라고 이야기했다. 하나님이 그분의 능력만으로 모든 것을 해결하지 않으시고 사람들을 통해 일하시는 이유가 무엇이라고 생각하는가?

5. 세계 역사 속에서 교회가 했던 긍정적 혹은 부정적 역할에 대해 토론해 보라. 만일 방송국 기자가 당신을 인터뷰하면서 당신이 다니는 교회가 지역사회, 혹은 세계에 어떤 영향을 미쳤는지 물어본다면 어떻게 대답하겠는가?

6. "우리는 물맷돌 하나 들고 이 세상의 골리앗과 맞서 싸우지 않아도 된다"라고 저자는 말했다. 그리스도의 몸인 교회가 어떻게 유기적으로 움직이는지 설명한 대목을 다시 읽어 보라. 당신이 다니는 교회는 어떤 식으로 다른 교회들과 연합하여 하나님의 손과 발로서 세상을 섬기겠는가?

290

Chapter 11: 세상은 당신을 기다리고 있다

1. 지금까지 하나님이 당신에게 주신 폴라로이드 사진에는 하나님의 뜻이 얼마나 뚜렷이 드러나 있는가? 두 해 전과 비교할 때 지금은 더 선명하게 볼 수 있는 하나님의 뜻과 계획이 무엇인가? 전에는 흐릿했지만 갈수록 뚜렷해지고 있는 비전이 있는가?

2. 하나님의 뜻을 행하는 것이 가장 안전하면서도 위험하다는 말은 무슨 뜻인가?

3. "대부분의 기독교인들에게는 그보다 훨씬 적은 대가를 치르라고 하신다. 그래도 하나님과 팽팽한 줄다리기를 하는 순간에는 자신이 지불하는 대가가 제일 비싸게 느껴지는 법이다"라고 저자는 말했다. 지금까지 살면서 당신이 하나님과 팽팽한 줄다리기를 했던 적은 언제였는가? 그로 인해 당신의 어떤 부분이 더 성숙해졌다고 생각하는가?

4. 앞으로 당신에게는 어떤 어려움과 난관이 오리라고 예상하는가? 당신은 그것을 두려워하고 있는가, 아니면 기대하고 있는가? 그런 어려움이 그리스도를 닮게 만드는 이유는 무엇이라고 생각하는가?

5. 이 장에 나오는 비유나 이야기 중에서 당신에게 가장 인상 깊은 것은 무엇인가? 그 이유는 무엇인가?